体験で学ぶ社会心理学

吉田俊和・元吉忠寛 編
Yoshida Toshikazu & Motoyoshi Tadahiro

ナカニシヤ出版

はじめに

　本書は，大学教育を担当し始めてから10年未満の若手研究者たちによる書である。基本的な発想は，従来のテキストが社会心理学の概念理解を中心としているのに対し，「体験しながら学ぶ」ことに力点をおいた書である。

　こうした発想が出てきたのは，編者らが「人間や社会について考える能力」を刺激し，「社会志向性」や「社会的コンピテンス」を高める教育の実践を行うため，中学生を対象とした授業実践プログラムを作成したことにある。もちろん，プログラムの背景をなしたのは，「人の行動のしくみ」「対人関係」「集団や社会」に関して得られた社会心理学の知見である。ただし，これを社会心理学の知識として教えるのではなく，さまざまな刺激材料を提供し，あくまで自分たちの行動を通して，「人間」や「社会」に対する考え方の基礎を養ってもらうことであった。この授業プログラムは，『教室で学ぶ社会の中の人間行動―心理学を活用した新しい授業例―』『学校教育で育む「豊かな人間関係と社会性」―心理学を活用した新しい授業例 Part2―』として，いずれも明治図書から2002年と2005年に刊行されている。

　2冊の書は，中学生を対象に考えられたものであるが，高大連携教育の一環として，高校生を対象に実施しても好評であり，さらには，試験的に大学生を対象に実施しても，彼らの興味を十分に惹きつけるものであった。すなわち，新入生や心理学を専門に学ぶわけではない大学生は，従来のテキストで社会心理学を学ぶよりも，授業の中で体験したり，考えたりしながら社会心理学を学ぶ方が「楽しくて，役に立つ」という評価を下している。

　執筆者の中には，実際に中学生の授業プログラムの作成に携わった人も何名か存在するし，それを利用して高大連携授業を実践していた人も何人か存在する。その他の執筆者も，授業実践を直接見たりして，本書の基本コンセプトは全員に共有されている。

　本書は，社会心理学のすべての領域をカバーすることを目的としているわけではないので，取り上げた領域に偏りが見られるかもしれないが，執筆者との兼ね合いもあり，ご容赦願いたい。数年後に初版が売り切れ，好評のうちに改訂版が作成されることを願いつつ，出版を快諾してくださったナカニシヤ出版の宍倉由高編集長に感謝の意を表します。

平成21年11月　編者を代表して
吉田俊和

目　　次

はじめに　i

第 1 章　自　　己 — 1
第 1 節　自己評価　**2**
第 2 節　自己呈示　**6**
第 3 節　自己制御　**10**

第 2 章　原因帰属 — 17
第 1 節　帰属の過程　**18**
第 2 節　自己奉仕的バイアス　**22**
第 3 節　認知スタイル　**24**
第 4 節　スケープゴート　**28**

第 3 章　判断と意思決定 — 33
第 1 節　フレーミング効果　**34**
第 2 節　状況や感情が判断や意思決定に与える影響　**38**

第 4 章　対人認知 — 43
第 1 節　印象形成　**44**
第 2 節　ステレオタイプ　**46**
第 3 節　対人認知の歪み　**50**

第 5 章　人間関係 — 55
第 1 節　対人魅力　**56**
第 2 節　親密な関係の発展と崩壊　**60**

第 6 章　健康と幸福 — 65
第 1 節　ストレスとコーピング　**66**
第 2 節　ソーシャル・サポートと社会的排斥　**70**
第 3 節　幸　福　**74**
第 4 節　ソシオメーター理論　**78**

第 7 章　対人的影響 — 83
第 1 節　他者からの影響　**84**

第2節　フォールス・コンセンサス効果と集団での意思決定　88
　　　第3節　ダイナミック社会的インパクト理論　92
　　　第4節　責任の分散　96

第8章　集　団 ——————————————————— 101
　　　第1節　集団アイデンティティ　102
　　　第2節　傍観者　106

第9章　対人コミュニケーション ——————————— 111
　　　第1節　話す・聴く　112
　　　第2節　言語的コミュニケーションと非言語的コミュニケーション　116

第10章　社会的公正 ——————————————————— 121
　　　第1節　衡平理論　122
　　　第2節　社会的公正　126

第11章　反社会的行為 —————————————————— 131
　　　第1節　社会規範からの逸脱行為　132
　　　第2節　対人的迷惑行為　136
　　　第3節　犯罪と非行　140

第12章　社会的ネットワークとメディアコミュニケーション – 145
　　　第1節　社会的ネットワーク　146
　　　第2節　メディアコミュニケーション　150

第13章　環境問題 ————————————————————— 155
　　　第1節　環境配慮　156
　　　第2節　環境葛藤コミュニケーション　160

第14章　学校教育 ————————————————————— 165
　　　第1節　学校適応　166
　　　第2節　学級集団の特徴　170
　　　第3節　いじめ　174
　　　第4節　教師のリーダーシップ　178

引用文献　181
参考文献　190
索　引　193

第1章 自　己

第1節　自己評価

1.「私」とはどんな存在？

「自分」とは何者であるか，誰しも一度は悩んだ経験はあるのではないでしょうか。こうした，自分とはどういう人物であるかについての認識を自己概念と呼びます。自己概念を確認（測定）する方法の1つに，20答法というものがあります（表1-1-1）。「私は」で始まる文章を20個作るという作業です。これを使って，自己概念を振り返ってみましょう。第三者に自己紹介をするつもりで考えてください。

表1-1-1　自己紹介文作成シート

1. 私は
2. 私は
3. 私は
4. 私は
5. 私は
6. 私は
7. 私は
8. 私は
9. 私は
10. 私は
11. 私は
12. 私は
13. 私は
14. 私は
15. 私は
16. 私は
17. 私は
18. 私は
19. 私は
20. 私は

どのような答が出たでしょうか。出身地や生年月日などの表面的な事柄から，性格などの内面的な事柄まで，幅広く書かれたことと思います。自己について記述する特徴として，児童期から青年期にかけて，身体的特徴や客観的情報の記述は減少し，性格や態度などの内面的な特徴に関する記述が増えるという発達的変化が見られます（たとえば，岩熊・槙田, 1991）。また，こうした課題には自己呈示的な側面[1]がありますから，誰に向けて書くかによって，内容は異なってくるでしょう。

「自分はこういう人」という認識を自己概念と呼ぶのに対して，価値的・評価的な要素が加わると自己評価と呼びます。たとえば「私はおとなしい性格です」という説明は自己概念ですが，「自分のおとなしいところが嫌い」という評価が加わると自己評価になります。さらに，「全体的に自分が好きです」というように，自分に対する総合的な評価を自尊心[2]と呼びます。

こうした自己概念や自己評価の対象となるのは，どんな要素でしょうか。ブルーワーとガードナー（Brewer & Gardner, 1996）は，自己を構成する要素を以下のように大きく3つに分類しています。

1) 個人的自己　個人的な特性により規定される側面。他者とは違う自分自身の特徴を表します。

2) 関係的自己　重要な他者との関係や役割によって規定される側面。友人や恋人といった大切な対人関係の中での自己の特徴を表します。

3) 集合的自己　所属する集団のメンバーとして規定される側面。男性・女性としての自己や，学生としての自己など，自分が所属する何らかの集団の一員としての特徴を表します。

自己を構成する要素は数多くありますから，それらをまとめる分類法も，上で紹介した以外にもさまざまあります[3]。

2. 自己概念や自己評価はどのように決まるか？

自己評価はどのようにして決まるのでしょうか。もしも，一生誰とも会わずに暮らすとしたら，自己評価などはもちようもありません。自己概念や自己評価は，他者との比較やコミュニケーションによって決まるものなのです。相手に対して自分がその相手のことをどう思うかを伝えることは，社会的なサポートの1つでもあります。また，他者と自分とを比較することは，自分を向上させたり，自分自身への励ましになったりします。自分より優れた人との比較は，自分をより向上させようという動機づけを高めます。自分より劣った人との比較は，「この人はこんなに大変な思いをしているのだから，自分なんてまだマシだ」といったように，自分自身の自己評価を高めることにつながります。こうした他者との比較のことを，社会的比較と呼びます（Festinger, 1954）。

周りにどのような他者がいるかによって，同じ能力をもった人でも自己評価は変わってきます。たとえば，同じ学力をもっている人でも，自分よりもできる生徒ばかりの学校あるいはクラスの中にいると，優秀な生徒たちとの比較するため，否定的な学業的自己概念が形成されます。反対に，自分よりもできない生徒が多い学校やクラスの中にいれば，自分よりも学力の低い生徒たちと比較するため，好ましい学業的自己概念が形成されます。こうした現象は，井の中の蛙仮説（big-fish-little-pond effect）と呼ばれます（Marsh, 1987; 外山, 2008）。

1　第1章第2節参照。

2　自己概念，自己評価，自尊心という言葉は，互換的に使用される場合もあります。

3　詳しくは榎本（1998）を参照。

3. 自己評価の維持

　他者との比較で自己評価が決まる一方で，自己評価を維持するために他者に対する考え方を変える場合もあります。テッサーとキャンベル（Tesser & Campbell, 1982）は，これを自己評価維持モデルとしてまとめています。

> **課題：考えてみよう**
> 　次の2つのストーリーを読んで，Aさんの気持ちを推測してください。それぞれのストーリーの中で，Aさんはどのような行動をするでしょうか。
>
> ①ストーリーⅠ
> ・Aさんは，趣味であるピアノに打ち込んでいます。
> ・友人のBさんは，趣味のテニスに打ち込んでいます。
> ・ある日，Bさんはあるテニスの大会で，みごとに優勝しました。
> ②ストーリーⅡ
> ・Aさんは，趣味であるテニスに打ち込んでいます。
> ・友人のBさんも，趣味のテニスに打ち込んでいます。
> ・ある日，Bさんはあるテニスの大会でAさんを破り，みごとに優勝しました。

　自己評価維持モデルとは，親しい他者と，課題や活動の成績を比較することによって，肯定的な自己評価を維持しようとする人の機能について説明したものです。比較する課題や活動が，自分にとって重要なものかどうかの度合いを関与度と呼びます。関与度によって，比較の効果は変わります。

　①自分にとって関与度の低い課題の場合
　親しい人物の優れた成績は，自分自身の自己評価をも高めます。友人の成功は自分にとっても嬉しい，鼻が高い，といったもので，上のストーリーⅠに相当します。これを栄光浴と言います。反対に，親しい人物の劣った成績は，自身の自己評価には影響しません。

　②自分にとって関与度の高い課題の場合
　親しい人物の優れた成績は，自分自身の自己評価を低めます。自分が打ち込んでいるもので友人に負けるのは悔しい，情けないと感じるような場合で，上のストーリーⅡに相当します。反対に，親しい人物のパフォーマンスが自分より劣っている場合には，自身の自己評価は高まります。

4. 揺らぎやすい自己評価

　ささいな出来事でも自己評価は左右されます。たとえば，天気の良い日の方が自己の生活満足感が高くなるといった報告があります（Schwarz & Clore, 1983）。このようにちょっとした出来事でも自己評価が揺らぐのはなぜでしょうか。それは記憶のしくみから説明することができます。自己に関する内容も含め，あらゆる記憶は，図1-1-1のようにネットワークを構成していると考えられます。何らかの感情を感じた経験についても同様で，たとえば悲しみという感情を感じた経験はまとまって記憶されています。これを感情ネットワークモデル（Bower, 1981）と呼びます。ある感情体験についての記憶が活性化すると，その記憶と同様の感情を経験した記憶にも活性化が拡散していきます。図1-1-1の例

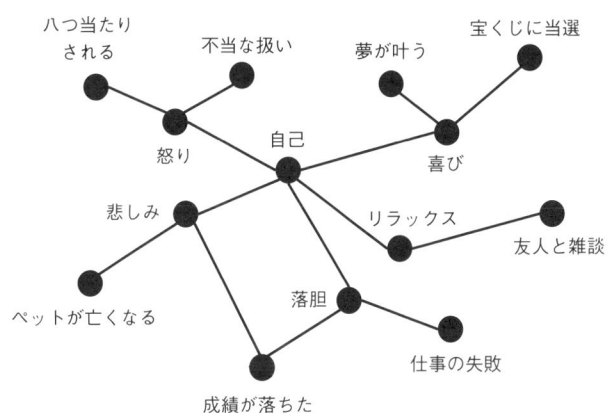

図1-1-1　感情ネットワークモデルの例

では,「仕事の失敗」は「落胆」という感情と結びついています。こうした経験をすると,「自分の成績が落ちた」ときに感じたときの記憶など,他にも落胆を感じたときの記憶が思い出されやすくなるために,全体的な自己評価も悪くなってしまうのです。

5. 自尊心との関係

　自己評価と似た概念に自尊心があります。自尊心とは,自分自身に対する肯定的な感情,自分自身を価値ある存在として捉える感覚のことです。自己に対する感情の1つと位置づけられることもあれば,性格の一部であると位置づける立場もあります。自尊心には,ストレスや否定的情動による自己へのダメージを和らげる役割や,目標達成を促進するという役割があります（榎本,1998）。
　一見,自己評価と自尊心とは似ています。しかし,自己の諸側面の評価を足し合わせても,自尊心とイコールとはなりません（Marsh, 1986）。自己評価と自尊心とが連動するとは限らず,たとえば「自分の性格は好ましくない」という自己評価をもっていたとしても,「それでも自分が好き」と高い自尊心をもつ人もいれば,「だから自分が嫌い」と低い自尊心をもつ人もいます。そうした意味では,自尊心は仮想的,特性的な側面と言えます。

第2節　自己呈示

1. 相手によって見せる自分は違う？

　私たちは，いろいろな人とかかわりをもって生活しています。自分とかかわりのあるさまざまな人に対して，私たちは，「どのような自分」を見せているでしょうか？

> **課題：考えてみよう**
> ①自分がふだん接している人で，特に印象に残っている人を4人思い浮かべて，表1-2-1に，その人の名前やイニシャルを記入します。そして，それぞれの人たちとあなたとの関係[1]を書きます。
> ②その人の前では，ふだんどのような自分でいるかについて考えてください。「その人の前で見せる自分のリスト」の中から当てはまる言葉を選んで，書き込んでください。リストの中の言葉以外にも，自分を表すのにぴったりくる言葉があれば，書き込みましょう。

1　父，母，兄弟姉妹，同性の友人，異性の友人，恋人，バイト仲間，バイト先の上司，教師，部活の先輩，後輩などです。

表 1-2-1　見せる自分振り返りシート

相手の名前 （相手との関係）	その人の前で見せる自分のリスト 1. やさしい　2. おしゃべり　3. 堂々としている　4. ルーズ 5. わがまま　6. 陽気　　　7. 悩みがち　　　　8. まじめ 9. 意地悪　10. 無口　　11. 情緒不安定　　　12. 飽きっぽい
例．○○さん （サークルの友達）	8. まじめ
1.	
2.	
3.	
4.	

さて，どのような結果になりましたか？　相手によって，見せる自分が異なっていたのではないでしょうか。人は相手や状況によって，異なる自分を見せます。こうした自己のあり方を，多面的な自己[2]と呼びます。

相手によって見せる自分が変わるのは，なぜでしょうか。佐久間・無藤（2003）は，以下の4つの理由をあげています。

①相手に嫌われたくないからとか，うまくやっていきたいから
②相手との関係の中で，なんとなく自分が変化してしまう
③相手によって自分をどう見せたいかが違う，あるいは相手が望むような自分を演じようとするから。
④相手によって親しさの度合いが違う，あるいは自分の内面を見せられる程度が違うから。

このように，相手との親密さや，相手の性格に応じて，意識的にも無意識的にも，見せる自分を変えているのです。ただし，あまりコロコロと自分を変えすぎていると，精神的に悪い影響を与える危険があります。多くの研究で，自己が変わりやすいほど，精神的には不健康な兆候が見られると報告されています（たとえば，Campbell et al., 2003）。見せる自分がコロコロと変わる人は，「自分は何者なのか」というアイデンティティが揺らぐために，精神的な健康は良くないのだと考えられています。ただし，精神的健康にとって重要なのは，相手によって見せる側面がどれだけ変わるかよりも，そうした自分に対して，どれだけ自信や確信をもっているかの方が重要であるとも言われています（Sheldon et al., 1997）。つまり，見せる自分が変わっても，それぞれの自分に対して，それが本来の自分の姿の一部だと思えることのほうが大切なのです。

2. 魅力的な相手の前では…

相手によって見せる自分が変わる理由はさまざまですが，特に他者に良い印象を与えようとする行動のことを自己呈示[3]と言います。たとえば，魅力的な異性の前では，相手の望む人物像に近づくように自分をアピールする，つまり「見せる自分」を変える傾向があります。ザンナとパック（Zanna & Pack, 1975）は，これを実験で確かめました。この実験は，女子大生を対象に行われました。最初に，性格検査を実施して，全参加者の女性らしさに関する価値観（性役割観）を測定しておきます。その後，参加者はAとBの2つのグループに分けられます。どちらのグループの参加者も「隣の部屋にいる男性と話をしてもらいます。これがその男性のプロフィールです」と告げられますが，プロフィールの中身がグループによって違います。

①Aグループの人に渡されたプロフィールには，「隣の部屋にいる男性は，身長が高くて，頭が良くて，あなたと会うのを楽しみにしている」といった情報が書いてあります。

②Bグループの人に渡されたプロフィールには，「隣の部屋にいる男性は，身長は普通，学歴も普通，彼女がいて，女子学生と話すことに特に興味をもっていない」といった情報が書いてあります。

つまり，Aグループの人には，これから会う相手が魅力的な男性であるように，Bグループの人には，相手があまり魅力的でない男性であるように実験的に操作されていました。

[2] 複雑な自己と呼ぶこともあります。

[3] 印象操作とも呼びます。

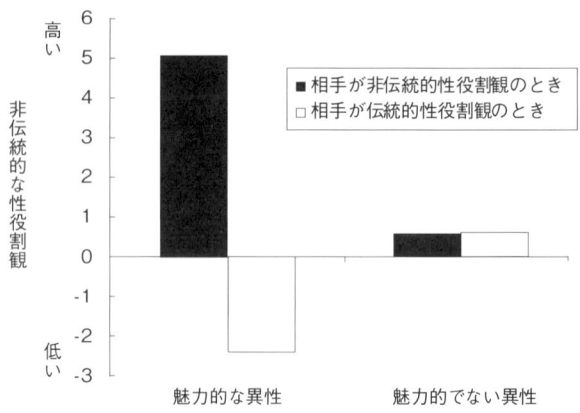

図1-2-1　プロフィール提示の前後での性役割観の申告量の変化

　その後，Aグループの半分の人には，「隣の部屋の男性は家庭的な女性が好みです」と伝えられます。もう半分の人には「隣の部屋の男性はキャリア志向の強い女性が好みです」と伝えられます。Bグループの人にも，同様の手続きで情報が操作されました。このような手続きの後に，「相手にあなたのことを知ってもらうため」という名目で，もう1回性格検査を実施しました。

　最初に行った性格検査と2回目に行ったものとはまったく同じものです。ただし，2回目の検査は，結果を隣の男性に知らせるためだと伝えて行いました。このため，最初に行った性格検査と2回目の検査の結果の差は，相手に対する自己呈示の程度になります。この結果を図1-2-1に示しました。この結果が何を表しているのかを考えてみましょう。

　相手が魅力的な異性であった場合には，相手の好みに合うように自分の性格をアピールするのに比べて，特に魅力を感じない相手に対しては，ありのままの自分を見せていることを，この図は表しています。男性にも同様の傾向が見られることを，モリアーとサロイ（Morrier & Saroy, 1994）が確認しています。

3. 自己呈示をしようという気が起こるのは

　魅力的な異性を前にしたとき以外では，どんなときに自己呈示をしようとするのでしょうか。レアリーとコワルスキー（Leary & Kowalski, 1990）によると，以下の3つの条件では，自己呈示をしようとする動機が高まると言われています。
　①目標達成への関連が強い場合：たとえば，会社の中で，上司の評価を上げたいという目標がある場合，一人で仕事をしているときより，上司の前での方が，自己呈示をしようとする傾向が強くなります。
　②達成できる目標自体の価値が高い場合：たとえば，気の進まない企業での面接よりも，第一志望の会社での面接の方が自己呈示をしようとする動機が高まります。先ほどの実験の例も，この条件に当てはまります。
　③相手の抱いていた印象が，自分の思っているものと違った場合：たとえば，自分では明るい性格と思っているのに，他者から「ちょっと暗いところがありますね」と言われると，自分は明るい人だという自己呈示をしようとする動機が高まります。

4. 印象操作方法の種類

　自己呈示の方法には，自分の性格を相手の好みに合うよう報告する以外にどのようなものがあるのでしょうか。自己呈示の仕方は，大きくは主張的なものと防衛的なものとに分けられます（Tedeschi & Norman, 1985）。主張的な自己呈示とは，相手に積極的に良い印象を与えようとするものです。主張的な自己呈示の中には，取り入り，自己宣伝，威嚇などがあります。

　1）取り入り　お世辞を言ったり，相手に同調することで，相手から好意的に見てもらおうとすることです。先ほどの実験に出てきたような，相手の好みに合わせたアピールもこれに相当します。

　2）自己宣伝[4]　自分が優れた技術や知識をもっていることをアピールすることです。

　3）威　嚇　相手に恐怖感を抱かせて，自分の要求を受け入れさせようとすることです。

　一方で，防衛的な自己呈示とは，相手から否定的な印象を抱かれた場合に，自分のイメージをそれ以上傷つけないようにしたり，少しでも良い方向に変えようとするものです。防衛的な自己呈示の中には，言い訳，謝罪，セルフ・ハンディキャッピングなどがあります。

　1）言い訳　自分に責任があることを回避しようとします。

　2）謝　罪　被害を与えたことに対する責任を認めることで，相手を納得させたり，許しを求めます。

　3）セルフ・ハンディキャッピング　自分にとって重要な特性（能力）が評価の対象になる可能性があり，かつ，そこで高い評価を受けられるかどうか確信がない場合に，遂行を妨害する不利な条件を自ら作り出すことです。試験当日に「昨日は別の用事があって全然勉強できなかった」と言うのは，これに相当します。

　その他，日本人に特徴的な自己呈示として，謙遜[5]があります。謙遜には，相手から好意的な自己評価を引き出すというコミュニケーション上の利点があります（吉田・浦，2003）。たとえば「自分はダメな人間だ」といった謙遜を行うと，「そんなことない。君はいい人だよ」といった好意的な評価を引き出すことができるということです。ただし，常に謙遜をしていれば相手に好印象を与えられるというわけではなく，自己宣伝とのバランスを保つ必要があります（中村，1986）。

5. 印象操作の効果

　さまざまな自己呈示の方法を見てきましたが，どういった自分の見せ方が効果的なのでしょうか。これまでの研究成果から，あまり無理をするのは逆効果と言えます。たとえば外向的な人が内向的に，内向的な人が外向的に振る舞おうとしてもうまくはいきません（Pontari & Schlenker, 2000）。就職活動などでは正直な自分をアピールする方が良いとも言われており（松本・木島，2002），自己呈示にこだわり過ぎない方がよいでしょう。あまり計算高く自己呈示をしようとすると，それが裏目に出てしまい，かえって印象を悪くしてしまう危険もあります。

---

[4] 高揚的自己呈示とも呼ばれます。

[5] 自己卑下とも呼ばれます。

第3節　自己制御

1. 体験してみよう

　まず，簡単な思考トレーニングを行います。その後，図1-3-1の質問に回答しましょう。

　①AグループとBグループに分かれます。Aグループは課題Aを，Bグループは課題Bを，ゆっくり時間をかけてよく読んで，質問に答えましょう。相手グループの課題を読んだり，目にしたりすることがないようにしてください。

　②思考トレーニングが終わったら，全員で図1-3-1の質問紙に答えましょう。あなたが各場面に直面していることを想像して，当てはまる数字1つに○をつけてください。

◆　下記には，さまざまな場面が書かれています。今，あなたが下記の場面に直面していることを想像してください。そして，各質問に対し，当てはまる数字1つに○をつけてください。

場面1：雨が急に降ってきました。傘を持っていなかった友達は，傘たてに入っている他人の傘を盗もうとしています。本人に注意した方がよいということはわかっています。でも，仲の良い友達なので，注意をすることでその人との関係が崩れるのは嫌です。
このときに，あなたが思うことについて下記の問いに答えてください。

Q1．　友達に注意することは，あなたにとってどれくらい重要ですか？

まったく重要でない	重要でない	あまり重要でない	やや重要である	重要である	非常に重要である
1	2	3	4	5	6

Q2．　友達に注意することは，あなたにとってどれくらい価値がありますか？

まったく価値がない	価値がない	あまり価値がない	やや価値がある	価値がある	非常に価値がある
1	2	3	4	5	6

場面2：今日は学園祭の打ち合わせを皆で行います。あなたは，それにあまり興味がありませんが，皆と一緒に学園祭の打ち合わせに参加しなければならないことはわかっています。そのとき，友達から打ち合わせをサボって遊びに行こうと誘われました。
このときに，あなたが思うことについて下記の問いに答えてください。

Q1．　友達の誘いを断って打ち合わせに参加することは，あなたにとってどれくらい重要ですか？

まったく重要でない	重要でない	あまり重要でない	やや重要である	重要である	非常に重要である
1	2	3	4	5	6

Q2．　友達の誘いを断って打ち合わせに参加することは，あなたにとってどれくらい価値がありますか？

まったく価値がない	価値がない	あまり価値がない	やや価値がある	価値がある	非常に価値がある
1	2	3	4	5	6

場面3：あなたは昨日親とけんかをしたため，今日は一日ずっと不機嫌な状態が続いています。そんなとき，友達から，悪意はないだろうけれど自分としては不快になるようなことを言われました。友達に悪意がないことはわかっています。でも，その友達に対して腹立たしい気持ちもあります。
このときに，あなたが思うことについて下記の問いに答えてください。

Q1．　感情を抑えることは，あなたにとってどれくらい重要ですか？

まったく重要でない	重要でない	あまり重要でない	やや重要である	重要である	非常に重要である
1	2	3	4	5	6

Q2．　感情を抑えることは，あなたにとってどれくらい価値がありますか？

まったく価値がない	価値がない	あまり価値がない	やや価値がある	価値がある	非常に価値がある
1	2	3	4	5	6

図1-3-1　体験してみようシート

課題 A

Q. どんなことでも，私たちの行動には，常に理由があります。私たちは，いつも，自分のとる行動の原因を人生の目標までさかのぼることができます。右の例を見てください。たとえば，あなたはなぜこの授業に出席しているのですか？ おそらく，授業の単位をとりたいためだと思います。では，あなたはなぜ単位をとりたいのですか？ おそらく，大学を卒業したいからでしょう。では，なぜあなたは大学を卒業したいのですか？ おそらく，あなたはよい職に就きたい（あるいは，勉学をしたい）からでしょう。きっと，よい職に就く（あるいは勉学に励む）ことが幸せな人生をもたらすと感じているからだと思います。

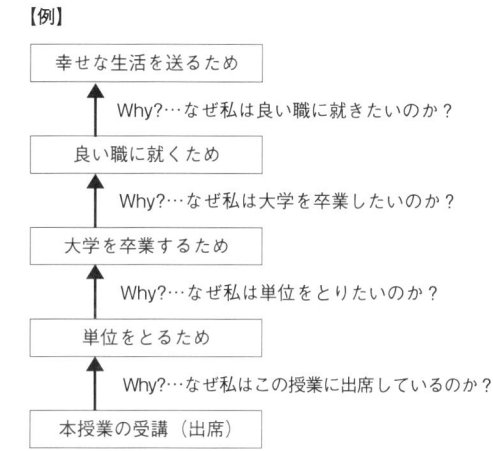

以上のように，ある行動が人生の目標とどのように関係しているのかについて，考えてみましょう。ここでは，『健康を維持することや改善すること』についてじっくり考えてみてください。そして，例と同じように，あなたがなぜそのような行動をとるのかを，下記の □ の中に，下から順番に書いていってください。自分は"なぜそのような行動をとるのか"ということに集中して考えてください。

```
┌─────────────────────────────────────┐
│                                     │
└─────────────────────────────────────┘
                  ↑ Why?
┌─────────────────────────────────────┐
│                                     │
└─────────────────────────────────────┘
                  ↑ Why?
┌─────────────────────────────────────┐
│                                     │
└─────────────────────────────────────┘
                  ↑ Why?
┌─────────────────────────────────────┐
│                                     │
└─────────────────────────────────────┘
     ↑ Why?…なぜ私は身体的健康を維持したり，改善したりするのか？
┌─────────────────────────────────────┐
│          健康の維持や改善            │
└─────────────────────────────────────┘
```

課題 B

【例】

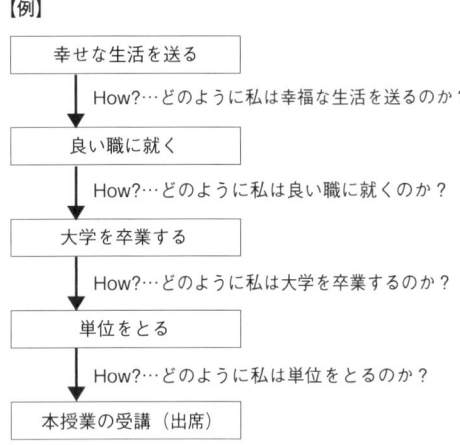

Q. どんなことでも、"どのようにそれを行うのか"に関する一連の行動プロセスがあります。私たちは、いつも、目標を達成するために特定の行動をとります。左の例を見てください。多くの人がそうであるように、あなたは、おそらく幸せな生活を送ることを望んでいるでしょう。では、あなたはどのようにすれば幸せな生活を送ることができるでしょうか？ おそらく、良い職に就く（あるいは、勉学に励む）ことはそれを助けることになるでしょう。では、あなたはどのように良い職に就きますか？ おそらく、大学を卒業することで良い職に就こうとするでしょう。では、どのように大学を卒業しますか？ おそらく、卒業に必要な単位をとる必要があるでしょう。

では、どのように、あなたは単位をとりますか？ おそらく、今日のように、授業に出席することによって単位をとることになるはずです。

以上のように、目標を達成するために、どのような具体的な行動をするかについて、考えてみましょう。ここでは、『健康を維持することや改善すること』についてじっくり考えてください。そして、例と同じように、あなたはどのようにしてそれを行うのかについて、具体的な行動を下記の □ の中に、上から順番に書いていってください。自分は"どのようにしてそれを行うのか"ということに集中して考えてください。

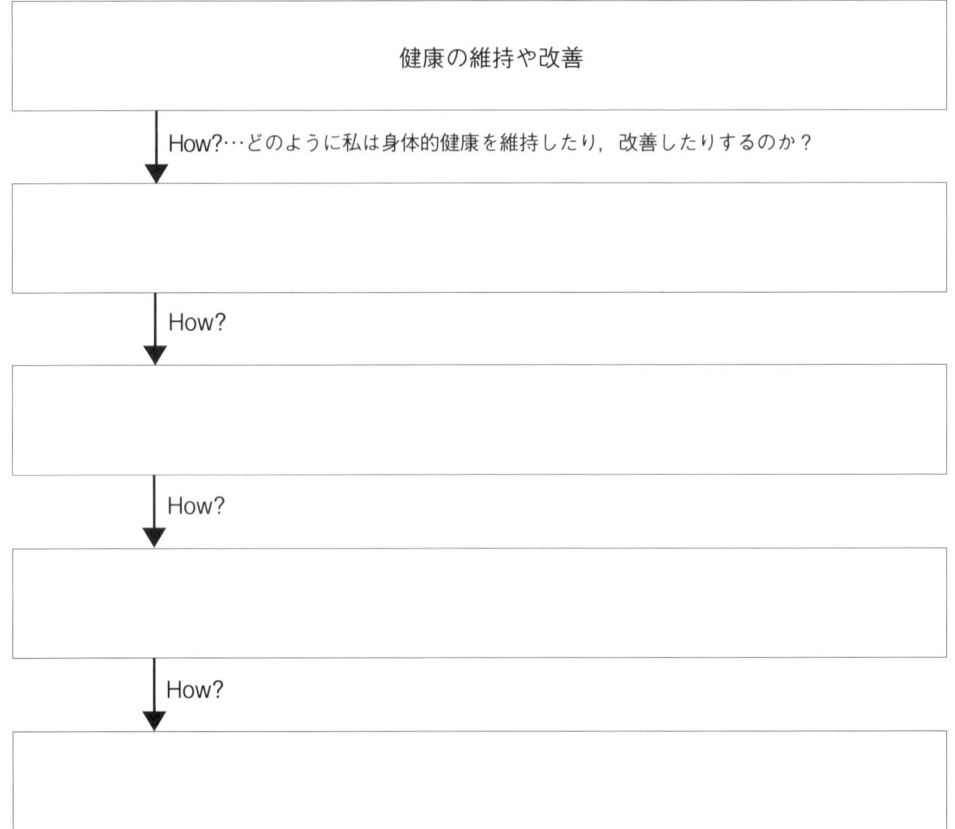

2. 自己制御

「したいけれど，ここは我慢しておこう」「したくないけれど，やっぱりやっておこう」といった経験は，日常生活の中で誰もが経験したことがあるでしょう。このように，環境に適応するように，あるいは，自分の目標と照らし合わせて，自己の行動を調整・制御することを自己制御（self-regulation）と言います。中でも，図1-3-1の場面のように，他者や集団との相互作用がある社会的場面で，いかに自己を主張できるか，あるいは，自己を抑制できるかにかかわる能力のことを社会的自己制御と言います（原田ら，2008）。

自己制御の失敗は，過剰なダイエットや喫煙，浪費，抑うつ，反社会的行動等のさまざまな問題行動と関連しています（Baumeister et al., 1994）。自己制御は，より良い人生を送るための重要な概念と言えるでしょう。自己制御のメカニズムは複雑なため，複数の理論が展開されていますが，ここでは，解釈レベル理論（Construal Level Theory）と自己制御の力量モデルについて紹介します。

3. 解釈レベル理論

人は，同じ対象や出来事であっても，心的には異なるレベルで解釈することができます（Trope & Liberman, 2003）。たとえば，TVを見るという同じ行為でも，「巨人-阪神戦を見る」と具体的に解釈するのか，「スポーツを楽しむ」と抽象的に解釈するのかでは，解釈のレベルが異なります。前者は低次解釈と呼ばれ，課題Bのように"How"にあたる下位の行動（たとえば，健康を維持するために「毎日散歩をする」というように，より具体的な行動）を特定する解釈で，近い将来の出来事については，低次のレベルで解釈されます。後者は高次解釈と呼ばれ，課題Aのように"Why"にあたる上位の行動（たとえば，健康を維持することは「幸せな生活を送る」ことにつながるというように，より抽象的な行動）を特定する解釈で，遠い将来の出来事については，高次のレベルで解釈されます（表1-3-1）。

こうした解釈のレベルが，行動や選好に影響を与えることが明らかにされており，個人にとって重要な目標を追求するためには，高次解釈が有効になるとされています。たとえば，テスト勉強をしなければならないときに，友達から遊びに行こうと誘われる場面を想像してください。この場合，テスト勉強というコストはかかるが価値の高い重要な目標（一次目標）と，遊びという価値の低い目先の目標（二次目標）とが対立する状況だと言えます。このとき，自己制御を成功さ

表1-3-1 高次解釈と低次解釈の違い（Trope & Liberman, 2003）

高次解釈	低次解釈
抽象的	具象的
単一	複合的
構造化された，一貫した	構造化されていない，非一貫な
脱文脈化された	文脈化された
一次的，中心的	二次的，表面的
上位の	下位の
目標に関連した	目標に関連しない

せるためには，目の前の物事を，具体的なものとして捉えるよりも，抽象的・大局的な視点で捉えることができたときに，より成功すると考えられます。つまり，"木を見て森を見る"ことができたときに自己制御は強化されます（Fujita et al., 2006）。高次解釈を活性化させると，現在の状況を大局的な視点で捉えるため，自分が行うべき主要な目標に重みづけがなされます。その結果，一次目標を達成しようとする意図が高まります。一方，低次解釈の活性化は，目の前のものを具体的に捉えるため，二次的な特徴に重みづけがなされ，一次目標を保持できません。藤田ら（Fujita et al., 2006）や原田・吉田（2009）の研究では，解釈レベルを操作し，高次解釈を活性化した人は低次解釈を活性化した人よりも，対象の本質的な価値に重きを置き，誘惑への評価を低め，一次目標の行動意図を高め，結果として自己統制（self-control）[1]や自己制御を成功させやすいことを報告しています。

思考トレーニングで行った課題Aは高次解釈を，課題Bは低次解釈を活性化させる操作です（Freitas et al., 2004を参考に作成）。図1-3-1では各場面における一次目標の価値を測定しました。先行研究の結果からすれば，Aグループ（高次解釈群）はBグループ（低次解釈群）よりも，主要な目標の価値を高く見積もるはずです。実際に，図1-3-1の6項目すべてを足し合わせた合計得点を算出し，グループごとに平均値を比較してみましょう。

では，高次解釈は低次解釈よりも，常にポジティブな影響をもたらすのでしょうか。低次解釈がポジティブな影響をもたらすことはないのでしょうか。マクレアら（McCrea et al., 2008）は，比較的容易な課題[2]を締切日に提出するまでの時間や実際に提出するか否かといった"先延ばし"行動と解釈レベルとの関連を検討しました。その結果，低次解釈群は高次解釈群よりも先延ばしを避け，締め切りを守る傾向が見られたのです。ただし，ここでの"先延ばし"というのは，自己制御の失敗とはみなしません。なぜなら，この実験で扱った課題は，比較的容易な課題であり，個人にとってそれほど重要な課題でもないため，自己制御場面で生起するような葛藤が生じないと考えられるからです。以上の研究を踏まえると，葛藤が生じ自己制御が必要とされる課題に対しては高次解釈が有効ですが，葛藤がなく即座に遂行が求められる課題に対しては，より具体的に課題を考えるなど低次解釈を活性化させることで先延ばしの傾向を減少させ得る可能性があると言えるでしょう。

4. 自己制御の力量モデル

筋肉を動かすためにはエネルギーが必要であるのと同じように，自己制御を実行するにもエネルギーが必要とされます。自己制御の力量モデル（Baumeister & Heatherton, 1996; Muraven et al., 1998）では，自己制御を実行すると，心理的な資源（制御資源）が一時的に消費されると考えます。そして，この資源は有限であるため，使い尽くした場合には，その後の自己制御場面で自己制御を実行しようとしてもうまくいかなくなると仮定しています。このように制御資源が一時的に使い尽くされる状態のことを，自我消耗と言います。

力量モデルに基づく一連の研究では，自我消耗が生じるかどうかを検討するため，2つの課題を連続して実施するさまざまな実験を行っています。たとえば，ムラベンら（Muraven et al., 1998）は，1つ目の課題で，文章中の単語の使い方

---

[1] 自己統制（セルフ・コントロール）は，多くの場合，抑制・制止の側面を強調する語として用いられます。これに対し，自己制御は行動抑制だけでなく，行動始発の側面も含みます。

[2] この課題は，課題自体が解釈レベルを操作するものであり，課題AやBと類似する内容です。実験参加者は，課題を3週間以内にe-mailで提出するよう指示されました。

を調べる実験と称し，実験参加者に，考えた文章をすべて紙に書き留めるよう教示しました。このとき，できる限りシロクマのことについて考えるように教示する思考表出条件，シロクマのことを考えないように教示する思考抑制条件，特別な指示を与えない統制群の3グループに分けました。2つ目の課題では，答えの出ないアナグラム課題[3]を全員に行わせて，忍耐強く課題に取り組む時間を3グループで比較しました。その結果，思考抑制条件は他の条件よりも，アナグラム課題に取り組む時間が短くなりました。つまり，思考を抑制させることで自我消耗が生起することが確認されたのです。また，別の実験でも，3時間以上何も食べていない実験参加者にチョコチップクッキーを食べることを我慢させると，我慢をしていなかった参加者と比べて，その後に行った課題の忍耐力が低下することを報告しています（Baumeister et al., 1998）。これらのことから，難易度や種類によらずどのような自己制御行動でも，用いられる制御資源は共通であると言えるかもしれません。なお，制御資源の容量には個人差がありますが，自己制御行動を繰り返すことによって，制御資源容量が増加することが明らかにされています（Muraven et al., 1999）。自己制御はトレーニングによって高めることが可能であると言えるでしょう。

[3] 文字を並び替えて単語を作る問題。

第2章　原因帰属

第1節　帰属の過程

1. 環境と個人

　Aさんは，川の向こう岸に向かって泳いでいます。Aさんが川を泳ぎ切るかどうかは，どういった要素によって決定されるでしょうか。
　1）環境（川の要素）　はじめに思いつくのが，「その川はどれほどの川幅があり，流れはどの程度で，水深はどれぐらいあるのか」といった川の要素です。川幅が100m以上もあり流れも速く，水深も30m以上あるような"困難川"と，川幅が5mほどしかなく，流れも緩やかで水深も数十センチしかない"容易川"とでは，条件はまったく異なります。川の要素は，環境の要因と言うことができます。
　2）泳　　力　次に思いつくのが，Aさんの能力（泳力）です。小学校からスイミングスクールで泳力を高め，海上保安庁で海難救助を仕事にしている"海猿さん"と，水泳が苦手で，学校の水泳の時間になるといつも仮病で休んでばかりいた"仮病さん"とでは，能力に大きな違いがあることは明白です。これは，Aさん個人の要因です。
　3）意　　欲　要件はこれだけでしょうか。実はもう1つ，意欲というのも重要な要素です。川の向こう岸で，素敵な彼や彼女が「こっちに来て！」と呼んでいる"高意欲場面"と，何の用事かわからないけれども近所のおじさんが呼んでいる"低意欲場面"とでは，向こう岸にたどり着こうとする意欲に大きな違いがあるでしょう。意欲も個人の要因です。
　それでは，3つの要因がどのようになっている場合に，Aさんが川を泳ぎ切った理由を表2-1-1のように考えるでしょうか。
　このように，自分自身や自分の周りで起きるさまざまな出来事について，「原因→結果」という因果的な解釈を行う過程を帰属過程と言います。帰属過程に関する論理的な考察は，ハイダーによって始められました。ハイダー（Heider, 1958）は，ある行為の結果や効果は，環境的な力と個人的な力によるものであり，個人的な力は，能力と意欲によって構成されるとしています。

表2-1-1　Aさんが川を泳ぎ切った理由

理　由	泳ぎ切りたいという強い意志があったから	優れた泳力があったから
環境（川の要素）	困難　or　容易	困難　or　容易
能力（泳力）	高い　or　低い	高い　or　低い
意　欲	高い　or　低い	高い　or　低い

2. 共通な効果と非共通な効果

次の例を読んでください。

> 不老小学校の5年1組のヒロシ君は給食のカレーめんにまったく箸を付けないで隣の席のケンジ君に大きな声で話しかけてばかりいます。ヒロシ君の様子を見ていた担任のマナブ先生は,「ヒロシ君。ケンジ君に話しかけるのはやめて,カレーめんを食べなさい」と言葉をかけました。マナブ先生の言葉に促され,ケンジ君に話しかけるのをやめたヒロシ君ですが,いっこうに箸は進みません。「ヒロシ君は,カレーめんが嫌いなんだ(理由①)」と,マナブ先生は思いました。

ヒロシ君がカレーめんに箸を付けないで話しかけてばかりいた理由は,もう1つ考えることができます。それは単に,「ヒロシ君は,ケンジ君と話がしたい(理由②)」だけだったというものです。

ヒロシ君がケンジ君に話しかけてばかりいる場面だけを見ても,どちらの理由が正しいのかはわかりません。つまり,カレーめんが嫌いでカレーめんを食べたくないという理由①からも,ケンジ君と話をしたいという理由②からでも,「カレーめんを食べないで話しかけてばかりいる」という共通の結果が導き出されてしまうからです。

マナブ先生は,「話しかけることをやめるように」とヒロシ君に指示しました。こうして,「カレーめんを食べないで話しかけてばかりいる」という行為を導く,共通の結果を生じさせる理由の一方(理由②)の消去を試みました。ケンジ君に話しかけることはやめたものの,ヒロシ君はあいかわらず,カレーめんに箸を付けません。小学校では,教師の指示に従うという規範があります。カレーめんを食べなさいと言われたヒロシ君はカレーめんに箸を付けるはずです。しかし,ヒロシ君は箸を付けません。こうしたヒロシ君の行動を見て,マナブ先生は,「ヒロシ君はカレーめんが嫌いなんだ(理由①)」と考えたわけです。

ヒロシ君はカレーめんが嫌いという結論に,マナブ先生が至るまでには2つの過程があります。1つは,共通の結果を生む原因の一方(ケンジ君と話がしたい)を排除した過程です。もう1つは,教師の指示に従うという社会的に望ましい行為を,ヒロシ君が行わなかったことを確認した(カレーめんに箸を付けない)過程です。

このように,ある行動の原因を推測するとき,共通な結果を生むもの(先の給食の話では,理由①と②)は役に立ちません。この点について次の例で考えてみましょう。

> 不老小学校の野球部の顧問でもあるマナブ先生は,イチロウ君と,ジロウ君のどちらをレギュラーに加えるのかを考え,ジロウ君をレギュラーに加えることにしました(表2-1-2)。

二人に共通する①と②は共通な効果と位置づけられ,③と④は非共通な効果と位置づけることができます。こうした判断をマナブ先生が行った原因は,共通な効果ではなく,非共通な効果である③や④にあると推論することができます。

表 2-1-2　イチロウ君の特徴とジロウ君の特徴

特徴	イチロウ君	ジロウ君
①足の速さ	速い	速い
②エラーの数	少ない	少ない
③打撃力	打撃力がある	—
④投球コントロール	—	コントロールがいい

3. 推論の対応

　話しかけることをやめたヒロシ君は，マナブ先生の指示に従わず，カレーめんに箸を付けませんでした。もしもヒロシ君が，カレーめんに箸を付けたのであれば，ヒロシ君がカレーめんが本当に嫌いなのかどうかはわからなくなります。なぜなら，ヒロシ君がカレーめんに箸を付けたのは，本当はカレーめんが嫌いで，食べたくないと思っているものの，先生の指示に従って，カレーめんを食べるという社会的に望ましい行為を仕方なく行っただけとも考えられるからです。それぞれの場面で期待される社会的に望ましい行為は，だれもが行う行為であるために，その行為が個人の独自性によってなされたものとは判断されにくくなります。逆に，社会的に望ましく多くの人が行うであろう行為を行わなかった場合には，その原因が個人の独自性に帰属されやすくなります。

　ジョーンズとデーヴィス（Jones & Davis, 1965）は，ある行為を行った個人がもっている特性を，観察者がどれほどの確信度をもって推論するのかについて，推論の対応という面から考察しています。

　ある個人が行った行為から，その人物がある特性をもっていると推論する確信度が高い場合には，行為と特性とがよく対応していると考えられます。そして，ある特性をもっていると推論する確信度は，選ばれた選択肢だけがもっている非共通の結果や効果が少なければ少ないほど高まります。気温が30℃を超えるような真夏の暑さの中，ダークスーツを着てネクタイをしっかりと結び緊張した表情の若者の姿をオフィス街で見て，「あの若者は，就職試験を受けに行くんだ」と，はっきりした根拠もないのに思うのは，こうした理由からです。また，社会的に望ましく多くの人が行うであろう行為から逸脱した行為であればあるほど，その行為を行った人物が，ある特性をもっているという確信度が高まります。たとえば，タバコのポイ捨てをする人を見ると，その人を悪い人と感じてしまうのはこのためです。

4. ANOVA モデル

　太郎君は飼い犬のポチをかわいがっています。花子さんは飼い猫のミケをかわいがっています。太郎君がポチのことをかわいいと思う理由と，花子さんがミケをかわいいと思う理由には，違いがあります。二人の違いについて，3つの次元から考えてみましょう（表 2-1-3）。

　第1の次元は「対象となる実体（弁別性）」です。太郎君は，自分の家のポチだけでなく，隣の家のジョンも，斜め向かいの家のハチも，夕方になるとよく散歩に連れ出してかわいがっています。一方，花子さんは，自分の家で飼っているミケのことはかわいいと思いますが，ほかのネコのことをかわいいとは思いませ

表 2-1-3　太郎君と花子さんがペットをかわいいと思う理由

対象となる実体 （弁別性）	太郎君は犬全般がかわいいと思う。	花子さんはミケがかわいいと思う。
時・実体との相互作用の様態 （一貫性）	太郎君は夕暮れの散歩のときにのみかわいいと思う。	花子さんはいつもかわいいと思う。
ほかの人々 （一致性）	人によってまちまち。	ミケはかわいいとみんなが思う。

ん。太郎君はどの犬に対しても同じようにかわいいと思えるのに対して，花子さんはミケとほかのネコとを弁別していることがわかります。

　第2の次元は，「時・実体との相互作用の様態（一貫性）」です。太郎君は，ポチの写真を見ても，餌を食べている様子を見てもかわいいとは思いません。しかし，散歩に出かけ，夕日に向かって全力で犬と一緒に走るとき，犬のことをとてもかわいいと思うのです。一方，花子さんは，家にいるときはいつもミケのそばにいます。ミケのどんな仕草もかわいいし，学校にはミケの写真を持って行き，休み時間には「かわいいな」と思いながらミケの写真をよく見ています。

　花子さんの場合には，どんなときでもミケのことをかわいいと一貫して思っているようです。しかし，太郎君の場合には，夕方，散歩に出かけ，犬と一緒に走るときにのみ，犬のことをかわいいと思うのであって，犬をかわいいと思う気持ちには，花子さんがミケに対してもっているような一貫性はありません。

　第3の次元は，「ほかの人々（一致性）」に関するものです。太郎君が飼っている犬は，ブルドッグで，新聞配達に来る人や郵便配達に来る人からかわいいと思われてはいないようですが，近所のおじさんやおばさんにはかわいいと思われているようです。一方，花子さんが飼っている猫は，漫画に出てきそうなまるまると太ったネコで，花子さんの家に遊びに来た友達はみんなこの猫をみて，「かわいい！」と言います。花子さんが飼っている猫に対する評価は，多くの人々の間で一致しています。しかし，太郎君が飼っている犬に対する評価は，一致していません。

　以上のことを整理すると，太郎君と花子さんとが，自分のペットをかわいいと思う理由には，どのような違いがあるのでしょう。

　太郎君は，ポチという犬がかわいいというよりも，夕暮れ時に散歩することができる犬のことをかわいいと思っているのに対し，花子さんの場合には，ミケというネコが，だれから見てもかわいいネコであるためにかわいいと思っているのだと推察することができます。

　ケリー（Kelley, 1967）は，「実体」「時・実体との相互作用の様態」「人」というように3つの次元に分けて，特定の対象に対する反応の帰属過程を考えるANOVAモデル[1]を提唱しました。このモデルでは，「実体」・「時・実体との相互作用の様態」・「人」のどの要因が影響しているのかを，人が統計的な手法のように合理的に判断していると仮定しています。そして，要因の影響を推論する際には，現象が生じるときには存在するが，現象が生じないときには存在しないような要因に現象の原因が帰せられる，つまり，現象と共に変動するような要因に現象の原因が帰せられるという「共変原理」が用いられていると述べています。

　ジョーンズとデーヴィスは，行為を行っている者の性格や態度といった内的な属性に行動の原因が帰属される条件を明らかにしようとしているのに対して，ケリーのANOVAモデルは，ある対象に対する反応が，その対象自体によるものなのかどうかを明らかにしようとするときに用いられるモデルと言えるでしょう。

1　ANOVA（analysis of variance）とは，心理学の研究によく用いられる分散分析法のことです。

第2節　自己奉仕的バイアス

まず，ハルちゃんの気持ちを想像しながら，次の文章を読んでください。

課題：考えてみよう

　ハルちゃんは4人の仲間とバンドを組んでいます。今日と明日の2日間，公民館を借り切ってライブを行います。ライブの初日，会場にはたくさんのお客さんが入っており，演奏は大成功。「大成功の原因は，やっぱり私の声がいいからだ」と演奏後の打ち上げで，ハルちゃんは大はしゃぎ。

　ところが2日目，お客さんの数は多いものの，途中で会場を出て行くお客さんがいたり，ケイタイでメールを送りながら演奏を聴いているお客さんがいたりと，ライブは盛り上がりません。「ギターのケイちゃんや，ドラムのユミちゃんの演奏がへただから，今日のライブは盛り上がらなかった」とハルちゃんは思いました。

　ライブでミキサーをやったサナちゃんが，「反省会をしよう」と言い出し，初日と2日目の演奏の録音をみんなで聞くことになりました。サナちゃんが「最初は，初日の演奏ね」と言って初日の録音を流しました。「ギター。いけてる！」「ボーカルもいいね！」とみんなは口々に言いました。1日目の録音の再生が終わったところで，サナちゃんが「次は2日目ね」と言って2日目の録音を聞きました。「ギターの音，違ってない…」「ドラム。なんだかめちゃめちゃじゃない…」とハルちゃんが言いました。そして，「やっぱり，2日目はギターとドラムの演奏がひどかったから，ライブが盛り上がらなかったんだ！」とハルちゃんは確信したのです。そのとき，サナちゃんが突然「ごめん。初日と2日目の録音を間違えて再生しちゃった。あとで聞いた方が初日なので，最初に聞いたのが2日目の演奏ね」と言いました。サナちゃんの言葉を聞いたハルちゃんはどう思ったでしょう？

ハルちゃんの気持ち

「うまくいったときには，その原因を自分の努力や能力に帰属し，うまくいかなかったときには，その原因を自分以外の外的な要因に帰属する」。あなたの周りにそんな人はいませんか。ハルちゃんのように極端な人は少ないでしょうが，私たちのなかには，こうした傾向が少なからず存在するようです。自分にとって都合が良いように判断をゆがめることを自己奉仕的バイアスと言います。

うまくいったことの原因を，自分の能力や努力に帰属する自己高揚的バイアスと，うまくいかなかったことの原因を自分以外の外的な要因に帰属させる自己防衛的バイアスとに，自己奉仕的バイアスを分けて考えることができます。

ハルちゃんたちのケースの場合，自己高揚的バイアスと自己防衛的バイアスは，どこに現れていたでしょうか。

自己高揚的バイアス	
自己防衛的バイアス	

「初日のライブが大成功だったのは，自分の声がいいからだ」と言うハルちゃんの考えは，自己高揚的バイアスによるものであり，2日目のライブが盛り上がらなかったのは，ギターやドラムの演奏がひどかったせいで，自分以外のところに失敗の原因があるという考えは，自己防衛的バイアスによるものです。

ルジンブールら（Luginbuhl et al., 1975）は，スクリーン上に飛行機や鳥などの形を投影し，それらを区別する課題を行わせた結果，実験に参加した人たちは，区別が失敗した場合よりも，成功した場合の方が，その原因を自分自身の能力や努力に帰属させました。こうしたバイアスが生じる背景について，スナイダーら（Snyder et al., 1978）は，その結果が個人に帰属されることと，その帰属が当人の自尊心に関連することという2つの条件が必要であると述べています。こうした帰属は，自尊感情を維持する役割を果たしていると考えられます。

そのため，自分自身とはかかわりが少ない課題（Miller, 1976）や，最初から失敗が予想されるような難しい課題（Harvey et al., 1974）の場合には，自尊感情に脅威を与える可能性が少ないために，こうしたバイアスが生じにくいと考えられます。たとえば，期末テストで悪い点をとって落ち込む小学生でも，大学入試の問題が解けないからといって落ち込むことはないでしょう。

ところで，2日目のライブがうまくいかなかった原因を自分以外のメンバーのせいにしているハルちゃんの発言は，周りの人にどのような気持ちを生じさせるでしょうか。ハルちゃんのこの発言は，周りの人に悪いイメージを与えてしまう可能性があります。周りの人に与える印象という面から考えた場合には，「ライブがうまくいかなかった原因は自分にある」と公言した方が良かったのではないでしょうか。

自分自身に対する良いイメージを獲得したいという気持ちから，失敗の原因を自分の内的な要因に帰属させる方略的な自己呈示を行った場合には，自己防衛的バイアスによる反応とは異なった行動が見られる可能性もあります（Bradley, 1978）。選挙で落選した議員が，インタビューに「自分の力不足が原因でした」と答える姿はこのいい例です。

第3節　認知スタイル

1. 原因の捉え方と社会的行動

まず，次の問題を考えてみましょう。

> 友人とドライブに行く約束をしていたので，街角で待っていましたが，1時間過ぎても友人は現れません。その日は，自宅に携帯電話を忘れてしまっていました。ちょうど寒い日で，たまらずあなたは友人の家に公衆電話から電話をしました。すると友人は，次のように言いました。
> ①「あなたなんかとは，本当はドライブなんかしたくなかったんだ」
> ②「すっかり忘れていた」
> ③「妹が病気になったので，今病院に連れて行ってきたところだ」
> ④「出かけようとしたら，車が故障で動かなくなった」

あなたは，何番の返答に最も腹を立てたでしょうか？　また，何番の返答を最も不快に思ったでしょう？　人は欲求不満を感じた場合，攻撃行動を行いやすくなることが知られており，ダラードら（Dollard et al., 1939）は，こうした現象を欲求不満・攻撃仮説と呼んでいます。欲求不満によって生じた不快な感情を発散し，減少させることを目指して攻撃行動が行われると主張しています。

しかし，人は欲求不満を感じた場合，常に攻撃行動をするわけではありません。欲求不満を生じさせた他者に，正当な理由がある場合と，正当な理由がない場合とでは，相手に対して攻撃行動を行う可能性は異なるとされます（Berkowitz, 1989）。先ほどの質問で，③や④は遅刻の理由として正当性がありそうです。一方で，①と②はその理由が正当なものにはなっていません。一般的に，③や④よりも①や②に腹を立てる人が多いでしょう。これは，特に①の返答には相手に明確な悪意があるためです。悪意を感じる相手には多くの人が腹を立てるでしょう。また，相手の自分に対する行動の意図をどのように捉えるかによっても，その後の相手への行動は異なってきます。たとえば，友達に貸したものがなかなか返ってこないとします。そのときに，友達がそれを返さずに自分のものにしてしまおうしていると疑うか，単に忘れているだけだと思うかで，友達への接し方は変わってきます。

2. 体験してみよう

図 2-3-1 の絵を見ながら，以下の文章を読んで，それぞれの質問に答えてください。

> あなたは，大学の食堂で昼食を食べていました。ふと顔を上げると，他の学生が牛乳を持ってあなたのテーブルに近づいてきました。あなたが再び昼食を食べようとすると，その学生があなたの背中に牛乳をこぼしてしまいました。あなたのシャツは牛乳でかなり汚れてしまいました。

図 2-3-1 昼食場面の描画(Fitzgerald & Asher, 1987 より作成[1])

1 イラスト:山中咲耶

1) なぜその学生はあなたの背中に牛乳をこぼしたのだと思いますか？
   ①その学生は,ただ単にふざけたことをあなたにしただけだった。
   ②その学生は,あなたをからかおうとした。
   ③その学生は,何かにつまずいた。
   ④その学生は,あたりを見ておらず,あなたが視界に入っていなかった。

2) その学生は,わざと牛乳をかけたのでしょうか？
   ①あなたにわざと牛乳をかけようとした。
   ②偶然,あなたに牛乳をかけてしまった。

3) その学生があなたに牛乳をかけた後,あなたは何をしますか？
   ①そのことを忘れる。
   ②学食から去る。
   ③タオルなどのふくものを友達に借りる。
   ④次の日に,その学生に牛乳をかける。

4) その学生は,どうされるべきでしょうか？
   ①厳しく罰せられるべきである。
   ②ある程度罰せられるべきである
   ③罰を受ける必要はない。

3. 認知スタイルの個人差

　選択肢の選び方と，その人がこうした場面でとる行動とはどのような関連があるでしょうか。まず，1）の質問で，①や②を選択した人は，③や④を選択した人と比べて，相手の意図をネガティブに捉え，敵意を感じていると言えます。この場面では，相手の意図はあいまいにしか記述されていません。それにもかかわらず，①や②を選択した人は，相手をネガティブに評価し，敵意を邪推しているのです。このような人は，相手に対して報復的な行動を取りやすい人です。すぐに文句を言ったり，攻撃的な行動をとる傾向が高くなります。2）から4）の質問についても，どの項目を選択する人が，ネガティブで攻撃的な行動をとりやすいか考えてみましょう。

　同じあいまいな状況でも，人によって感じ方や認知の仕方は異なります。クリックとドッヂ（Crick & Dodge, 1994）は，このような認知スタイルの違いを，社会的情報処理アプローチによって説明しています。社会的情報処理アプローチでは，社会生活におけるさまざまな行動を，学習と同じように，人が，何らかの目標をもち，問題を解決しようとして表れた反応や結果であるとみなしています。

　私たちは，語学の学習をするとき，言語の習得という目標をもって，さまざまな情報を集めたり，単語や文法を覚えたり，読み書きの練習をしたり，実際に使ってみたりします。このような学習における1つひとつのステップは，情報処理と呼ぶことができます。社会的情報処理アプローチでは，このようなステップや情報処理が，学習場面だけではなく，さまざまな社会的な行動でも行われていると考えます。

　先ほどの昼食場面で考えてみましょう。この状況をどう感じるかは，その人がどのような過去の経験や知識など（データベース）をもっているかに大きく影響されます。1）の質問は，状況の手がかりの符号化や，手がかりの解釈に対応しています。状況を知覚し，相手の行動に気づき，手がかりや情報を集めようとします。2）の質問は，手がかりの解釈に対応しています。集めた情報や手がかりか

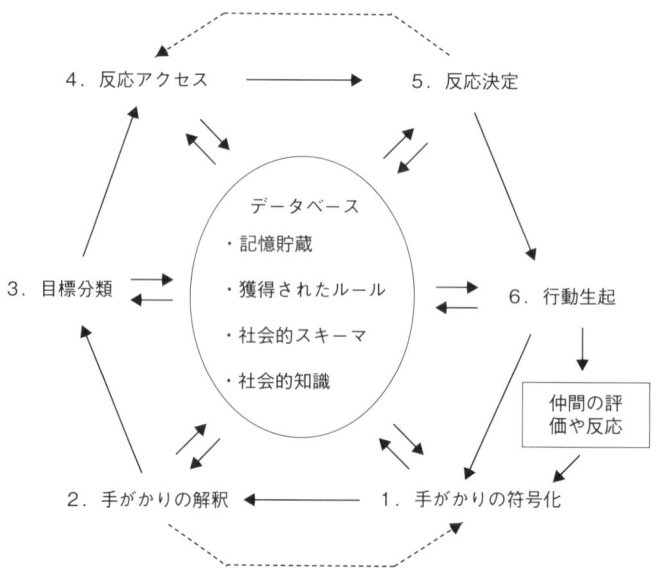

図 2-3-2　社会的適応における改訂版社会的情報処理モデル（Crick & Dodge, 1994）

ら，相手の行動の原因や意図について解釈しようとするのです。たとえば，相手が牛乳をこぼしても平気な顔をしているのを見たら，わざとやったのではないかと思うかもしれません。しかし，すぐに謝り，適切な対応をしてくれれば，悪気はなかったと思うでしょう。3）の質問は，目標分類です。相手の意図の解釈に応じて，あなたがどのような行動を取るべきか，その目標を設定します。わざとでなければ，忘れようとするでしょうし，悪意を感じた場合には，怒りを感じ，報復しようとするわけです。4）の質問は反応アクセスや反応構築と関係しています。これには，自分の目標や行動の正当化が含まれます。罰せられるべきだと考えた人は，自分の過去経験を振り返って考えて，このような行動は，罰するべきだと判断したのでしょう。また，このような判断や経験そのものが，記憶や社会的知識としてデータベースに蓄積されていくことになります。

このように情報処理のどこかのステップにおいて，不適切な処理が行われると，ネガティブな行動反応が起きる可能性が高まると考えられます。ディルら（Dill et al., 1997）は，攻撃的な人は，手がかりの解釈の段階で，相手に対する敵意的な解釈を取りやすいことを指摘し，このことを，「血のように赤く染められたメガネを通して世界を見る傾向がある」と表現しています。

4. 歪んだ認知スタイルの修正方法

犯罪・非行や攻撃行動などの不適応的な行動をとる傾向の高い人は，下記のような歪んだ認知スタイルをもっていることが明らかにされています。
①攻撃行動を肯定する規範的信念をもっている（Huesmann & Guerra, 1997）
②特に他者の行動があいまいなときに，他者の行動に敵意的な意図を推測しやすい（Geen, 1998）
③葛藤の細部を思い出せず，和解に向かう非対立的な解決を生み出せない（Lochman & Dodge, 1994）

このように，データベースや手がかりの解釈など，社会的情報処理のステップのどこかが歪んでいると，不適切な行動を起こしやすいのです。

またギブスら（Gibbs et al., 2001）は，非行少年や攻撃傾向の高い青年における認知的な歪みに関して，以下の4つの特徴を指摘しています。
①自己中心的な考え
②ものごとを軽視する考えや，ものごとにまちがったレッテルを貼る考え
③他者に敵意を感じ，ものごとに最悪のシナリオを想定する考え
④責任をなすりつける考え

これらの認知的な歪みが自分にどの程度当てはまるのかについては，吉澤・吉田（2004）の認知的歪曲尺度において測定することが可能です。上記の攻撃行動を肯定する規範的信念も，吉澤ら（2009）の規範的攻撃信念尺度で測定できます。まずは，自分がどれだけ歪んだ認知スタイルをもっているかを把握し，それらを日常生活のなかで意識して使わないように心掛けることが，修正への第一歩になると考えられます。

第4節　スケープゴート

1. スケープゴートとは

　私たちの住む社会では，大きな事件，事故が発生した際に，主にマスコミからの強い非難が，ある人物や集団に集中することがあります。また，そうしたケースのなかには，明確な根拠を欠いたもの，あるいはその対象だけに責任を帰すことができないようなケースも多く含まれます。こうした場合に非難される対象をスケープゴート（scapegoat）と言います。

　スケープゴートという言葉は，ユダヤ人による古代の贖罪儀式に由来します。儀式の際，2頭のヤギを引き出し，1頭は神への生け贄に，もう1頭は自分たちの罪を背負わせて，荒野に放しました。この儀式によって，人々とコミュニティは浄化されると考えられていました。この儀式において，荒野に放逐されるヤギがスケープゴートの原義です。

　実際の例は，いくつもありますが，記憶に新しいところとしては，次のようなものがあげられます。2005年4月に発生したJR福知山線脱線事故は，運転士を含め107名の犠牲者を出す大惨事でした。沿線のマンションに激突した車両の映像は，多くの人に強い恐怖を与えました。このときには，事故車両の運転士および車掌，JR西日本，事故当日に懇親会を行っていたJR西日本の社員，国会議員，国土交通省および大臣，マスコミ，日本社会の特質など，さまざまな対象がマスコミによって非難されました。

　社会にとってネガティブな事象が生じた際に，その非難が妥当かどうかはともかく，多くの人から強く非難されるスケープゴートは，私たちの社会に頻繁に出現すると言えます。

> **課題：考えてみよう**
> 　ある地域で大地震が起き，建物の倒壊，火災等によって多くの死者が出たとします。その地域は，以前から大規模地震が起きる可能性が指摘されていて，行政の対応の遅れが心配されていました。また，古い家屋が多いこと，迅速な避難が難しい高齢者が多く住んでいること，そして住民の警戒意識，防災意識の低さなども問題点として指摘されていました。これらの他にも問題点はあったのかもしれません。
> 　こうした事件の発生を知ったとき，あなたは，第1に何が問題だったと直感するでしょうか。考えてみてください。その次には，何が問題だと感じるでしょうか。思いつく問題点を順番に記述してみてください。思いつくだけあげられたら，グループでこの事件について何が問題だったかをもう一度考えてみて，思いつく点を列挙してみてください。

地震は自然災害であって，地震の発生そのものは誰のせいでもありません。それにもかかわらず，上のような事態を新聞等で知ると，自然災害であることは忘れられやすく，人災化される傾向にあります。また，個人で考える場合，事態を知った直後は，地震の起きた現場に直接かかわる要因に注目するのではないでしょうか。たとえば，家屋の構造や地盤，避難態勢や救援組織等についてです。そして，考える時間が長くなるにつれて，個人や現場を取り囲んでいる地域の要因，そして社会全体の要因へ観点が移動するかもしれません。こうした傾向は集団で話し合うとより顕著になったかもしれません。先に例であげた JR 福知山線脱線事故報道でも同じような傾向が見られました。ネガティブ事象の発生原因に対する視点は，移動，あるいは拡散する可能性をもっています。こうした傾向がスケープゴートの変遷をもたらす一因と言えます。

2. スケープゴートの変遷

　スケープゴートについては，時間の経過とともに変遷していくことが知られています。ベルフォートとリー（Veltfort & Lee, 1943）は，ナイトクラブの火災に関する報道を分析し，非難の対象が，出火のきっかけを作った少年，行政担当者，消防署，消防署長，警察官，市長，ナイトクラブの経営者などに変遷したことを明らかにしています。また，チーとマコームズ（Chyi & McCombs, 2004）は，報道の空間的な枠組みには個人，コミュニティ，地域，社会，国際間というレベルがあるとしています（図 2-4-1）。彼らは，1999 年に起きたコロンバイン高校銃乱射事件に関する報道を分析し，報道の主題が個人から社会へと変遷し，抽象度が向上していったことを見出しています（図 2-4-2）。

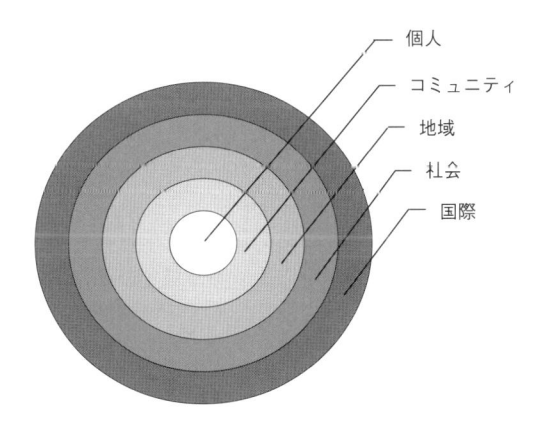

図 2-4-1　報道における空間枠組みの模式図（Chyi & McCombs, 2004 をもとに作成）

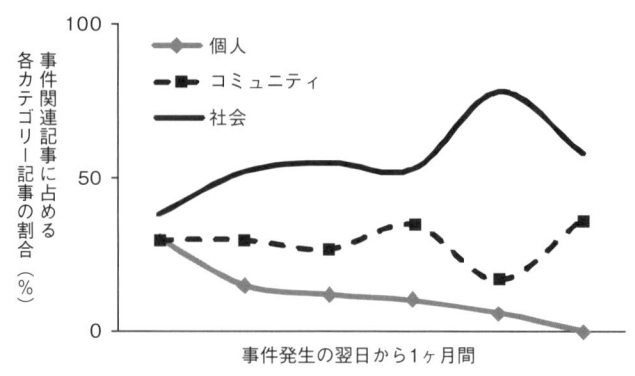

図 2-4-2　事件関連記事に占める各カテゴリー関連記事の割合の変遷
(Chyi & McCombs, 2004 より作成)

　こうした変遷は何によって生じているのかは明確ではありませんが，いくつかの理由が考えられます。重大な事態が発生しているにもかかわらず，原因が不明確な場合，人は原因をあちらこちらに帰属しようとしては，効力感を得られずに，帰属対象を変えるのかもしれません。あるいは，先に皆さんに考えてもらったように，時間の経過と共にさまざまな事実が明らかになったり，他者の観点を取り入れたりすることによって，視野が広がり，帰属の対象がより抽象化するのかもしれません。報道側の経営的な視点に立てば，同じような記事を書いていても内容に新鮮さがなくなるので，ニュースとしての価値を維持するために変遷が生じるのかもしれません。

3. スケープゴートの動機

　スケープゴートを行う動機としては，主に次のようなものがあると考えられています (Veltfort & Lee, 1943)。
　1) フラストレーション　たとえば，多くの人命が失われたにもかかわらず，それを回復する手立てもないという状況は，フラストレーション（欲求不満）の強い状況であり，その情動のはけ口が求められると考えられます。
　2) 恐怖　悲惨な事件による恐怖を軽減するために，責任があると考えられる個人・集団に対して攻撃を行うと考えられます。
　3) タブロイド・シンキング（単純化された思考）　大事件や大事故が起きている状況は，多くの場合情報が錯綜し，正確な情報が不足します。そうした状況下では，事態の本質を理解することは困難です。私たちは，複雑な状況を単純に把握したいという欲求をもっているため，単純な図式を構築しやすくなります。その結果，わかりやすい対象がスケープゴート化されると考えられます。
　4) 潜在的な敵意　自分たちよりも高い地位を有している人や集団をスケープゴートとして攻撃することによって，自分たちの優越性を感じることができます。一般の人々は，相対的に自分たちよりも良い暮らしをしていると考えている対象に潜在的な敵意を感じていると考えられ，これがたとえば，行政担当者や経営者といった人々に対する強い攻撃を呼ぶと考えられます。
　攻撃理論の観点からは，スケープゴートを作り出して攻撃することは，情動の発散を目的とした代理攻撃として考えることができます。人は，常に自身のパフォーマンスや現在の地位に満足しているわけではありません。むしろ不満を感

じ，他者に対して嫉妬や，ねたみといった感情を感じることも少なくありません。しかし，感情の原因が自分自身であったり，たとえば「世の中」のような抽象的あるいは巨大な事象であったりする場合，直接的にその対象を攻撃することは困難です。こうした感情を解消する1つの方法として，代理的な対象を攻撃することが選択される可能性があると考えられます。

4. スケープゴートの終わり

　スケープゴートの終わりはターゲットになった主体の側からと攻撃をした側の2つの側面から考えることができます。まず，ターゲットになった主体の側から見た場合，当然のことですが，攻撃されることによって大きな被害を受けます。こうした被害の内容については，1994年に発生した松本サリン事件で被害者にもかかわらず犯人として疑われた河野義行さんの著書に詳しく記述されています。1994年6月27日夜，オウム真理教の一部の信者たちは長野県松本市内の住宅街で，神経ガスのサリンを散布しました。これにより，7人が死亡，600人以上が重軽傷を負う大惨事になりました。河野義行さんの自宅は，サリンが噴霧された場所に隣接しており，本人および家族は，大きな被害を受けました。特に河野さんの妻，澄子さんの被害は大きく，後遺症から回復できないまま2008年8月に死亡しました（これにより，事件による死亡者は8名になりました）。こうした大きな被害を被っていたにもかかわらず，警察は事件発生直後から，自宅がガス発生場所に近く，薬品に関する知識をもっていたことなどから，河野さんを犯人と確信しているかのような，執拗な取り調べを行いました。また，マスコミは，警察から非公式に提供された河野さんにとって不利に働くような捜査情報を，明確な根拠を得ることもなく報道し続けました。自宅には，一般の市民からの誹謗・中傷の電話が，頻繁にかかってきました。要するに，河野義行さんは，無差別大量殺傷事件の犯人のような扱いを，警察，マスコミ，市民から受けたのです。この苦しみを河野さんは，「社会的死」と表現しています。このようにスケープゴートにされた個人や集団は，攻撃を受け多大な社会的な不利益を被ります。また，社会全体にとっても，個人や集団の活動を停滞させ，利益にならない場合もあります。

　次に，攻撃をした側からスケープゴートの終わりを考えてみましょう。攻撃した人々は，攻撃をすることで，内的な緊張状態が解放され，快を得ることができます。一種の達成感がもたらされることもあるでしょう。そのことが，一種の「ガス抜き」のような効果をもち，社会活動の維持に貢献しているところもあると考えられます。一方，先に述べたように，攻撃を受けた側の活動が停滞し，社会全体の利益が損なわれる可能性があります。たとえば，官僚や警察などの公務員に対する非難は多く見られますが，そういった立場の人々を攻撃し，活動を阻害することは，結局は国民全体に不利益として返ってきます。また，先にあげた「松本サリン事件」でもそうでしたが，スケープゴートを発見し，攻撃することに注力することによって，事件の本質や，リスクの中身の検討が見失われる可能性もあります。

　企業の不祥事や行政の不正行為など社会的な制裁を加えなければならないような事態が少なくないのも事実です。しかし，社会全体への影響を考慮すると，スケープゴートを作り出し，それに過剰な攻撃を加えることには大きなツケが回ってくる場合があることも覚えておくべきでしょう。

第3章　判断と意思決定

第1節　フレーミング効果

1. フレーミング効果とは

まず，次の問題を考えてみましょう。

> **課題：考えてみよう**
> アメリカ合衆国で，アジア病という特殊な伝染病が爆発的に広がる恐れがあることがわかりました。アジア病によって 600 人の死者が出ることが予測されています。この病気に対して 2 つの対策が提案されました。それぞれの対策の効果は，科学的に以下のように推定されています。あなたなら，どちらの対策を取りますか？
>
> 対策 A：この対策をとると，200 人が助かり，400 人は助からない。
> 対策 B：この対策をとると，1/3 の確率で全員が助かるが，2/3 の確率で誰も助からない。

あなたは，A か B どちらの対策を選んだでしょうか？　トヴァスキーとカーネマン（Tversky & Kahneman, 1981）の実験では，この問題を出された 152 人のうち，72％の人が対策 A を選び，28％の人が対策 B を選びました。この問題では，比較的多くの人が対策 A を選ぶことが知られています。それでは，対策 A と対策 B とを内容は変えずに，下のように表現したらどうでしょうか。

> 対策 A'：この対策をとると，400 人が死亡し，200 人は死亡しない。
> 対策 B'：この対策をとると，1/3 の確率で誰も死亡しないが，2/3 の確率で全員が死亡する。

このように選択肢の表現を変えると，多くの人は対策 A' ではなく，対策 B' の方を選びました。

私たちが日常的に行う判断や選択には，ポジティブな側面とネガティブな側面とが含まれていることがあります。たとえば，好きな人への告白という行為には，告白が成功して，希望どおり交際できるというポジティブな結果になる可能性がある一方で，相手にはその気がなくてふられてしまうというネガティブな結果に終わる可能性も含んでいます。当たり前のようですが，告白すれば，「つきあえるかもしれない（ポジティブな結果）」し，「ふられるかもしれない（ネガティブな結果）」のです。上の問題で考えてみると，対策 A で，「600 人のうち 200 人が助かり，400 人は助からない」ということは，「600 人のうち 400 人が死亡し，200 人は死亡しない」というように表現することもできます。このように，「助かる」というポジティブな側面で表現するのではなく，「死亡する」というネガティブな側面を強調した表現をすると，同じ内容でも私たちに与える印象はずいぶん異なります。その結果，内容は同じでも評価の仕方が異なっているために，判断や選択が異なってしまうことがあるのです。このように，表現の枠組みを変えることによって，私たちの判断や意思決定が異なることをフレーミング効果と呼びます。

2. 体験してみよう

　同じ内容の情報でも，その情報の表現の枠組みを変えることによって，人の判断が変わるような問題（フレーミング問題）を考えて，実際に，クラスの人を相手に質問して，集計してみましょう。

　①フレーミング課題の質問と選択肢を考えて，図3-1-1のようにカードのオモテにはポジティブな表現で，ウラにはネガティブな表現で問題と選択肢を記入します。

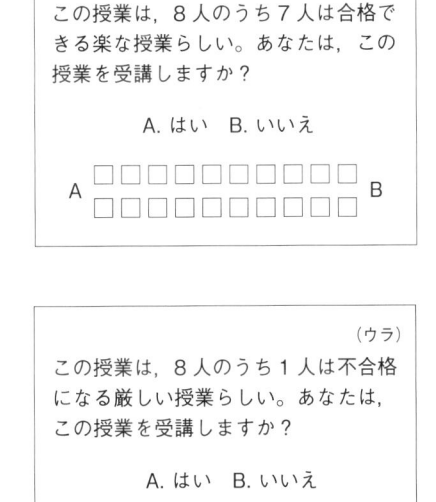

```
（オモテ）
この授業は，8人のうち7人は合格できる楽な授業らしい。あなたは，この授業を受講しますか？

    A. はい　B. いいえ

A □□□□□□□□□□ B
  □□□□□□□□□□
```

```
（ウラ）
この授業は，8人のうち1人は不合格になる厳しい授業らしい。あなたは，この授業を受講しますか？

    A. はい　B. いいえ

A □□□□□□□□□□ B
  □□□□□□□□□□
```

図3-1-1　フレーミング課題カードの例

　②カードを使って，クラスの中でお互いに自分の作った質問をします。それぞれのフレームの問題を20人ずつにして，AとBどちらの選択をするかを集計してみます。カードの□のマスにAを選択した人とBを選択した人を区別して記入します。

　③あなたのフレーミング課題では，フレームによってAとBを選択した人数に偏りがあったでしょうか。また，誰の作ったどんな問題が，最もフレームによる回答の違いがあったでしょうか。

3. フレーミング効果に影響を与える要因

どのような要素が，フレーミング課題の選択に影響を与えるのでしょうか。また，どうしてこのようなことが起きると考えられているのでしょうか。

1）**確率か頻度か** 表現の方法を確率で表現するか，頻度で表現するかによって，問題の難しさや印象が大きく異なることが知られています（Gigerenzer & Horage, 1995）。「10人に1人」と「10%」は客観的には同じです。しかし，私たちは，頻度による表現には慣れていますが，確率による表現で考えることは苦手だということがわかっています。手術をするときに医師から，「これまでに8人に手術をしたうち7人は成功しました」と言われるのと「手術の成功確率は87.5%です」と言われるのとでは印象が違います。また，同じ頻度の表現であっても，「この問題を出された152人のうち，109人が対策Aを選びました」という表現と，「この問題を出された100人のうち72人が対策Aを選びました」とを比べると，確率的にはほとんど違いがなくても，理解のしやすさには大きな違いがあることが実感できるでしょう。

2）**被害の大きさ** 選択の結果によって引き起こされる被害の大きさも，選択に大きな影響を与えます。アジア病の問題は，国の政策に関する大きな問題で，国民の命に関する選択を迫られているのに対して，図3-1-1の例では，授業の選択という割とささいな個人的な問題に過ぎません。選択が迫られる状況や，その選択によってもたらされる被害の大きさが違えば，人の判断が異なるということは当然のことでしょう。

3）**確　率** 結果が起こる可能性（確率）が違えば，人々の選択は異なります。図3-1-1の例では，「8人のうち1人（12.5%）が不合格になる」となっていますが，これが，「2人に1人（50%）が不合格になる」となっていたら，多くの人はそんな授業はとらないと答えるでしょうし，逆に，「200人中198人（99%）が合格している授業だ」と聞くと，受講希望者は増えるでしょう。

4）**焦点の当て方** 表現されている内容がまったく同じであっても，文字の大きさやフォントを変えることによって，選択が異なるということも明らかにされています（藤井・竹村, 2001）。これは，文字の大きさなどを変えることによって，情報に対する人の焦点の当て方が変わるからだと考えられています（竹村, 1994）。このテキストでもいろいろなフォントが利用されているのは，読者の焦

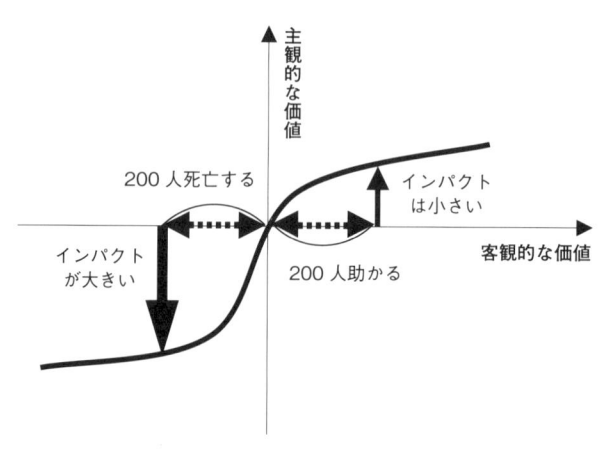

図3-1-2　プロスペクト理論の価値関数

点の当て方を変化させたいからです。

　このように，表現の仕方によって，客観的には同じことが，主観的には異なった形で心的に構成されることを，プロスペクト理論（図3-1-2）によって説明しています（Kahneman & Tversky, 1979）。
　「200人死亡する」のと，「200人助かる」のとは，客観的な価値は，同じです。しかし，「200人助かる」とポジティブに表現される場合と，「200人死亡する」とネガティブに表現される場合とでは，主観的な価値のインパクトは異なります。ポジティブに表現されるときには，その主観的なインパクトは小さく，ネガティブに表現されるときには，主観的なインパクトは大きくなります。私たちにとって，損をしたときに受けるインパクトは非常に大きい一方で，得をしたときに感じるうれしさに対しては鈍感なのです。
　また，曲線は，原点から遠ざかるにつれて，緩やかになっていることがわかります。これは，主観的な喜びや悲しみは，客観的な価値が大きくなると，その変化に比べて鈍感になることを表しています。たとえば，1000円と1200円の差と，50円と250円の差は，どちらも200円ですが，私たちは，50円と250円の差に対してより敏感に反応してしまうのです。私たちの主観的な評価は，客観的な評価とは異なって心的に構成されるのです。

4. フレーミング効果を抑制する要因

　あなたの考えたフレーミング問題では，フレーミングの違いによって，選択に偏りが見られたでしょうか。あなた自身，クラスのほかの人の問題を見たときに，自然に逆のフレームの表現も含めて判断しようとしていなかったでしょうか。「8人に7人が助かる。・・・ということは，8人に1人は死亡するってことか・・・」というふうな具合です。私たちは，普段の生活のなかでは，ものごとの表現の仕方やフレーミングを意識することが少ないからこそ，フレーミング効果にそった判断をしてしまいます。しかし，このような現象があることを理解することによって，ポジティブな側面とネガティブな側面とをきちんと比較し，判断することが可能となるのです。このように，ポジティブとネガティブの両方の側面をきちんと意識して判断できる状態のことを透明性が高まった状態と言います。フレーミング効果を避けるためには，透明性が高まるようにすることが重要です。すでにこの問題に触れ，自ら問題を作ったみなさんは，フレーミングに惑わされにくくなっているのです。自分の問題で偏りがなかった人は，このクラスの人以外の人に問題を聞いてみるとよいでしょう。

第2節　状況や感情が判断や意思決定に与える影響

1. 状況の要因：どのような手がかりがあるのか？

まず，次の問題を考えてください。

> 問題A：現在の20代女性のブランド物の所有率は何パーセントでしょう？

まったく見当がつきませんか？　それでは，次の問題はどうでしょう。

> 問題B：バブル時代の20代女性のブランド物の所有率は60%でした。現在の20代女性のブランド物の所有率は何パーセントでしょう？

あるいは，次の問題ならばどうですか？

> 問題C：バブル時代の20代女性のブランド物の所有率は90%でした。現在の20代女性のブランド物の所有率は何パーセントでしょう？

　問題Aのように「現在の20代女性のブランド物の所有率は何パーセントでしょう？」と漠然とした形式で質問された場合，「まったく見当がつかない」とか，「うーん…50%かなぁ」，もしくは「80%くらいかしら」などさまざまな回答が思い浮かぶと思います。しかし，問題Bのように「バブル時代の20代女性のブランド物の所有率は60%でした」という情報とともに質問されるとどうでしょう。「バブル時代が60%だとすると，今はそれより低い40%くらいかなぁ」などと考えるようになるかもしれません。また，問題Cだと，「バブル時代が90%であれば，今は60%くらいかなぁ」と考える人もいるでしょう。このように，私たちは何かを推測する際に，特定の具体的な数値が与えられると，その数値をポイントとしてアンカー（錨）を下ろし，そのポイントを出発点として調整を加えて判断を行う傾向があります。これをアンカリング効果[1]と言います。トゥバスキーとカーネマン（Tversky & Kahneman, 1974）は，「アフリカの国々のうち国連加盟国となっている国の割合はどれくらいか」と尋ねた場合に，最初に「45%より上か下か」と質問した場合と，「65%より上か下か」と質問した場合を比較して，前者の方が後者よりも小さな値を答えることを明らかにしました。
　私たちが社会のなかで行う判断や意思決定の場面では，アンカーの下ろされる場所が，意図的に操作されている場合もあります。次の例で考えてみましょう。

> 問題D：あなたは，ある店で素敵なシャツを見つけました。値札を見たところ定価は6000円でしたが，その下に赤字で50%OFFとあります。あなたはどのように感じますか？

[1] 係留と調整のヒューリスティックスとも呼ばれます。

「安い！ これはお得！」と思い，すぐに購入を決定しますか？ このような場合，アンカーは，定価である 6000 円に下ろされます。ですから，50%オフの 3000 円を非常にお得に感じるのです。しかし，あなたは，本当にそのシャツが以前に 6000 円で販売されていたのを確認したのでしょうか。そのシャツはもともと 6000 円の価値があったのでしょうか。意思決定場面では，アンカーを下ろすことに十分に注意することが必要な場合もあります。また，アンカーが下ろされた場所から動けなくなることもあります。次の問題を見てみましょう。

> 問題 E：あなたは，ある会社の株を購入することを決めました。前から目をつけていた A 社の株は現在，1 株 1000 円です。数ヶ月後には，1200 円か 1300 円には上がると予測し，100 株購入しました。1 ヶ月後，A 社の株は，1 株 800 円になりました。そして，3 ヶ月後には 700 円になりました。あなたはどうしますか？

この場合，どこにアンカー（錨）が下ろされたのかを考えてみましょう。1 株が 800 円になっても 700 円になっても，「数ヶ月後には 1200 円から 1300 円」という予測をたてたわけですから，予測に縛られていると，どれほど下がっても「ここが底値だ！（これからは上がる！）」と感じるかもしれません。アンカー（錨）は，「数ヶ月後には 1200 円か 1300 円」に下ろされたため，「700 円」をつけようが「800 円」をつけようが，「数ヶ月後には上がる」という予測に縛られてしまう可能性もあります。船を港に止めておくには，アンカー（錨）を海に下ろします。船は固定されて，錨につながっている範囲でしか動けなくなります。みなさんの予測の範囲はいかがですか？ アンカー（＝予測）を下ろした場所にこだわりすぎることは危険ですね。また，この場合，アンカーを下ろした場所はあくまでも「予測」にすぎないということを忘れてはいけません。

2. 主観状態の要因：どのような感情状態にあるのか？

　私たちの判断やものごとの考え方，意思決定が，感情や気分によって変わることは，しばしば経験していることでしょう。たとえば，店舗の雰囲気が良かったので，予定以外の品物を購入したり，逆に，販売員の接客態度に気分を害されたので，買うのを止めてしまうことなどは，みなさんも経験したことがあるかと思います。私たちの感情や気分によって，社会的事象に対する判断や意思決定が，どのような影響を受ける可能性があるのかを考えます。

　日本では，2009 年 5 月から，アメリカ合衆国やイギリスのように，国民が裁判に参加する裁判員制度が導入されました。裁判員制度とは，私たち国民が裁判員として裁判に参加し，裁判官とともに被告人が有罪か無罪かの判断や，量刑の重さを決定する制度です。裁判員制度導入に際しては，裁判の迅速化や司法に対する国民の信頼の向上につながるなど数多くの利点も考えられます。しかし，多くの問題点や改善点があることも指摘されています。たとえば，それまでの裁判とは異なり，検察側の証拠提示の仕方が，裁判員の感情に訴える方法で行われることがあります。このような状況下で，一般人から選定された裁判員が，感情に左右されずに冷静な判断を行うことができるかどうかが懸念されています。確かに，特定の感情に駆り立てられたため，裁判員が冷静な判断ができなくなるという危険性もあります。これ以外に，感情が判断に与える影響を紹介したいと思います。

ボーデンハウゼンら（Bodenhausen et al., 1994）は，模擬裁判実験に参加した実験参加者に，いくつかの条件の下で，刺激対象人物が犯した罪の重さに対して，どのような判断が行われるのかを検討しています。彼らは，まず，実験参加者に，2つの別々の実験に参加するように依頼します。1つめの実験は「記憶と感情」に関する実験で，2つめの実験は「模擬裁判実験」です。1つめの実験では，実験参加者に，「この実験は，楽しかった感情と記憶の関係について調べるものです。これまでにあなたが経験した楽しかった出来事や経験について，具体的に思い出し，書き出してください」と依頼します。実は，この「記憶と感情の実験」の「楽しかった感情と記憶の関係について調べる」という目的はウソで，これは，実験参加者に過去の楽しかったことを思い出させ，彼らをポジティブな感情状態に誘導するための手続きなのでした。その後で，2つめの実験，「模擬裁判実験」に入ります。別の実験者が来室し，「模擬裁判実験」が始まることを告げ，他の大学内で起こった事件に関する文章を読んでもらいます。その文章には，「ある学生がルームメイトに暴力をふるった」という大学内で起こった事件が記述してあり，その学生の罪の重さを「まったく有罪でないと思われる（0点）」から「完全に有罪であると思われる（10点）」の11段階で評定してもらいます。その際に以下の2つの条件が設定してありました。

> A条件：実験参加者に，学生の名前を，ファン・ガルシア（ヒスパニック系の名前）と告げます。
> B条件：実験参加者に，学生の名前を，ジョン・ガーナー（米国系の名前）と告げます。

　図3-2-1は，学生の罪の重さを評定した結果です。この結果から，「ルームメイトに暴力をふるった」という出来事に対する罪の重さの評定が，実験参加者の感情状態によって異なっていることがわかります。実験参加者が，過去の楽しいことを思い出さずに，特になにも感じていなかった条件（ニュートラル感情条件）では，ルームメイトに暴力をふるったのがファン（ヒスパニック系）であっても，ジョン（米国系）であっても，罪の重さは同じとみなされています。
　一方，実験参加者が，ポジティブ感情を感じている状態（ポジティブ感情状態）では，ルームメイトに暴力をふるったことに対する罪の重さが，学生の名前によって違っています。実験参加者がポジティブ感情状態にある場合では，ジョ

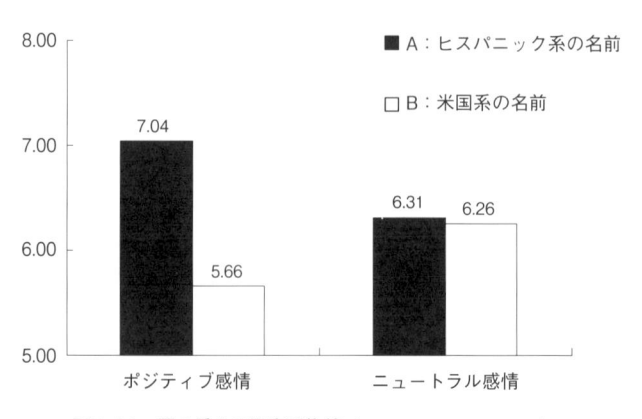

図3-2-1　罪の重さの評定平均値 (Bodenhausen et al., 1994)

ン（米国系）よりもファン（ヒスパニック系）の方が罪が重いと判断されていたのです。ボーデンハウゼンら（Bodenhausen et al., 1994）は，私たちは，ポジティブ感情状態にあると，名前によって示されるステレオタイプ[2]のような手がかり（例：ヒスパニック系の人は攻撃的だ）を使用する傾向が高くなるため，このような結果が得られたのではないかと説明しています。

　この実験結果を，現実の法廷場面と照らし合わせて考えてみましょう。もちろん，現実の法廷場面で同じようなことが起こると断言することはできません。しかし，前述したように「検察側の証拠が，裁判員の感情に訴える方法で行われるため，裁判員が，冷静な判断を行うことができなくなるのではないか？」といった懸念だけではなく，このように，裁判とはまったく関連のない原因で生じた，その日の私たちの偶然の感情状態によって，裁判の結果に影響を与える可能性があるのだということを意識する必要があるでしょう。

　私たちは，あらゆる情報をコンピュータのように迅速に処理する能力をもつわけではありません。また，多くの情報を正確に処理するように動機づけられているわけでもありません。目の前に置かれた情報や，自分の感情状態をもとに，なにかを判断したり，決定してしまうこともしばしば起こります。判断や意思決定の際に，状況の要因や主観状況の要因を完璧に取り除くことは不可能です。限られた認知能力しかもたない私たちが，社会のなかで適応的に生きていこうとした場合，これらの手がかり要因が非常に役立つことも事実です。しかし，文脈や状況に応じて，自分の判断や決定を過信しないよう常に気をつけることが必要でしょう。

[2] 第4章第2節参照。

第4章　対人認知

第1節　印象形成

1. 印象形成

　人には，さまざまな特徴がありますが，私たちは，それらを統合して，全体として1つのイメージを形成しています。では，それぞれの情報は，どのように統合されて全体像を形作るのでしょうか。
　次に，2人の人物の特徴を示しますので，どのような人物かを想像しながら，ゆっくり読んでみてください。

> Aさん：知的 → 勤勉 → 衝動的 → 批判的 → 頑固 → 嫉妬深い
> Bさん：嫉妬深い → 頑固 → 批判的 → 衝動的 → 勤勉 → 知的

　AさんとBさんの印象はどうでしょうか。おそらくAさんにはBさんに比べて望ましい印象をもったのではないかと思います。すでに気づいているかもしれませんが，実はAさんとBさんの情報はまったく同じで，提示する順番を逆にしただけです。情報がまったく同じであるのに2人の印象が異なるということは，他者に対する全体としての印象は，その人の情報を単純に合計したわけではないことを示しています。
　このように，印象形成の過程では，すべての情報が同じように扱われるわけではありません。これまでの研究によれば，①与えられる情報の順序によって形成される印象は異なり，はじめに与えられた情報は後から与えられた情報よりも重視されること（初頭効果），②ポジティブな情報に比べてネガティブな情報の方が重視されること（ネガティビティ・バイアス），③印象形成において中核になりやすい情報（中心的特性）となりにくい情報（周辺的特性）があること，などが示されています。先ほどの例でBさんの印象が悪かったのは，Bさんではネガティブな情報から与えられたため，そのような情報を中核として全体的な印象が形成されたためと考えられます。

2. 体験してみよう[1]

たとえ同じ人物であっても，与えられる情報の順序が異なると，どの程度印象が異なるかを体験してみましょう。

①誰もがよく知っている有名人やキャラクターを題材にして，その人物に関する情報を用意しておきます（表4-1-1）。ポジティブな情報とネガティブな情報がそれぞれ10個程度あればよいです。「印象評定シート」も作成します（図4-1-1）。

②対象人物に関する情報をいくつか提示して，その印象を印象評定シートで評定してもらいます。その後，新たな情報を追加提示して，再度，印象評定してもらいます。提示する情報の順序は，ポジティブ情報→ネガティブ情報，ネガティブ情報→ポジティブ情報などいくつかの条件を設定するとよいでしょう。

③同じ人物でも，情報の順序によって，印象はどの程度異なるかを確認しましょう。また情報に基づいて形成された印象と，実際の印象はどの程度異なるのかについても確認してみましょう。

[1] この課題は，小川（2002）に基づく。

表4-1-1 有名人（サザエさんのカツオ君）の情報例

・頭の回転がはやい	・よく先生にしかられる
・妹にやさしい	・宿題をさぼってばかりいる
・友達が多い	・あまり勉強が好きではない
・お年寄りにやさしい	・なかなかひとつのことが長続きしない
・誰とでもすぐに仲良くなる	・よくつまみ食いをする
・小さな子ども面倒を見るのが得意	・少しあわてんぼう
・外で遊ぶのが好き	・おっちょこちょい
・スポーツが好き	・いたずら好き
・マンガが好き	・すぐにばれるようなウソをつく
・うわさ話が好き	・食いしんぼう

	まったく当てはまらない	やや当てはまらない	どちらとも言えない	やや当てはまる	よく当てはまる
＜親しみやすさ＞					
・感じの良い	1	2	3	4	5
・近づきやすい	1	2	3	4	5
＜活動性＞					
・積極的な	1	2	3	4	5
・自信のある	1	2	3	4	5
＜社会的望ましさ＞					
・責任感が強い	1	2	3	4	5
・慎重な	1	2	3	4	5

図4-1-1 印象評定シートの例

第2節　ステレオタイプ

1. ステレオタイプとは

まず，次の文を読んでください。

> **課題：考えてみよう**
> 　ドクター・スミスは，コロラド州立病院に勤務する腕利きの外科医です。仕事中は常に冷静沈着，大胆かつ慎重で，州知事にも信頼されているほどです。ドクター・スミスが夜勤をしていたある日，交通事故の怪我人を搬送したいという緊急依頼が入りました。親子のドライブ中の交通事故で，父親は即死，子どもは重体だというのです。ドクター・スミスは，その後，病院に運び込まれた子どもの顔を見てアッと驚き，その場に立ちすくんでしまいました。その子どもは，ドクター・スミスの息子だったのです。
> 　さて，ここで問題です。ドクター・スミスと，即死した父親，重体の子どもはどのような関係でしょう。

　これは，ステレオタイプに関する問題としてよく取り上げられるものです。架空の話ですので正解はありませんが，最も単純な答えは「ドクター・スミスは重体の子どもの母親で，即死した父親の妻」というものです。しかし，この答えに気がつく人は多くありません。ほとんどの人は敏腕で優秀な外科医と聞いて，ドクター・スミスが男性であると勝手に思い込んでしまうからです。

　このように，私たちはある特定の集団（社会的カテゴリー）に所属する人々に対して，共通したイメージをもっています。これを「ステレオタイプ」と言います。ステレオタイプには，上記のような外科医＝男性といった職業に関するものだけでなく，「○○人は××だ」といった人種，国籍，出身地に関するもの，「男性（女性）は××だ」といった性別に関するものなどがあります。日本でよく取り上げられる「A型の人は××だ」といった血液型と性格との関連もステレオタイプの一種です。いずれにせよ，ステレオタイプは，その集団に所属する人々を過度に単純化したもので，それが本当に当たっているとは限らないのです。

2. ステレオタイプのメリット・デメリット

では私たちは、なぜこのようなステレオタイプを使うのでしょうか。それは、私たちの情報処理能力には限界があるため、できるだけ簡便で効率的な処理方法を用いようとする傾向があるためです（認知的倹約家）。日々出会う人たちは非常に多く、そのすべての人の情報を1つひとつ吟味することは不可能です。しかし、ステレオタイプを使えば、その人のおおよその特徴を把握できますし、その人にどう接するべきかという見通しを立てることもできます。これは認知的な負担を軽減させるという点で大きなメリットです。

他方、ステレオタイプを用いることは、その人の本当の姿をゆがめて理解してしまう危険性をはらんでいます。ある集団に所属しているからといって、すべての人がステレオタイプと一致した特徴を有しているわけではありません。また人は1つの集団だけでなく、「男性」「大学生」「陸上部」「大阪出身」など、さまざまな集団に属しているはずです。にもかかわらず、どれか1つの集団を取り上げて単純化されたイメージや特徴を当てはめることは、その人のある一側面だけを強調して理解することになるでしょう。

3. 体験してみよう①[1]

職業に関するステレオタイプが、人々の間でどの程度共有されているか、体験してみましょう。

①図4-2-1のようなカードを数枚用意し、オモテには職業を書き、ウラにはその職業の人の典型的な特徴を5つ書きましょう。

②友達にオモテの職業を見せて、ウラに書いた特徴を当ててもらいましょう。またウラに書いた特徴を見せて、その職業を当ててもらいましょう。

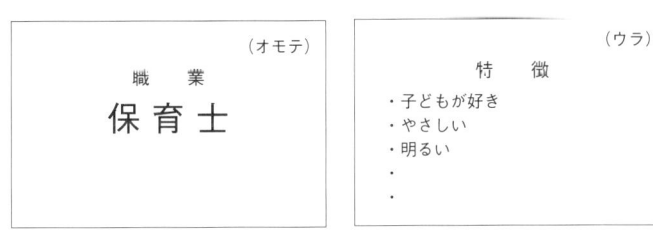

図4-2-1　職業カードの例

4. 血液型ステレオタイプ

ステレオタイプは、認知的な負担をかけずに他者のおおよその特徴を理解できるというメリットがある反面、その人の本当の姿をゆがめて理解してしまう危険性をはらんでいます。特に問題なのは、科学的な根拠がまったくない単なる思い込みで、その典型例が血液型ステレオタイプです。

血液型と性格との関連は科学的には否定されているにもかかわらず（松井、1991）、日本では信じている人が少なからず存在しています。しかし、血液型ステレオタイプを信じている人に対して、血液型と性格は関連がないという事実を示すだけではあまり効果がありません。ステレオタイプをもっている人は、日常生

[1] この課題は、出口（2005）に基づく。

活で「当たっている」ということを繰り返し体験しているからです。血液型ステレオタイプに限らずステレオタイプには，一度信じてしまうと修正されにくいという特徴があるのです。

では，血液型ステレオタイプを信じている人は，なぜまったく根拠がないにもかかわらず，そのような思い込みを当たっていると感じるのでしょうか。

5. 体験してみよう②

次の文章は，『血液型がA型であるKさん』について，Kさんのことをよく知る友人に書いてもらった紹介文[2]です。

2　工藤（2003）の紹介文を短縮し修正を加えたもの。

> Kさんは，大学の3年生です。テニス・サークルに入っており，週に3回は練習に顔をだす真面目な人です。ただ，もともとのんびりしていて，あきっぽいKさんなので，いつまで続くかはわかりません。
> 　Kさんも，最近就職について考えているようです。自由奔放なKさんは，組織にしばられたくないと言っていました。普段はおおらかなKさんですが，そのときの口調は別人のようで，一瞬二重人格かと疑ってしまいました。将来のことには慎重なのでしょう。
> 　もうすぐテストですが，Kさんのことなので，要領よく勉強することでしょう。テスト前になると，きちょうめんなKさんのノートはクラスメイトの間で大活躍です。
> 　テスト終了後には，サークルの役員決めがあり，代表はKさんになりそうです。包容力があって，有能なKさんならサークルをうまくまとめられると思います。ただ少々気分屋なのが気になります。

①Kさんの血液型を判断するにあたって，どの部分に着目しましたか。最も着目した情報を，以下の12個の情報の中から4つ選びましょう。

表4-2-1　Kさんについて着目した情報

真面目	のんびり	あきっぽい
自由奔放	おおらか	二重人格
慎重	要領がよい	きちょうめん
包容力がある	有能	気分屋

②紹介文で出てきた12個の情報は，血液型ステレオタイプで，A型，B型，O型，AB型の特徴とされているものです。以下の分類に従って，どの血液型の特徴に多く注目していたのか，集計しましょう。
・A型的特徴：真面目，慎重，きちょうめん
・B型的特徴：あきっぽい，自由奔放，気分屋
・O型的特徴：のんびり，おおらか，包容力がある
・AB型的特徴：二重人格，要領がよい，有能

③もしKさんの血液型が「B型（あるいはO型，AB型）」であった場合は，どの部分に着目するでしょうか。上の紹介文を「血液型がB型（あるいはO型，AB型）であるKさん」に変更して，友達にやってもらいましょう。そして，A型と聞かされた場合とB型と聞かされた場合では，着目した情報にどのような違いがあるかを確認しましょう。

6. ステレオタイプが維持されるメカニズム

1）仮説確証バイアス　ここでいう「仮説」とは予測や期待という意味で，人は予測や期待をもつと，それを支持する情報を選択的に収集し，記憶し，解釈する傾向があります。たとえば，血液型ステレオタイプを信じている人は，Kさんの血液型がA型だと聞かされれば，「A型なので真面目なのでは」といった予測をもつでしょうし，B型だと聞かされれば，「あきっぽい」といった予測をもつでしょう。そして，その予測に一致する情報に着目して，「当たった！」と感じるわけです。しかもこのような情報処理は，血液型ステレオタイプを信じているかどうかにかかわらず，そのステレオタイプを知識として知っているだけで生じることが示唆されています（工藤, 2003）。

2）事例のサブタイプ化　ステレオタイプに一致しない事例に出会ったときに用いられるもので，その人物を特殊で例外的な事例として処理する方法のことです。A型だと聞かされた相手が真面目でなかったとしても，その人物を例外とみなせば，ステレオタイプを修正することなく維持することができます。血液型ステレオタイプを否定する事実を示しても，サブタイプ化を行いやすい人は，血液型ステレオタイプと性格との関連を信じ続けることが示されています（上瀬・松井, 1996）。

3）自己成就的予言　上の2つのメカニズムは，主に個人内の情報処理に関するものですが，自己成就的予言は，ステレオタイプが現実を作り出すという，より積極的な働きを指摘したものです。ステレオタイプに基づく予測や期待は，根拠に乏しいあいまいなもので，血液型ステレオタイプに至っては科学的な根拠はまったくありません。しかし，たとえそれが思い込みであったとしても，その思い込みを抱いて相互作用を行ううちに，その思い込みが本当の現実になることがあるのです。たとえば，相手のことを「気さくな人」と思い込んでいる人は，その人に対して積極的にかかわろうとするでしょう。そのようなことを繰り返せば，本当は気さくでなくても，次第に気さくに応じるようになるでしょう。このようなプロセスが血液型ステレオタイプでも生じている可能性があるのです（松井, 1991）。

第3節　対人認知の歪み

1. 体験してみよう

　私たちは，他者をどのくらい正確に認知することができているでしょうか。まずはクラスの人と一緒に取り組んでみましょう。

　①まず，AグループとBグループの2つのグループに分かれます。Aグループの人は紹介文A（図4-3-1）を，Bグループの人は紹介文B（図4-3-2）をよく読んで，あとの質問に答えてください。このとき，自分のグループではない方の文章を読んでしまわないように注意してください。

紹介文A
　ハナコさんは，教育学部の3年生です。授業にはたいていいつも出席しています。彼女は，入学した頃からずっとテニスサークルに入っていますが，いよいよ就職活動が始まったので，最近はあまり顔を出していません。彼女は21歳で，高校時代から付き合っている恋人がいます。彼女をよく知っている人は彼女のことをどちらかというと，あたたかくて，真面目で，批判力にすぐれ，現実的で，決断力がある人だと言っています。

Q. ハナコさんはどんな人だと思いますか？　それぞれ当てはまると思うところに○をつけてください。

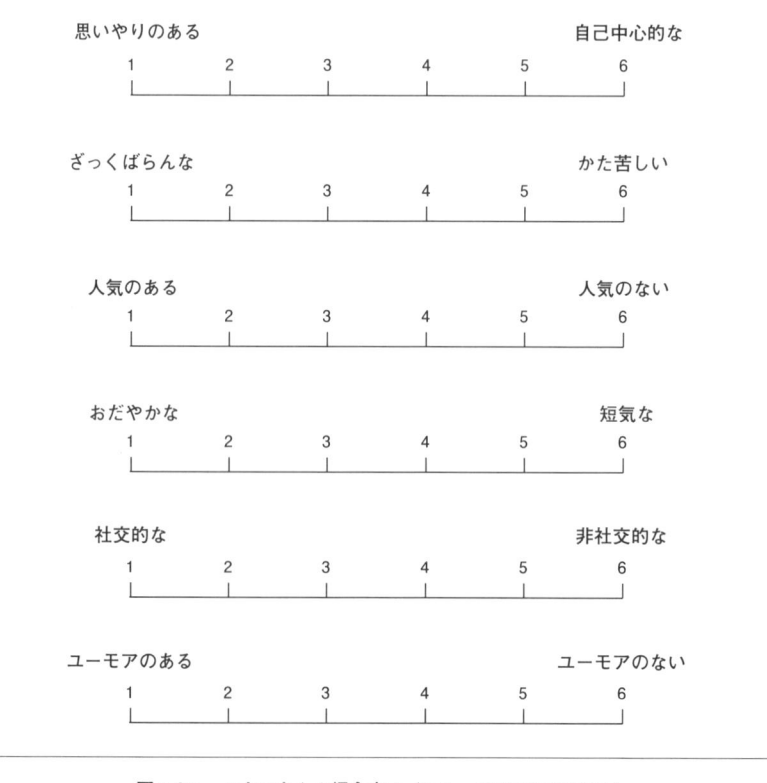

思いやりのある					自己中心的な
1	2	3	4	5	6

ざっくばらんな					かた苦しい
1	2	3	4	5	6

人気のある					人気のない
1	2	3	4	5	6

おだやかな					短気な
1	2	3	4	5	6

社交的な					非社交的な
1	2	3	4	5	6

ユーモアのある					ユーモアのない
1	2	3	4	5	6

図4-3-1　ハナコさんの紹介文A（Kelley, 1950を参考に作成）

②回答が終わったら，自分の回答とまわりの人の回答を比べましょう。また，紹介文AとBの違いを見つけて，Aグループの人の回答とBグループの人の回答にはどのような違いや特徴があるか考えましょう。

紹介文Aも紹介文Bも，どちらもハナコさんについてのほぼ同じ内容の紹介文です。違うのは1カ所だけです。紹介文Aでは，ハナコさんは「あたたかい」人と書かれていますが，紹介文Bでは，「つめたい」人と表現されています。それにもかかわらず，ハナコさんに対する印象は，紹介文Aと紹介文Bとでは大きく異なることがわかっています。このような違いはどうして起こるのでしょうか。

2. 対人認知を歪める要因

私たちは他者を認知するときに，その人のありのままを客観的に見ているのではなく，いろいろな方向に歪めて見てしまう傾向があります。またこのような歪みには，以下のような特徴があることがわかっています。

紹介文B
　ハナコさんは，教育学部の3年生です。授業にはたいていいつも出席しています。彼女は，入学した頃からずっとテニスサークルに入っていますが，いよいよ就職活動が始まったので，最近はあまり顔を出していません。彼女は21歳で，高校時代から付き合っている恋人がいます。彼女をよく知っている人は彼女のことをどちらかというと，つめたくて，真面目で，批判力にすぐれ，現実的で，決断力がある人だと言っています。

Q. ハナコさんはどんな人だと思いますか？　それぞれ当てはまると思うところに○をつけてください。

思いやりのある　1　2　3　4　5　6　自己中心的な

ざっくばらんな　1　2　3　4　5　6　かた苦しい

人気のある　1　2　3　4　5　6　人気のない

おだやかな　1　2　3　4　5　6　短気な

社交的な　1　2　3　4　5　6　非社交的な

ユーモアのある　1　2　3　4　5　6　ユーモアのない

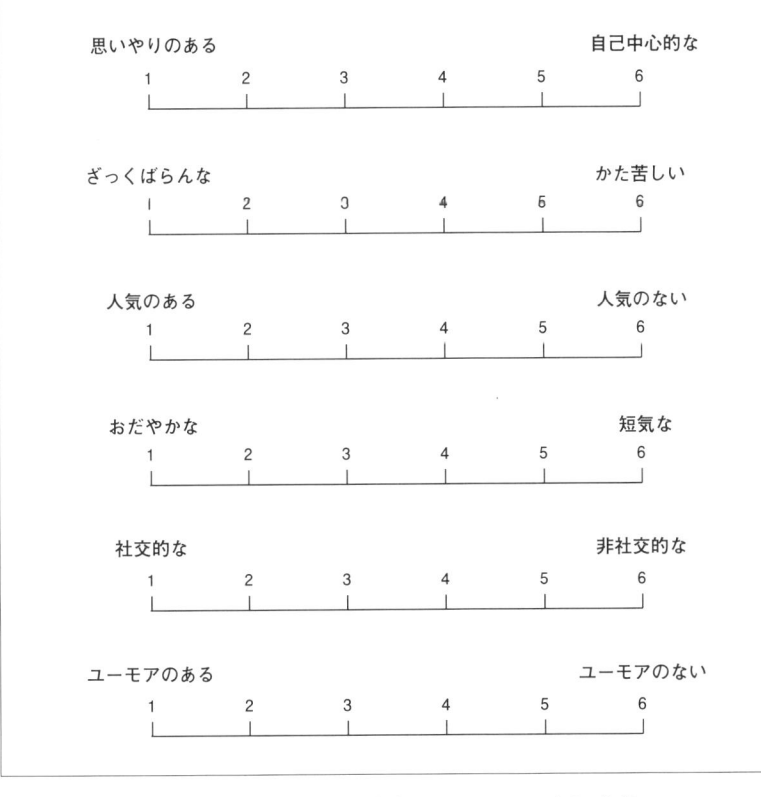

図4-3-2　ハナコさんの紹介文B（Kelley, 1950を参考に作成）

1) 事前情報効果　認知対象となる人物について，事前に何らかの情報を与えられることによって，私たちはその情報に影響を受けた認知をしてしまいます。先ほどのハナコさんについての紹介文は，事前情報効果に関するケリー（Kelley, 1950）の実験で使われた文章を参考にして作成したものです。この実験は，ある大学の実際の心理学の授業で行われ，担当講師であるブランク氏の印象について尋ねるというものでした。まず授業に先立ち，ブランク氏についての紹介文がランダムに2種類配られます。その後，実際に授業が行われ，ブランク氏についての印象を評定します。その結果，「つめたい」という単語が入った紹介文を読んだ学生は，「あたたかい」という単語が入った紹介文を読んだ学生よりも，講師の印象が否定的になったのです（表4-3-1）。つまり，紹介文の中で「あたたかい」もしくは「つめたい」という事前の情報を与えられることによって，対象となる人物について，ある程度の先入観を抱き，その後の評定も，その先入観にとらわれた認知をしてしまうということになります。就職試験の面接では，事前情報としてエントリーシートを使いますが，このような事前情報は面接官に先入観をもたせ，評価を歪ませる可能性があるのです。

2) 好意の返報性　私たちは，他者から好意を示されると，その人に好意を抱くという傾向があります。これは好意の返報性と呼ばれ，対人魅力の分野において多くの研究がなされています。そして，他者から示される好意は，その人に対する認知にも影響を及ぼすことが明らかになっています（山本, 1988）。実験では，まず，テレビ画面を通じて二者間でコミュニケーションをとってもらいました。その後，相手が自分に対して肯定的な印象を抱いているのか，もしくは否定的な印象を抱いているのかを知らされた後，相手の印象を評定しました。その結果，相手が好意（肯定的な印象）を示した場合，その相手を肯定的な人物として，好意を示さなかった（否定的な印象）場合には，相手を否定的な人物として認知しやすい傾向があることがわかりました。このように，相手から好意を示されると，相手の反応に呼応する形で好意の返報性がはたらき，相手を実際よりも肯定的な人物として評定するという偏った判断をしやすいのです。

3) 想定された類似性　フィドラーら（Fiedler et al., 1952）は，仲の良い友人の方が，仲の良くない友人よりも自分と似たパーソナリティであると認知する傾向があることを明らかにしています。この研究では，友人に対するパーソナリティ評定と，その友人自身が回答した自分のパーソナリティ評定の比較を行いました。その結果，自己評定によるパーソナリティに違いがない人物であっても，仲の良い友人については，自分と似たパーソナリティであると評定していたので

表4-3-1　紹介文の内容の違いによる印象の違い（Kelley, 1950 一部改変）

	平均評定値	
	「あたたかい」が入った紹介文	「つめたい」が入った紹介文
思いやりのある―自己中心的な	6.3	9.6
ざっくばらんな―かた苦しい	6.3	9.6
人気のある―人気のない	4.0	7.4
おだやかな―短気な	9.4	12.0
社交的な―非社交的な	5.6	10.4
ユーモアのある―ユーモアのない	8.3	11.7

注）評定は15段階であり，数値が高いほど否定的であることを示す

す。自己評定によるパーソナリティには差がないにもかかわらず、仲の良い友人についてのみ自分と似たパーソナリティであるとみなすことは、正確な認知をしていないということになります。つまり、私たちは、情報の少ない他者だけではなく、よく知っているはずの他者に対してすらも、そのパーソナリティを必ずしも正確に判断できているとは限らないということなのです。

　4）ステレオタイプ[1]　私たちは、他者を認知するときに、その人の性別や年齢、職業などによってカテゴリー化することによって判断していることがあります。たとえば、「看護師」は「やさしい」とか、「男性」は「強い」などのように、そのカテゴリーに対して人々がもっている信念を、そのカテゴリーに属するすべての人に共通して当てはまると考える傾向があります。

[1] 第4章第2節参照。

　5）暗黙のパーソナリティ理論　たとえば、「太った人」は「おおらかである」「のんびりしている」というように、私たちはある特徴から、他者に対していくつかの特性語を勝手に付与してしまうことがあります。これは、私たちがこれまでに得た人生経験や知識をもとにして、自分なりの素朴なパーソナリティに関する信念体系をもっていることを示しています。つまり、認知する側がどのような信念体系をもっているかによって、他者を認知するときの見方も異なってしまうということです（Bruner & Tagiuri, 1954）。しかし一方で、アンダーソン（Anderson, 1965）は、性格特性語のリストを示し、その人物の望ましさを評定させたところ、各特性語の望ましさを加算すること、あるいは平均値を算出することによって、その人物の望ましさを表すことができるということを示しました。このことから、私たちがもつ信念体系は、ある程度共通しているものであるということがわかります。私たち一人ひとりの人生経験は、その人にとって固有なものであるにもかかわらず、この暗黙のパーソナリティ理論は、一人ひとりに完全に固有のものではなく、多くの人が共通して保有しているものなのです。

　6）認知的複雑性　ビエリ（Bieri, 1955）は、対人認知に影響を与える概念として認知的複雑性をあげています。これは、他者を多次元的に捉えることができる能力のことです。つまり、認知的複雑性の高い人は、ある特定の情報にまどわされることなく、さまざまな情報を統合する形で他者を認知できるということになります。それに対して、認知的複雑性の低い人は、「好き」か「嫌い」か、もしくは「良い」か「悪い」かなど、単純で平坦な捉え方をするために、極端に偏った認知をしてしまう可能性があるのです。

3. 対人認知の歪みがもたらすもの

　私たちは、他者のあるがままの姿を正確に捉えようとしても、さまざまな要因によって、他者を歪んだ形で認知していることになります。このように、認知する側の私たちがある程度決め付けて判断することは、場合によっては、お互いが理解するための近道になるかもしれません。しかしその一方で、このような対人認知の歪みが、私たちの一生を左右してしまうこともあるでしょう。たとえば、就職試験の面接官は、限られた時間の中で、学生の外見や言動から、どのような学生であるのかを把握しようとします。また、私たちは、やはり同様に歪んだ認知のもとで、恋人や結婚相手を選択している可能性もあります。このように考えると、普段はなにげなく無意識のうちに行っている対人認知という過程が、実は私たちにとって非常に深い意味をもっていることがわかるでしょう。

第5章　人間関係

第1節　対人魅力

1.「類は友を呼ぶ」―態度の類似性

　まず，表 5-1-1 の A1 と A2 の質問に答えてください。
　そして，次のような状況を想像してください。あなたとは面識のない A さんがいるとします。その人も同じ質問に答えました。A さんの回答は，あなたとほぼ同じでした。A さんと勉強や仕事を一緒にしたいと思いますか？　A さんに好感をもちますか？

表 5-1-1　体験してみようの回答用紙

次の意見について，あなたは，賛成ですか，反対ですか。当てはまるところに○をつけてください。	強く賛成	賛成	どちらかと言えば賛成	どちらかと言えば反対	反対	強く反対
A1　大学内を全面禁煙にする	1	2	3	4	5	6
A2　結婚前に同棲する	1	2	3	4	5	6
B1 _____	1	2	3	4	5	6
B2 _____	1	2	3	4	5	6
B3 _____	1	2	3	4	5	6
B4 _____	1	2	3	4	5	6

上の回答をよく見て，これを回答した人をイメージして，以下の質問に答えてください。	まったくそう思わない	そう思わない	どちらかと言えばそう思わない	どちらかと言えばそう思う	そう思う	非常にそう思う
C1　この人の回答と自分の回答は似ている	1	2	3	4	5	6
C2　個人的に，好感を感じる	1	2	3	4	5	6
C3　この人と勉強や仕事を一緒にしたい	1	2	3	4	5	6

この2つの質問は，態度の類似性についての実験（Byrne & Nelson, 1965）を元に作成したものです。私たちは，喫煙行動や結婚観をはじめ，生活にかかわるさまざまな事柄について態度や意見をもっています。この態度や意見が似ているかそうでないかが，その人に対する好意に大きく影響することが知られています。諺にもありますね。「類は友を呼ぶ」です。バーンとネルソン（Byrne & Nelson, 1965）は，類似性と好意度には，図 5-1-1 のような関係，つまり，態度が類似していればいるほどその人に好意を抱くことを明らかにしています。

　あなたは，A さんについてどう感じましたか？　少なくとも，自分と同じ考え方だと言われたら，その人に対する肯定的な興味がわくのではないでしょうか。

　それでは，なぜ態度が似ていると好意を感じるのかについて考えてみましょう。人は物事を正しく判断したり理解したいという動機をもっています。しかし，自分の正しさを判断するのは容易ではありません。そこで，私たちは自分の態度と他者の態度を比較します。その結果，自分と他者の態度が似ていれば，自分の考えは正しい，妥当であると感じられます。このことを合意的妥当化と言います。態度の似た人は自分に正しさを感じさせてくれる，少なくとも自分一人がおかしな考え方をもっているわけではないことを保証してくれます。そのために，態度が似た人を好きになるというのです。これが1つ目の理由です。2つ目には，態度が似た人とであれば，快適な相互作用が期待できるからという理由があります。好きなアーティスト，よく読む本などの趣味が一致していれば，話も合い一緒に楽しく活動できる可能性が高くなります。意見が合わずに，けんかや言い争いになることも少ないでしょう。

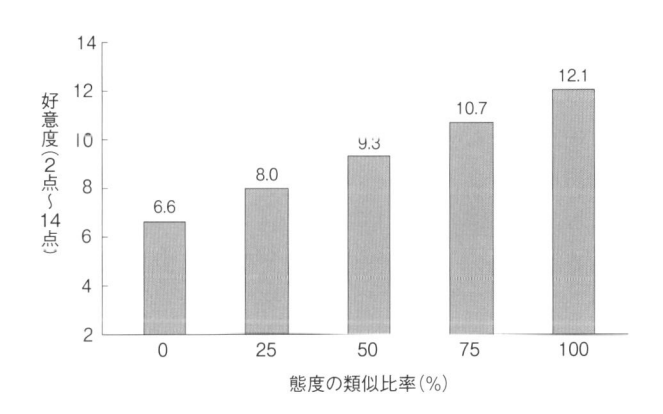

図 5-1-1　類似度と好意度との関連（理論値）（Byrne & Nelson, 1965 より作成）

2. 体験してみよう

実際に態度の類似性の効果を体験してみましょう[1]。

1) **態度を測定する項目の作成** A1 や A2 の項目を参考にして，態度について尋ねる質問項目を4つ考えて，B1 〜 B4 に書き込みましょう。クラス全員で共通の同じ4項目を考えます。自分たちにとって重要な態度が似ているほど，類似性の効果は大きいとされています（奥田, 1993）。クラスのメンバーにとって重要で，しかも賛成する人も反対する人もいそうな項目を考えましょう。

2) **態度の測定** 作成した4項目について，自分が賛成か反対かを回答します。

3) **印象の評定** 全員が回答を終えたら，いったん教科書を集めて，ランダムに配布します。自分に配布された教科書のこのページを開き，他の人が書き込んだ回答を見て，その人の回答と自分の回答の類似性や，その人に対する印象を評価します（C1 〜 C3）。

4) **集計作業** 回答を終えたら，教科書を持ち主に返却しましょう。そして，C1 の回答に従って，回答が似ている人（1か2），どちらとも言えない人（3か4），似ていない人（5か6）の3グループに分けます。この3グループごとに C2 と C3 の回答の平均を計算します。

5) **結果のまとめ** グループごとの得点をグラフにして，実験の結果を整理しましょう。類似性の効果は，はっきりと出ているでしょうか？

3. 対人魅力に影響する要因

社会心理学では，人に対する好意を対人魅力と呼びます。この対人魅力に影響する要因はいくつかありますが，上述の態度の類似性はそのうちの1つです。では，態度の類似性以外の要因にはどのような要因があるのでしょうか。

1) **相補性，社会的望ましさ** ここでは，相補性と社会的望ましさについて説明します。これらの要因は性格についてよく当てはまるとされています。相補性とは，自分に不足している部分を補ってくれるような性質をもつ人に対して魅力を感じるという考え方です。たとえば，感情的な人がそうではない人に好意を抱いたり，亭主関白の夫には従順な妻がいたりすることなどです。また，社会的望ましさとは，社会的に望ましいとされる性質の人に魅力を感じるという考え方です。たとえば，やさしい人，明るい人などは，誰からも好かれる性格と言えるでしょう。望ましい性格には他にも，親切さ，責任感，寛大さ，粘り強さ，など多くの特性をあげることができます。

ところで，相補性は自分とは違う部分をもつ人を魅力的に感じるのに対して，類似性は自分と同じ人を好きになるということを意味しているので，2つの説は相容れないように感じられるかもしれません。しかし，見方を変えると一概にそうとは言えなくなります。相補性の例としてあげた「亭主関白の夫，従順な妻」は，このような性役割観に対する態度を夫婦が共通にもっているとも言えるからです。つまり，相補性と類似性は，捉え方によって異なるのです。実は，古くから欲求（性格）の相補性が魅力の要因だと指摘されていますが（Winch, 1954），相補性の影響を支持する実験結果があまり得られていません。これは，相補性を，

[1] この演習をする前に，教科書のどこかに自分の名前を書き込んでおきましょう。

自分とは違うものを求めるという態度の類似性と捉えることができるためかもしれません。

　態度の類似性だけではなく，性格についても類似性の効果があるという指摘もあります。中村（1984）は，外向的・内向的という性格特性について調査をした結果，部分的ではありますが，類似性の効果を見出しています。性格に関して，自分と似た性格の人を好きになるのか（類似性），自分とは違う性格の人を好きになるのか（相補性），あるいは望ましい性格をもっている人は誰からも好かれるのか（社会的望ましさ），いずれの説が正しいのか，もしくは，3つの説がどのように関連しているのかについてまだ明確な回答は出ていません。

　2）その他の要因　上にあげた要因以外にも対人魅力に影響するとされる要因はあります。たとえば，近接性，身体的魅力などです。近接性とは，住居のある場所，授業での座席，職場などが物理的に近くにあることであり，人と人がまず出会うために必要な要因です。その後，何度も繰り返し顔を合わせることで好意が増していきます（単純接触仮説）。身体的魅力とは見た目の良さのことです。「見た目の良い人は良い人間である」というステレオタイプをもっているために影響があるとされています。

　私たちが誰かに好意を抱くとき，そこにはどのような要因が絡んでいるのか，とても興味深いテーマです。現在仲良くしている人を思い浮かべて，どうしてその人に好意を抱くようになったのか，一度振り返って考えてみるのも面白いと思います。

第2節　親密な関係の発展と崩壊

1. 親密化過程

　あなたの友人を何人か思い浮かべてみてください。最近知り合ったばかりの人もいれば，小学校や中学校からの長い付き合いの人もいるでしょう。また，今は親しい友人との関係も，最初から親しかったわけではなく，出会ったころはぎこちなかった関係が，時を経て，徐々に親しさを増していったのではないでしょうか。

　このように，ある人と出会い，その関係が徐々に親しくなっていくプロセスを親密化過程と言います。その親密化過程のモデルの1つを見てみましょう。レヴィンジャーとスヌーク（Levinger & Snoek, 1972）は，以下の3つの段階に分類しています。

　レベル1は，気づきの段階です。自分が相手を（もしくは相手が自分を）一方的に認知している状態で，自分の働きかけに対して相手が何か反応を示してくれるだろうと期待しています。

　レベル2は表面的接触の段階です。この段階では相手からの反応もあり，互いに情報を共有することもできますが，社会的役割に基づくあくまで形式的なコミュニケーションに留まります。そして，コミュニケーションの機会は多くなると

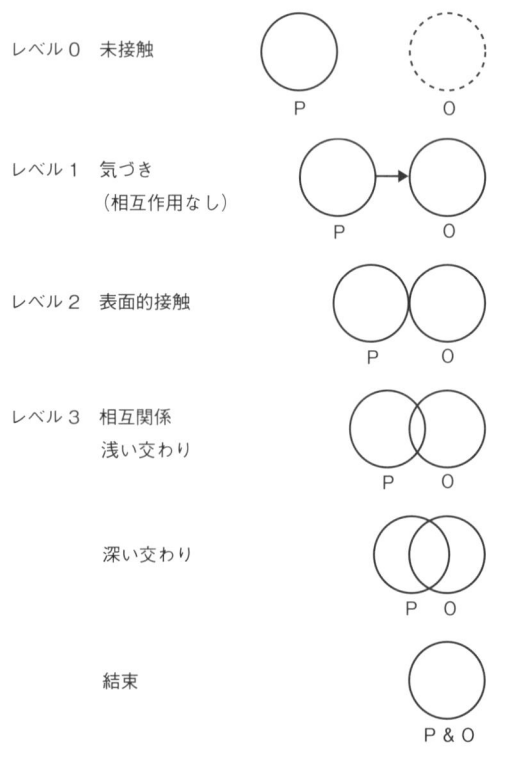

図5-2-1　二者関係のレベル（Levinger & Snoek, 1972）

は言え，二人の関係がどのようになっていくのかというような将来像については，十分な展望があるわけではありません。

　レベル3は相互関係の段階です。相手への親密感が増し，個人的な感情についての自己開示[1]がなされます。さらに上のレベルになると，両者の態度や価値観などが次第に一致して共通のルールや暗黙の了解を形成するようになり，関係はより確かなものとなります。

2. 対人葛藤と対処方略

　親密な関係になるほど，お互いに遠慮をすることがなくなり，意見や考えがぶつかるような対人葛藤の状態を招くことも少なくありません。レイヒムとボナマ（Rahim & Bonama, 1979）によると，対人葛藤は，自分の要求を満たすか相手の要求を満たすかという2次元の志向性によって，以下のような統合スタイル，服従スタイル，妥協スタイル，支配スタイル，回避スタイルの5種類に分けられます（図5-2-2）。

①統合スタイル：自分と相手の両者が納得できるように交渉を行い，問題を解決しようとする。
②服従スタイル：相手の要求や意見に服従（譲歩）する。
③妥協スタイル：相手とお互いの要求や意見について譲歩しあい，納得できるような結果を得ようとする。
④支配スタイル：相手の利益を犠牲にしてでも，自分の要求や意見を通そうとする。
⑤回避スタイル：直接的な葛藤を回避しようとする。

　このような葛藤が生じた場合，あなたならどのように対処するでしょうか。ラズバルト（Rusbult, 1987）は，葛藤に対する対処方略として，2つの次元（建設的―破壊的，積極的―消極的）からなる4つの方法に分類しています（図5-2-3）。それらは，「発言」（問題について話し合う，第三者や外部に援助を求める），「忠

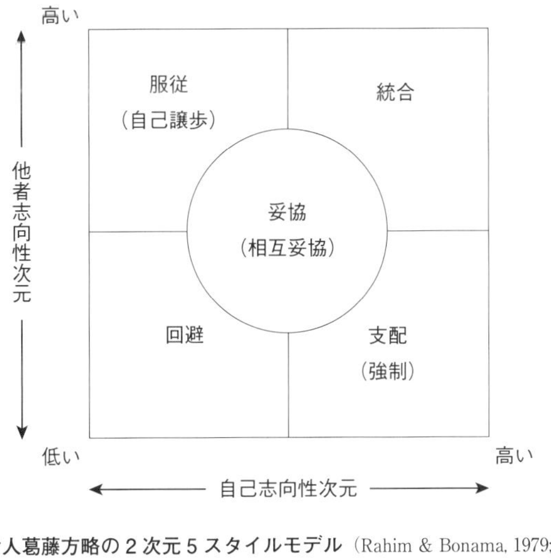

---

[1] 自分自身の個人的な情報（プロフィールや感情，思考など）を相手に伝える行為を自己開示と言います。一般的に，女性の方が男性よりも開示が多いと言われています。また，自己開示によって，相手との関係が発展したり，衰退することもあり，対人関係において重要な行為です。

図5-2-2　対人葛藤方略の2次元5スタイルモデル（Rahim & Bonama, 1979; 加藤, 2003）

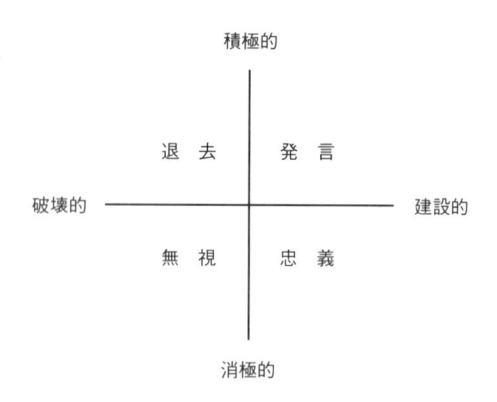

```
                    積極的
                      |
              退 去   |   発 言
                      |
    破壊的 ─────────┼───────── 建設的
                      |
              無 視   |   忠 義
                      |
                    消極的
```

図 5-2-3　対人葛藤に対する対処方略（Rusbult, 1987）

義」（問題が解決されることを待ち続ける，相手を信頼し続ける），「無視」（相手を無視する，一緒に過ごす時間を短くする，物事が悪くなるままに任せる），「退去」（関係を解消する）というものです。

3. 関係の崩壊

　上記の葛藤対処方略で「無視」や「退去」といった破壊的な行動が取られたり，関係を維持することによって得られるメリットよりも，デメリットが上回るような場合，つまり，友人との楽しさや喜びよりも辛さや苦しさばかりを感じる場合には，関係が崩壊することもあるでしょう。

　ダック（Duck, 1982）は，親密な関係の解消過程を4つの段階にモデル化しています。第1段階は「内的取り組み段階」です。これは，関係への不満が生じ，その原因を特定しようとしたり，相手の役割やその遂行を評価したり，あるいは，関係を解消した際のメリット・デメリットを評価しようとする段階です。第2の段階は，「関係的段階」です。この段階では，自分が不満に思っていることが相手に表明され，関係が再定義されます。ここで相手（もしくは自分）が不満の原因となる行為を改めたり，相互の見解を調整したりすることができれば，関係は存続し続けます。しかし，不幸にも二人の関係を解消することが選択されると，関係解消後のことを相談したり，関係の解消を社会的に公表したりする「社会的段階」に移行します。そして，最後の段階が「思い出の埋葬段階」です。これは，失われた関係を回顧し，関係を清算するための"喪に服す"期間と言えます。

4. 体験してみよう

　みなさんの中には，初対面の人とすぐに打ち解けられる人もいれば，2度3度会っただけでは，なかなか思ったことを言えるような関係になるのは難しい人もいるでしょう。ここでは，初対面もしくはそれほど親しいとは言えない相手と，より親密になるためのグループワークを紹介します。これは，初対面の相手との氷のように固まった雰囲気やお互いの抵抗感を解かすという意味で，アイスブレイクと言われるものです。

1) 他己紹介（所要時間：人数×10分程度　グループの人数：4名〜10名）
①知らない相手とペアを組む。
②最初にインタビューの聞き手と話し手をじゃんけんで決め，2分間インタビューを行い，相手のことを知る。
③インタビューでわかった情報をもとに，グループ全員にペアの相手のことを1分間で紹介する。
④インタビューの聞き手と話し手を交代して，再びインタビューとグループ全員への紹介を行う。

単なる自己紹介では，なかなか自分のことを多く語ろうとせず，「○○です。よろしくお願いします」で終わってしまうものです。他己紹介では，さまざまな情報をグループのメンバーに伝えられるだけでなく，インタビューで他のペアがどんなやりとりをしたのかが気になるので，聞いている側の注目も高まります。

2) 共通点BINGO！（所要時間：10分程度　グループの人数：30名〜100名）
①自分を紹介する短い文章を9つ考え（例：「私は○○県出身です」「私は○○が好きです」など），3×3のマス目に記入する。
②ペアを作り，お互いに「私は○○県出身ですが，あなたも○○県出身ですか？」などと自分が書いた内容が相手も当てはまるかを尋ねる。このとき，お互いのカードを見せ合ってはいけない。
③相手との共通点が見つかれば○をつける。1回につき1つの質問のみで終わり，相手を変えて同様のやりとりを行う。

自分と同じ共通点をもつ人を発見すると，その相手に親しみを感じるのではないでしょうか。また，ゲーム形式なので，楽しみながら多くの相手と知り合うことができます。

第6章 健康と幸福

第 1 節　ストレスとコーピング

1. ストレスとは

　対人関係は多くの人にとって，最も大きな悩みの種でもあります。わがままな人に困惑したり，話し合いがケンカになったり，好印象を与えることができずに落ち込んだり，などなど。加えて，悩みの種は対人関係のみならず，仕事や勉強がうまくいかない，家計が苦しい，生活環境が良くない，など枚挙に暇がありません。この節ではストレスという観点に基づいて，それらの問題が，心身の健康や適応とどのように関連するのかを考えてみます。

　心理学では，ストレスを「外部環境からの要請が，個人の資源を脅かしたり超過したりすることによって，安定した均衡状態が損なわれている状態」と定義しています。ちょっとわかりにくいので，このことを「ボールのアナロジー」で説明してみましょう。ボールは，普段は球体の形状を維持しています。軽くつついたくらいでは，その形状に変化はありません。しかし，強く握ったり，バットで打ったりすると，その形状は非球体に変化します。なぜそのような変化が生じるかというと，外部からの圧力が，ボールを球状に留めるように働いている力を上回ったからです。このように，「外部の力が内部の力を上回って，ヘコんでいる状態」こそが，「ストレスがかかっている状態」です。そして人間のストレスも，基本的にはこれと似たようなものです。つまり，仕事や学業の課題が多すぎる，人間関係の揉めごとに巻き込まれた，などといった出来事に伴う負担が，個人の問題処理能力や忍耐力を上回る場合に，人は「ヘコんでしまう」のです。ちなみに，ここでいう外圧（出来事）のことを「ストレッサー」（ストレスの原因），それによって生じる歪みのことを「ストレス反応」と言います。ただし，ボールのストレス反応は形状の変化や破裂といった物理的変化だけですが，人間のストレス反応には，心拍や血圧の上昇といった生理的変化だけでなく，不安や落ち込み，怒り，認知障害などの心理的変化などもあり，さらにそのような状態が継続すると，生理的・心理的資源の枯渇に伴う免疫機能の低下などによって，病気にかかりやすくなったり，潰瘍，高血圧，心臓病などの身体疾患に至ることもあります。

2. 認知的評価とコーピング

　ボールのストレスと人間のストレスには，その他にもいくつかの重要な違いがあります。1つは，人間のストレッサーは心理社会的なものが中心である，ということです。人間もボールも，物理的ストレッサーによってストレスが生じることは共通していますが，ひとりぼっちで寂しくなったり，金欠で悩んだりするのは人間だけです。

　もう1つの重要な違いは，ボールの場合はストレッサーのインパクトがそのままストレス反応に反映されるのに対して，人間の場合は，認知的評価，すなわちストレッサーに対する評価（一次的評価）や，そこでの対処方法についての評価（二次的評価）によって，ストレッサーの影響力が少なからず異なるという点で

す。たとえば，期末試験という出来事に直面したとき，そのことをプレッシャーに感じるとストレスは強まります。しかし，そのことを全然気にしなかったり，むしろ楽しみに思うのであれば，ストレスはそれほど感じないでしょう。また，もし試験をストレスフルに感じても，みんなで助け合えば何とかなるだろう，と思えればストレスは軽い程度で済みます。しかし，勉強しても無駄だろう，誰も助けてくれないだろうと思ってしまうと，ストレッサーの悪影響はいっそう深刻なものとなるでしょう。さらに，それらの認知的評価に基づいて実行される対策や努力，すなわちコーピングがうまくいくと，ストレスは解消されて元の安定状態が回復されます。しかし，コーピングがうまくいかないと，ストレスは解消されずに蓄積していくことになります。そして，いくらコーピングをしてもなかなかストレスが解消されないと，疲労が蓄積し，(身体的，心理的，経済的な）資源が枯渇してしまい，場合によっては心身の調子を崩してしまうことになります。

したがって，ストレスを防ぐためには，①ストレッサーを避ける，②ストレッサーの悪影響を軽減するような認知的評価をする，③ストレスをうまく解消できるようなコーピングを行う，という3段階の対策が考えられます。しかし実際には，ストレッサーを避けることは容易ではありませんので，個人レベルでのストレス対策としては，②と③が現実的でしょう[1]。

3. 体験してみよう

それではここで，コーピングに関する簡単な心理テスト（表6-1-1）をやってみましょう。このテストはCOPE短縮版（Carver, 1997）という，個人がストレッサーに直面したときのコーピング傾向を測定するための尺度です。もともとは14種類のコーピングを測定する尺度ですが，ここでは紙面の都合上，「積極的対処」「肯定的再評価」「受容」「ユーモア」「気晴らし」「ぶちまけ」「物質使用（アルコール使用など）」「行動的非従事」という8種類のコーピングのみ尋ねています。

コーピング得点を算出したら，図6-1-1に，自分の得点を折れ線グラフで書き込んでみましょう。また，この図には，著者が日米の大学生にこの尺度を実施したときの平均を掲載しています。それらと自分の得点を比較してみてください。この調査では，「積極的対処」「肯定的再評価」「受容」「ユーモア」は日本よりもアメリカの方が高く，「物質使用」「行動的非従事」は反対にアメリカよりも日本の方が高得点でした。どうやら全般的に，アメリカ人は前向き，日本人は後ろ向きのコーピングを行いやすいようです。また，「ユーモア」「行動的非従事」は女性よりも男性の方が高く，「気晴らし」「ぶちまけ」は男性よりも女性の方が高いという性差もありました。ストレスに直面したとき，男性はそのことを笑いのネタにしたり，何もしない一方で，女性はストレス発散行動を積極的に行うようです。表6-1-2は，これらのコーピング得点とストレス反応（SRS-18：鈴木ら, 1998）の相関です。これを見ると，文化や性別を問わず，「ぶちまけ」「物質使用」「行動的非従事」を行うほどストレス反応も高まっています。ストレスがたまったとき，酒を飲んで愚痴をこぼしてふて寝する，というのはいかにもありそうですが，それはストレス解消のためには，あまり好ましいコーピングではないのかもしれません。ただし，酒を飲むほどストレスがたまる，という可能性のみならず，ストレスがたまるほど酒を飲んでしまう，ということもあり得ますので，そ

[1] 具体的な方法については，橋本（2008）を参照。

の点は慎重に解釈する必要があります。どのようなコーピングがストレスを和らげるのか，皆さんも考えてみてください。

表6-1-1　COPE 短縮版（Carver, 1997 より筆者抜粋・翻訳）

あなたがストレスを感じるような出来事や状況に直面しているときの行動や感情についてうかがいます。あなたがストレスを感じたときに，普段はどうしているかを考えてください。そして，以下の各項目について，選択肢のなかから最もよく当てはまるものに○をつけて下さい。

	全く当てはまらない	あまり当てはまらない	やや当てはまる	わりと当てはまる	よく当てはまる
1. 自分が置かれている状況のなかで，できることに集中する。	1	2	3	4	5
2. ポジティブに考えるために，物事を違う観点から見ようとする。	1	2	3	4	5
3. 起こってしまったことが現実だと受け入れる。	1	2	3	4	5
4. そのことを冗談にしてしまおうとする。	1	2	3	4	5
5. 気をそらすために，仕事や他のことをして気分転換する。	1	2	3	4	5
6. 自分の不快な気分を発散できるようなことを言う。	1	2	3	4	5
7. アルコールや嗜好品によって気分をよくする。	1	2	3	4	5
8. そのことについて何とかしようとするのをあきらめる。	1	2	3	4	5
9. 状況を好転させるための行動をとる。	1	2	3	4	5
10. そのことについて，何か良い部分はないか考えてみる。	1	2	3	4	5
11. そのことを甘んじて受け入れる。	1	2	3	4	5
12. その状況を笑いのネタにしようとする。	1	2	3	4	5
13. そのことについて考えないようにするために，映画に行ったり，テレビを見たり，本を読んだり，空想にふけったり，眠ったり，買い物をしたりする。	1	2	3	4	5
14. 自分のネガティブな感情を表に出す。	1	2	3	4	5
15. アルコールや嗜好品によってそのことをやり過ごそうとする。	1	2	3	4	5
16. 何とかしようと試みることを断念する。	1	2	3	4	5

注）尺度得点の算出方法：各質問で自分が○をつけた数字を，以下の数式に代入して合計する。
積極的対処＝質問1＋質問9　肯定的再評価＝質問2＋質問10　受容＝質問3＋質問11　ユーモア＝質問4＋質問12　気晴らし＝質問5＋質問13　ぶちまけ＝質問6＋質問14　物質使用＝質問7＋質問15　行動的非従事＝質問8＋質問16

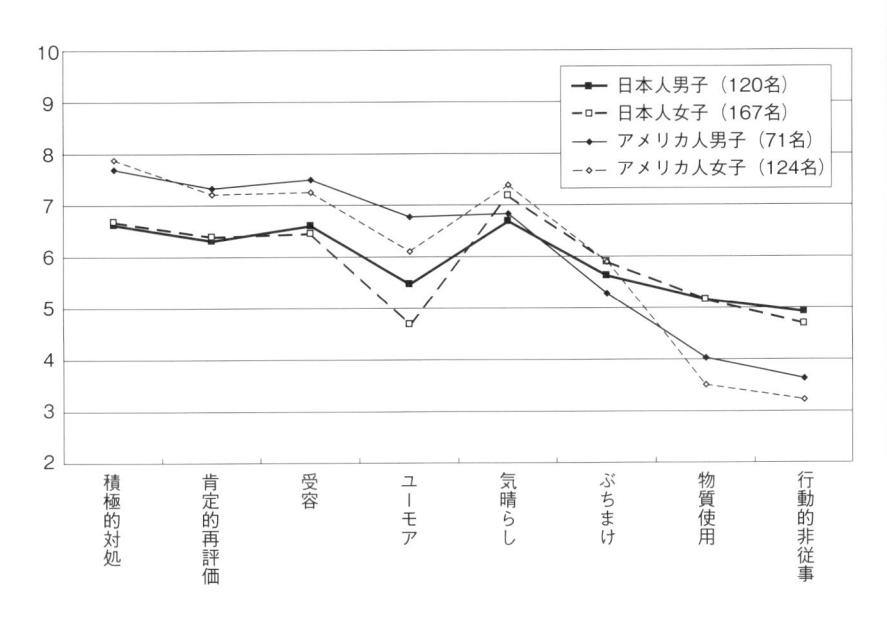

図 6-1-1　文化と性別によるコーピング得点平均

表 6-1-2　日米大学生男女におけるコーピングとストレス反応の相関係数

	日本		アメリカ	
	男性 (n=119)	女性 (n=169)	男性 (n=70)	女性 (n=122)
積極的対処	-.28**	-.09	-.19	-.17
肯定的再評価	-.09	-.09	-.33**	-.24**
受容	-.10	-.18*	-.28*	-.09
ユーモア	-.06	-.12	-.10	-.00
気晴らし	-.02	.11	.33**	.12
ぶちまけ	.24**	.28***	.43***	.20*
物質使用	.21*	.28***	.29*	.32***
行動的非従事	.31***	.14	.49***	.37***

*p<.05　**p<.01　***p<.001

第2節　ソーシャル・サポートと社会的排斥

1. ソーシャル・サポートとは

　「対人関係」と「こころの健康」が少なからず関連していることは，皆さんも経験上よくご存じのことでしょう。友人，恋人，同僚，家族などとの身近な対人関係が仲良くいっていると充実感や幸福感を感じる反面，誤解や対立などのトラブルに直面すると怒りや困惑を抑えきれなかったり，うわべだけのつきあいや疎遠な間柄になると寂しさを感じてしまうのは人の常です。

　それでは，対人関係と「からだの健康」は，どのくらい関連しているのでしょうか。このことに関して，バークマンとサイム（Berkman & Syme, 1979）は，アメリカのあるコミュニティの数千人を対象とした縦断調査を実施しました。まず初回の調査で，回答者は，①婚姻状態（結婚しているか否か），②家族や友人との接触度（親友や親類の人数，接触頻度），③教会や寺院への参加度，④その他の組織への参加度といった，対人関係に関する質問に回答しました。2回目の調査はその9年後に行われ，そこでは初回調査に参加した回答者が，まだ生存しているかが調査されました。その結果，9年前の調査で対人関係が充実していた人に比べて，そうでない人は，9年後の死亡率が高いことが明らかになりました（図6-2-1）。この研究以降も数多くの研究が，対人関係と身体的健康（死亡率や疾病率）の関連について検討していますが，その多くは同様に，対人関係が充実している人に比べて，そうでない人は病気にかかりやすく短命である傾向を見出しています。つまり，対人関係はこころの健康のみならず，からだの健康とも少なからず関連しているのです。対人関係が充実していると，こころの健康のみならず，からだの健康も促されるのです。このように，心身の健康を維持・促進するような機能をもつ対人関係のことを，ソーシャル・サポートと呼びます。

　それでは，なぜソーシャル・サポートは健康を維持・促進するのでしょうか。その最も有力な説明として，「ソーシャル・サポートがストレスの悪影響を和らげるから」ということがあげられます。前節で述べたように，ストレスの悪影響を和らげるためには，①ストレッサーを避ける，②ストレッサーの悪影響を軽減するような認知的評価をする，③ストレスをうまく解消できるようなコーピング

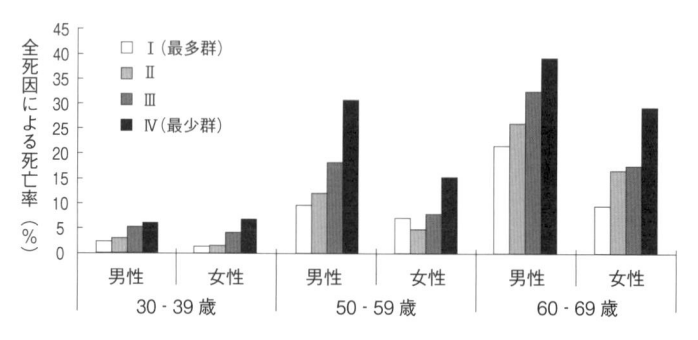

図6-2-1　年齢・性・社会的ネットワークによる死亡率（Berkman & Syme, 1979）

を行う，という3つの対策が考えられます。そして，このいずれにおいても，ソーシャル・サポートはストレスを和らげるような方向で機能します。つまり，周囲からのサポートがある人は，そうでない人に比べて，余計なストレッサーを経験しないですむ，ストレッサーに直面しても「みんな助けてくれる」と思えることで深く悩まなくてすむ，コーピングでも周囲からの手助けが有効に機能する，などによって，ストレスの悪影響が緩和されやすいのです。

ただし，対人関係があればそれだけで健康だ，というわけではありません。たとえば，ケンカしてばかりの夫婦では，結婚していることがサポートというよりもむしろストレッサーになるでしょう。そこで最近は，対人関係の有無や人づきあいの広さよりも，対人関係のなかで，どのくらいサポーティブなコミュニケーションが行われる（と自分で思っている）か，という観点から，ソーシャル・サポートを捉える立場が主流になっています。また，サポートをしてもらうことが，場合によってはサポートされる側のプライドを傷つけたり，余計なお世話になったりして，かえって心身の健康を阻害することもあります（橋本, 2005）。

2. 体験してみよう

対人関係と心身の健康の関連については，「ソーシャル・サポートによるストレス軽減効果」以外の説明もあることが，近年指摘されています。今から，そのことに関する実験（Twenge et al., 2002）を紹介しますので，実験結果がどのようになるか，まず予想してみてください。

はじめに実験参加者は心理テストに回答して，次に実験者が，その結果を参加者に伝えました。まずは結果が正確で，信頼できるものだと信じさせるために，参加者の外向性について正しいテストの結果を報告しました。続いて実験者は，参加者の人生の未来予測について伝えました。実は，このフィードバックは，参加者の実際の回答とは無関係に，実験者がランダムに割り振ったものでした。そして，この未来予測には，「所属条件」「不運条件」「孤立条件」という3つの種類がありました。それぞれの内容は，おおよそ以下のようなものでした。

> 所属条件：「あなたは，生涯にわたって実りの多い人間関係に恵まれる性格です。あなたの結婚生活は長期間にわたって安定したものとなり，友人との関係も長く続くでしょう。あなたは常に友人や，あなたのことを気にかけてくれる人々に囲まれて過ごす可能性が高いでしょう」。

> 不運条件：「あなたは，人生の後半になって，事故を起こしたり巻き込まれたりしやすい性格です。手足を骨折したり，車の事故に遭ったりするようなことが何度かあるかもしれません。これまでそのような経験がなくても，将来的にはそうなる可能性が高いでしょう」。

> 孤立条件：「あなたは将来的に，孤独な人生を過ごすことになりやすい性格です。現在の友人関係は，20代後半には徐々に疎遠になっていきます。1回，もしくは2回以上，結婚することもあるかもしれませんが，その関係はわりと短期的に終わりやすく，たとえ新たな関係を作ることがあっても，最終的には孤独に過ごす可能性が高いでしょう」。

　これらのうち，いずれか1つの結果を知らされたあと，実験参加者は，実験者から尋ねられた3つの質問（いずれも選択肢は2つ）に回答しました。1つめの質問は，実験に参加してくれたお礼として，「A. 高脂肪のキャンディ・バー」「B. 低脂肪のシリアル菓子」のどちらが欲しいか，というものです。2つめは，他の実験参加者の実験が終了するまでちょっと待っていて欲しいので，それまで「A. 待合室で軽めの雑誌を読んで過ごす」「B. 健康に関する調査に回答して，健康増進のための説明を受ける」のどちらを選ぶか，というものです。そして3つめは，参加者の脈拍を測定したいので，「A. 安静時の脈を測る」「B.（きちんとしたデータを得るために）2分間ランニングしてから脈を測る」のどちらかを選んで欲しい，というものです。

　気づいた読者もいると思いますが，これら3つの選択は，健康の維持・促進という観点から，いずれもAよりBの方が好ましいものです。さて，そこで問題です。所属条件，不運条件，孤立条件それぞれで，3回の選択のうち，Bを選んだのは平均何回だったでしょうか（全員が3回ともBを選べば平均3回，逆に全員が3回ともAを選べば平均0回，ということになります）。あなたの予想を，小数第1位まで（たとえば「1.5回」というふうに）書いてみてください。

> 所属条件＝（　　　）回　不運条件＝（　　　）回　孤立条件＝（　　　）回

3. 社会的排斥とは

　さて，この実験の目的は，「社会的排斥を経験することによって，人は（無意図的に）自滅的な行動を引き起こしやすくするのではないか」という仮説を検証することでした。社会的排斥（social exclusion）とは，いわゆる「仲間はずれ」や「のけ者扱い」，もしくはそこまで積極的意図はなくても，対人関係が不十分で孤立している状態のことです。最近の研究では，社会的排斥を経験することによって，自尊心が傷ついたり，自己制御[1]（自分で自分の行動をコントロールすること）ができなくなってしまうことが指摘されています。さらにその結果として，自暴自棄で不健康な行動をしやすくなったり，他者に対する怒りが抑制できなくなってしまう可能性も指摘されています。

　先ほどの実験結果ですが，各条件の実験参加者が健康的な選択肢を選んだ平均回数は，所属条件が2.11回，不運条件が1.77回，そして孤立条件は0.78回でした。皆さんの予想と比べてどうでしたか。この結果から，「孤立条件に割り当てられた人（すなわち社会的排斥を経験した人）は，健康関連行動を行わなくなる」という仮説は支持されました。さらに，不運条件と孤立条件の間にも差があったことは，社会的排斥による健康行動の低減が，単に不快な気分のせいではない，ということを意味しています。つまりこの結果は，「人間には，社会的排斥を経験

[1] 第1章第3節参照。

すると自暴自棄になりやすくなる心理的メカニズムがある」という可能性を示唆しています。そう考えると，対人関係が心身の健康と関連する理由としては，サポートによるストレス緩和効果だけではなく，社会的排斥や孤立を経験することによる健康阻害効果も少なからずあるのかもしれません。

　現実社会においても，社会的排斥は重要な問題となっています。学校や職場のさまざまないじめ，雇用の不安定さや失業者の問題，孤立している高齢者の問題，などなど。そして，そのような社会的排斥経験は，その人の心のみならず，身体の健康にも少なからず悪影響を及ぼしうるのです。さらに，社会的排斥が他者への暴力につながるような事件が起こったとき，人々は「心の闇」などといった曖昧な言葉で，あたかもその問題を起こした当事者が，他の人々とは違った特殊な心理的特徴をもっていたかのように解釈してしまうことも少なくありません。しかし，社会的排斥を経験すると気持ちがすさむのは，必ずしも一部の人に限った話ではないと考えた方が，むしろ妥当なのかもしれません。もしそうだとすると，それらの問題への対策を考えるときには，何でも本人の心理的性質に理由づけしてしまうような見方よりも，むしろ社会的排斥の生起・拡大をいかに防ぐか，といった，集団，組織，そして，社会全体を改善していくことを目指すような視点も，少なからず重要となってくるでしょう。

第3節 幸福

1. 幸福とは

「幸福とは何か」。おそらく、この問いの答えは十人十色ではないでしょうか。古代ギリシャ哲学から現代科学に至るまで、あらゆる研究者がこの問いに答えようとしてきましたが、未だ明確な回答は得られていません。何を幸福とするかは、個々人の考え方や価値観の違い、国や文化、世代、政治的背景などさまざまな要因とかかわってくるため、一意的に決めることができないのです。

心理学では、万人に共通した客観的な幸福ではなく、主観的幸福感（subjective well-being）が用いられています。ディーナーら（Diener et al., 2003）によれば、主観的幸福感とは、過去から現在までの自分の人生をどのように評価するかを意味するものです。主観的幸福感は感情的側面と認知的側面の両者を含む概念です。前者は喜びや充実感、ポジティブ感情、ネガティブ感情の低さにより、後者は人生満足感や、自分にとって重要な事柄（たとえば、学歴や職業）に対する満足感によって表されます。

また、幸福感を快楽的幸福感（hedonic well-being）と達成的幸福感（eudaimonic well-being）に分類する立場もあります（Ryan & Deci, 2001）。快楽的幸福感とは、快楽の追求や苦痛の回避に焦点を当てたもので、主観的幸福感はこちらに含まれます。一方で、達成的幸福感とは、人生の意味を探求することや自己実現[1]といった、人間としての成長に焦点を当てたものです。これら2つの考え方を補い合うことで、国や文化、世代を通じて、あらゆる人々の幸福感を考えることができるのです。

[1] 自己の成長や創造的な活動を目指し、自己の可能性をさらに広げようとすることです。

2. 幸福感と関連する要因

あなたはどのようなときに幸福を感じますか。幸福感と関連するものとしてよく挙げられるのは、他者とのかかわりの中で起こる事柄と、経済的な豊かさに関する事柄です（Kahneman & Krueger, 2006; 表6-3-1）。たとえば、幸福感の高い人は、幸福感の低い人よりも、親しい友人、近親者、恋人との関係が良好であると回答しています（Diener & Seligman, 2002）[2]。

[2] 対人関係が幸福感と関連する理由については、本章第2節や第4節も参照してください。

では、人は裕福になるほど幸福感が高まるのでしょうか。カーネマンら（Kahneman et al., 2006）は、アメリカの総合的社会調査（general social survey）のデータを基に、回答者の幸福感を世帯年収ごとに比較しました（図6-3-1）。確かに、900万円以上のグループでは、200万円未満の約2倍の人が「とても幸せ」と回答し、反対に「あまり幸せではない」と回答したのはその約1/3に過ぎません。しかし、500〜899万円のグループと900万円以上のグループでは、幸福感の違いはほとんどありません。つまり、裕福になるほど幸福感が高くなるというのは「幻想」に過ぎなかったのです。その理由として、カーネマンらは3つの可能性をあげています。第1に、収入の絶対量よりも、収入の相対的格差のほうが幸福感に影響しやすいというものです。自分よりも裕福な人と比較することで、

表 6-3-1　幸福感と関連する要因（Kahneman & Krueger, 2006）

笑顔の頻度
作り笑いではない本当の笑顔
友人のおかげで感じた幸福感の強さ
ポジティブ感情を言葉に出した頻度
社交性・外向性
睡眠の質
親密な関係にある他者の幸福
自己報告に基づく健康度
収入の多さ，評価基準となる集団との相対的な収入の多さ
宗教活動への積極的関与
最近起きた環境のポジティブな変化（収入の増加，結婚）

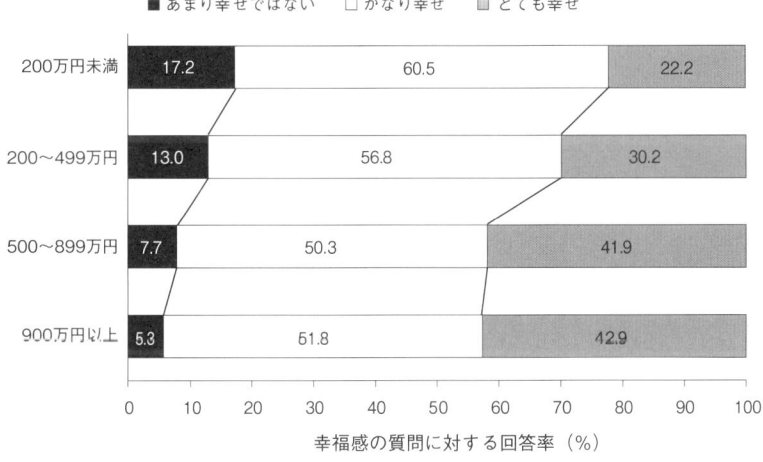

■ あまり幸せではない　□ かなり幸せ　■ とても幸せ

世帯年収	あまり幸せではない	かなり幸せ	とても幸せ
200万円未満	17.2	60.5	22.2
200〜499万円	13.0	56.8	30.2
500〜899万円	7.7	50.3	41.9
900万円以上	5.3	51.8	42.9

幸福感の質問に対する回答率（％）

注）金額は1ドル100円として算出

図 6-3-1　アメリカ人の世帯年収と幸福感（Kahneman et al., 2006 より作成）

自分が敗北者であると感じ，幸福感が低下するのかもしれません。第2に，人間は物質的な豊かさに慣れやすいうえに，物質的な豊かさそのものにも大きな喜びを感じないというものです。最後に，裕福な人は学歴や仕事といった何らかの高い成果を求められる活動が多く，のんびりと過ごす時間が少ないため，ストレスや緊張が高まりやすいというものです。そうした生活は達成感を高めても，必ずしも幸福感には結びつかないのかもしれません。

3. ポジティブ心理学

　ポジティブ心理学は，当時のアメリカ心理学会会長セリグマン（Seligman, M. E. P.）によって提唱された新しい運動です。彼によれば，第2次世界大戦以来，心理学は疾患や障害の回復といったネガティブな側面に焦点を当ててきました。しかし，心理学者には「人々により良い人生を提供する」というさらなる重要な使命があります。ポジティブ心理学とは，こうした反省を活かし，人間のポジティブな性質の解明とその育成を目指す領域なのです。ここでのポジティブな性質には，幸福感，希望，英知，創造性，未来志向性，勇気，寛容性，忍耐力，対人関係のスキルなどが含まれます。ポジティブ心理学運動は，心理学が社会に貢献していくための指針を示すものとして，大いに注目されています（Seligman & Csikszentmihalyi, 2000）。

4. 体験してみよう

　それでは，実際にあなたの幸福感を測定してみましょう。

　①今日から7日間，毎日就寝前に，その日がどのような1日だったか1点から6点で評価してください。また，そのように回答した理由やその日に起きた出来事などをメモしてください。7日目に，1日目から7日目までの平均得点を算出してください。
　②8日目に，前の週がどのような1週間だったか1点から6点で評価してください。また，そのように回答した理由やその週に起きた出来事などをメモしてください。
　③①の平均得点と②の得点を比較してください。両者に大きな違いはありましたか。また，メモを参考に，自分の幸福感がどのような要因と関連しているのか，表6-3-1と比較しながら考えてみましょう。

　幸福感の研究では，「幸福感の文化差」に関心が寄せられています。大石（Oishi, 2002）は，この課題をヨーロッパ系アメリカ人とアジア系アメリカ人に対して行いました。すると，ヨーロッパ系アメリカ人では①の平均得点と②の得点に顕著な違いが認められましたが，アジア系アメリカ人では違いがありませんでした。この理由として，ポジティブな情報とネガティブな情報の処理方法の違いがあげられています。つまり，ヨーロッパ系の人は基本的にポジティブな信念をもっているため，過去を思い出すときにもネガティブな経験よりポジティブな経験を重視し，過去をさかのぼると実際よりも幸福であったと評価しやすいのです。しかし，アジア系の人は「人生山あり谷あり」という信念が根底にあるため，ポジティブな出来事とネガティブな出来事を慎重に判断し，当日の評価と1週間を振り返った評価が変わらないのでしょう。
　ただし，このような信念の違いは，必ずしもアジア人，ひいては日本人の幸福感が低いということを意味するわけではないようです。大石ら（Oishi et al., 2007）よると，ヨーロッパ系アメリカ人が人生満足感を維持するには，ネガティブな出来事に対して約1.9倍のポジティブな出来事が必要でした。一方，日本人は1つのネガティブな出来事に対して，ポジティブな出来事が1つあるだけで人

①毎日就寝前に，1日を振り返ってみましょう。

	日付（曜日）	今日はどのような日でしたか？						そのように思った理由やその日に起きた出来事をメモしてください。
		最悪だった	とても悪かった	悪かった	良かった	とても良かった	最高だった	
1日目	／（ ）	1	2	3	4	5	6	
2日目	／（ ）	1	2	3	4	5	6	
3日目	／（ ）	1	2	3	4	5	6	
4日目	／（ ）	1	2	3	4	5	6	
5日目	／（ ）	1	2	3	4	5	6	
6日目	／（ ）	1	2	3	4	5	6	
7日目	／（ ）	1	2	3	4	5	6	
		1日目～7日目の平均得点 _____						

②8日目に，前日までの1週間を振り返ってみましょう。

	日付（曜日）	先週はどのような1週間でしたか？						そのように思った理由やその日に起きた出来事をメモしてください。
		最悪だった	とても悪かった	悪かった	良かった	とても良かった	最高だった	
8日目	／（ ）	1	2	3	4	5	6	

図 6-3-2　体験してみようシート

生満足感を維持できていました。日本人は過度にポジティブな信念をもたないために，かえって日常の些細な出来事にも喜びを感じることができ，幸福感を感じやすいのかもしれません。

第4節　ソシオメーター理論

1. 自尊心と幸福感

　自分のことをポジティブに評価している人，あるいは自分に自信をもっている人（つまり，自尊心の高い人）のことを思い浮かべてください。このような人は幸せな生活を送っているとイメージするのではないでしょうか。事実，これまでの研究では，自尊心の高い人ほど健康で，幸福感が高いと考えられてきました。人間には自尊心の維持・高揚動機があるという仮定も，こうしたことが背景となっています。

　しかし，自尊心が高い人というのは，自慢話ばかりしたり暴力的に振る舞ったりすることで，かえって他者から疎まれてしまうことがあります。また，自尊心は，アメリカ人の幸福感にとっては重要であるものの，日本人にはそれほど重要ではないことも知られています（Uchida et al., 2008）。つまり，自尊心の高い人が幸福であるとは必ずしも断定できないのです。

　それでは，なぜ自尊心の高い人ほど幸福であると考えられやすいのでしょうか。この疑問は，「他者から受容されている」という感覚をもつことができているかによって解決できるのです。

2. ソシオメーター理論

　私たちが生きていくには，さまざまな他者（たとえば，家族，友人，恋人や配偶者）と対人関係を築き，それを維持していくことが不可欠です。このように，人間には他者との間に強く安定した絆を形成・維持させたいという欲求が根本的に備わっているのです。これを所属欲求と言います（Baumeister & Leary, 1995）。所属欲求が満たされないと，不快感が生じ，ストレス状態に陥り，さまざまな不適応反応を引き起こしてしまいます（表6-4-1）。

表6-4-1　所属欲求尺度（Leary et al., 2007; 小林ら, 2006）

R	(1)	もし他の人が私を受け入れてくれそうになくても，気にしないようにしている
	(2)	他の人に避けられたり拒まれたりしないように努めている
R	(3)	他の人が気にかけてくれるかどうか，めったに心配しない
	(4)	困ったときに頼れる人がいると常に感じていたい
	(5)	他の人に受け入れてもらいたい
	(6)	一人でいるのが好きではない
R	(7)	長い間友人と離れていても気にならない
	(8)	人とのつながりを強く求めている
	(9)	他の人の計画に自分が含まれていないと，とても気になる
	(10)	他の人に受け入れられていないと感じると，すぐに傷ついてしまう

Rは逆転項目，回答は1（あてはまらない）〜5（かなりあてはまる）の5件法で評定

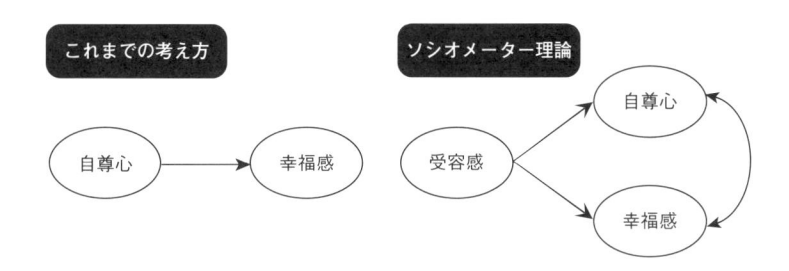

図 6-4-1　これまでの考え方とソシオメーター理論の違い

　さて，所属欲求を満たすには，他者と円滑なコミュニケーションを行い，良好な対人関係を構築・維持しなければなりません。一方で，他者との関係が悪化してしまったときには，そのことを敏感に察知して，関係を修復する必要があります。このとき，自尊心は重要な役割を果たします。つまり，自尊心は他者からの受容─拒絶を監視する測定器（メーター）となります。そして，他者との関係が悪化すると，自尊心が警報を鳴らすことで，私たちはその相手との関係を修復しようとすることができるのです。これがリアリーとバウマイスター（Leary & Baumeister, 2000）によって提唱されたソシオメーター理論です。

　ソシオメーター理論によれば，他者から受容されているという感覚が，所属欲求を充足することで，自尊心を高め，同時に幸福感も高めてくれます。一方，他者から拒絶されているという感覚は，自尊心を低下させると同時に，幸福感も低下させてしまいます。つまり，冒頭の疑問の回答は，「他者からの受容感が自尊心とともに幸福感を高めるために，自尊心が高い人ほど幸福であるように見えてしまう」ということなのです（図 6-4-1）。

3. 特性自尊心と状態自尊心

　自尊心は社会心理学で最も古くから扱われてきたトピックです。そして，それらの多くが時間や状況を通じて比較的安定した特性自尊心に焦点を当てたものでした。一方，ソシオメーター理論では，時間や状況によって変化しやすい状態自尊心に焦点が当てられます。リアリーら（Leary et al., 1995）の実験では，最初に 5 人一組のグループが作られました。このうち，3 人は共同で課題を行い，残りの 2 人は 1 人ずつ課題を行うことになりました。このとき，1 人で課題を行うという決定がメンバーの意思とは無関係であれば（実験者がランダムに割り当てを決定），状態自尊心は変化しませんでした。しかし，メンバーの意思によって 1 人で課題を行うことになった人では（お互いの自己紹介カードを基に，各メンバーが 1 人で課題に取り組んでほしい人を選択），状態自尊心が低下していました。つまり，他のメンバーから拒絶された人だけが状態自尊心を低下させていたのです。このように，状態自尊心は日常の出来事に影響されやすく，現時点で，他者から受容─拒絶されているかに敏感に反応するのです。

4. 受容感の意味とその源

　リアリー（Leary, 1999）によると，他者からの受容感とは，単に他者から肯定的な反応を得ることではありません。つまり，自分が他者と関係を築いてもらうに値する人物であると，他者から認められているという感覚です。たとえば，自分を偽って一時的に称賛を得たとしても，受容感は高まりません。また，受容感の源は誰でもいいというわけではありません。自尊心や幸福感を高める受容感とは，自分にとって重要な他者や集団からのみ得られるものなのです。たとえば，見知らぬ人やあまり親しくない人とうまくコミュニケーションできたとしても，残念ながら受容感が高まることはありません。あなたは大切な人から本当の受容感を得ることができていますか。

5. 体験してみよう

　他者からの受容感や拒絶感が状態自尊心や幸福感にどのような影響を及ぼすのか図 6-4-2 で体験してみましょう。

　①「ここ 2 ～ 3 週間で，あなたにとって重要な他者との間で経験した出来事」のうち，以下の内容に当てはまるものをいずれか 1 つ選び，具体的に書き出してください（出来事の相手，出来事が起きた時間や場所，出来事の原因）。
　・「緊張や不安を感じた」
　・「寂しさや孤独を感じた」
　・「悲しさを感じたり落ち込んだりした」
　②その出来事を経験したとき，あなたは重要な他者からどのくらい受容―拒絶されていると感じましたか。それぞれの項目について，1 点から 5 点で評価してください（受容感・拒絶感尺度；阿部・今野, 2007）。
　③いまこの瞬間，自分に対してどのような気持ちを感じていますか。それぞれの項目について，1 点から 5 点で評価してください（状態自尊心尺度；阿部・今野, 2007 から抜粋，幸福感尺度）。
　④クラス全員の回答を集計してみましょう。受容感が高く，拒絶感が低い人ほど，状態自尊心や幸福感が高くなっていたでしょうか。

1) ここ2〜3週間で、あなたにとって重要な他者との間で経験した出来事を具体的に書き出してください。
・その出来事は誰と、いつ、どこで経験したものですか?

_____

・その出来事の原因は何ですか?

_____

2) その出来事を経験したとき、あなたは重要な他者からどのような扱いを受けたと感じましたか。それぞれの項目について、1〜5のうち最も当てはまる数字を1つだけ○で囲んでください。		全く当てはまらない	あまり当てはまらない	どちらとも言えない	かなり当てはまる	非常に当てはまる	合計得点
受容感	(1) 受け入れられた	1	2	3	4	5	
	(2) ほめられた	1	2	3	4	5	
	(3) 面白がられた	1	2	3	4	5	
	(4) 価値を認めてもらった	1	2	3	4	5	
拒絶感	(5) 避けられた	1	2	3	4	5	
	(6) けなされた	1	2	3	4	5	
	(7) 気持ち悪がられた	1	2	3	4	5	
	(8) さげすまれた	1	2	3	4	5	

3) いまこの瞬間、自分に対してどのような気持ちを感じていますか。1〜5のうち最も当てはまる数字を1つだけ○で囲んでください。		全く当てはまらない	あまり当てはまらない	どちらとも言えない	かなり当てはまる	非常に当てはまる	合計得点
状態自尊心	(1) いま、自分は人並みに価値のある人間であると感じる	1	2	3	4	5	
	(2) いま、自分にはいろいろなよい素質があると感じる	1	2	3	4	5	
	(3) いま、自分は物事を人並みにうまくやれていると感じる	1	2	3	4	5	
	(4) いま、自分に対して肯定的であると感じる	1	2	3	4	5	
	(5) いま、自分にほぼ満足を感じる	1	2	3	4	5	
幸福感	(6) いま、自分はとても幸せである	1	2	3	4	5	

図6-4-2 体験してみようシート

第7章 对人的影響

第1節　他者からの影響

　私たちは，普段の生活において，自分で思考し，行動を決めることを求められています。また，実際にそうしていると考えている人も多いかもしれません。しかし，私たちが社会の中で生活している以上，いわば真空状態での思考や意思決定はほとんどないと言ってもいいでしょう。私たちは非常に多くの場面で，他者からの影響を受けていると言えます。本節では，私たちの思考や行動に対する他者からの影響について概観します。

1. 同　調

　まず，次のような状況を考えてみましょう。

> **課題：考えてみよう**
> 　あなたはサークルの仲間と一緒に，新人歓迎合宿の行き先について考えています。候補となる行き先には，山と海の2案があります。話をしていると，あなた以外のメンバーは山で意見が一致しているようです。あなたは，話し合いの当初，海がいいという意見をもっていましたが，どう答えるかを少し迷っています。あなたの意見を述べる順番がきました。あなたならどう答えるでしょうか。

　こうした状況は，私たちの日常生活において，しばしばみられるものです。この状況で，海と答えようとすると，なんらかの葛藤が心の中で起きたのではないでしょうか。すなわち，自身の当初の意見であった海と回答しようとすると，「仲間たちから嫌われないだろうか」「みんなが山というからには，山の方がいいアイデアなのかもしれない」といった考えが浮かんだかもしれません。

　こうした，多数者の意見に自身の意見が影響されることを同調（comformity）と言います。アッシュ（Asch, 1951）は，この同調行動に影響を及ぼす条件を実験によって明らかにしています。実験では，実験参加者に，先に提示された線分と同じ長さのものを後に提示された3つの線分から選んでもらうという課題を行いました（図7-1-1）。この実験は，参加者が単独で行うのではなく，8人のグループで行いました。8人のうち，本当の実験参加者は1人だけで，その他はサクラで構成されていました。実験参加者が回答する前に，サクラの人たちが回答を

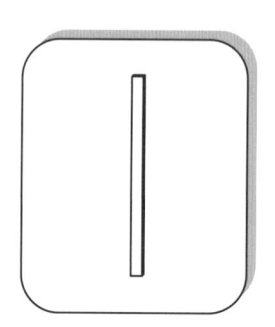

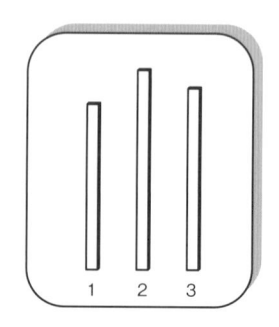

図7-1-1　アッシュの実験の刺激（Asch, 1955 より）

言います。このとき，サクラ全員が間違った答えをすると，最後に回答する実験参加者は，このような単純な課題でさえも，他の人たちの回答に影響されて，約1/3の試行で間違った答えを報告したのです。同調を迫る影響力がいかに強いかがわかります。

アッシュはさまざまな条件で実験を行い，影響力の大きさに関連する要因を検討しました。たとえば，8人の集団の中に，必ず正答を行う参加者がいる場合，誤答に同調する率は5.5%まで減少します。また，集団のサイズの影響については，集団が4名から5名のときに同調率は最も大きくなることが知られています。

2. 服　　従

多数者への同調の特殊な形態の1つに服従（obedience）があります。次のような状況を考えてみてください。

> **課題：考えてみよう**
> あなたは，サークルのリーダーで，サークル合宿の行き先を検討しています。今年は山の天候が不安定で，先日も山で大規模な事故がありました。危険性を感じているあなたは，山ではなく海がいいのではと考えています。そこへサークルの顧問の教員がやってきて，このサークルの合宿としては，山が適当なので，山にしようと強く主張しました。あなたは，危険性を主張しましたが，「大丈夫だから，とにかく山にしましょう」と教員に主張されました。
> この場合，あなたはどうするでしょうか？

権威に対する服従は日常的によくみられる現象で，組織には必要な行動と言えます。しかし，人は権威に命ぜられると，非人道的な行為も行えることが，ミルグラム（Milgram, 1974）による有名な実験で明らかにされています。

ミルグラム（Milgram, 1974）の実験は，記憶学習に関するものとして設定されていて，参加者は教師役と生徒役に振り分けられます。教師役は記憶課題を生徒役に課し，誤答がされた場合は，罰として電気ショックを与えるように実験者に依頼されます。さらに，誤答のたびに，与える電気ショックの強さは送電装置に記されている段階を上げていくように教示されます。段階にはラベルがついており，はじめの電気ショックの強さは，ちょっとチクッとする程度となっていますが，段階が上がるにつれて，「激しいショック」「危険」などのラベルがついていて，最後は「×××」となっていました（図7-1-2）。こうした状況下で，人はどこまで電気ショックのレベルを上げるのかを調べました。なお，本当の実験参加者は必ず教師役になるようになっており，生徒役はサクラでした。また，電気ショックは実際は流れておらず，電気ショックを与える際のブザー音とともに生徒役のサクラが苦しんでいる演技をしているだけでした。生徒役の悲鳴や抗議の声はテープに録音されたものが電圧に応じて再生されました。したがって，物理的な危険は実験には存在していませんでした。しかし，実験参加者は，苦痛を参加者に与えていると信じており，実験者からの要請と生徒役の参加者の苦痛に対する罪悪感との葛藤状態に置かれます。多くの参加者は電圧が上がるにつれて，実験を続けることについて抵抗を示しました。しかし，実験者は，実験を続けることが必要だという勧告を繰り返します。勧告には4つのレパートリーがあり，4つ目の勧告に従わなかった時点で，実験は終了しました。

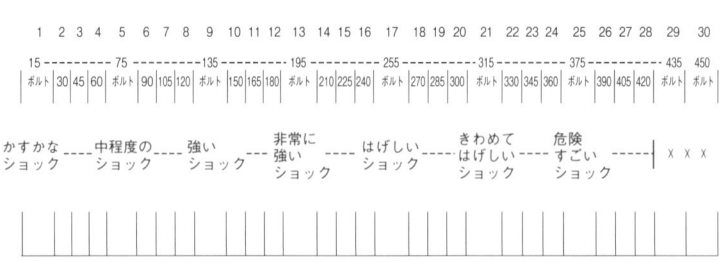

図 7-1-2　服従実験の状況と電圧盤の表示（Milgram, 1974 を参考に作成）

　実験を行う前に，医学や心理学の専門家に尋ねたところ，最大電圧である 450 ボルトの電流を流すような実験参加者はいないだろうと予測していました。しかし，実験の結果，40 人の参加者のうち，なんと約 60％の者が実験者に服従して，450 ボルトまで送電しました。学習者役のサクラが同じ部屋にいて，近接している条件では，服従率は低下するものの，それでも 40％の参加者が最後まで服従しました。人は，ヒエラルキー構造に組み込まれ，上位者である権威から指示されると，普段の生活では考えられないような非人間的な行動をとることができることを，この実験は鮮やかに示しています。

　実験参加者に対しては，実験後，実験の真の目的および電気ショックが実際には流れていなかったことなど実験の仕組みが丁寧に説明され，参加者のフォローアップも行われました。また，この実験には先述のように物理的な危険は存在していませんでした。しかし，一方で，参加者に偽りの情報を与えたうえで，極度の緊張状態を経験させたことには倫理的な批判が加えられました。この研究は，心理学における研究倫理に関する議論のきっかけともなりました。

3. 少数者影響

　ここまでみてきたように，人は多数者からの強い影響を受けています。しかし，人は多数者からの影響を一方的に受けるばかりではありません。一方的に多数者の影響を受けるだけだとすれば，新しい革新的なこと，集団の変化などといったことは起こらないことになってしまいます。私たちの社会においては，少数者が多数者に影響を及ぼすことも少なくありません。これを少数者影響

（minority influence）といいます。たとえば，ファッションの流行などは，少数の人々から多数者に影響が及ぶ好例でしょう。

> **課題：考えてみよう**
> 　仲間の多数が山に行くことを支持しています。あなたを含め少数の人間が海行きを主張しています。どうやって多数者を説得することが効果的だと考えますか。グループで考えてみましょう。

　モスコビッチ（Moscovici et al., 1969）は，少数者影響が生起するためには，少数者集団の行動様式（behavioral style），特に行動の一貫性が重要だとしています。ブルー／グリーン・パラダイムと呼ばれる実験では，36枚のスライドを見せ，その色の判断を参加者にさせます。スライドの色はどれも一般的には青と判断されるものでしたが，6人の実験参加者のうち2名のサクラは一貫してすべてのスライドを緑と回答しました。少数者に一貫性がない条件および少数者が存在しない条件も設定して比較したところ，一貫した行動をとった少数者は多数者の判断に，より大きな影響を及ぼしていました。反面，一貫性のない少数者の影響はほとんどないに等しいことが明らかになりました。

　また，行動様式の他には，交渉様式（negotiating style）も重要だと言われています（Mugny, 1982）。少数者は集団内でパワーがないことから，影響力を行使しようとする際には多数者と交渉することになるからです。一切の妥協を拒絶する「堅い」スタイル（rigid style）と，多数者に理解を示し，合意できる点では妥協しようとする「柔軟な」スタイル（flexible style）とで比較をすると，「柔軟な」スタイルの方が多数者に影響を与えやすいことが知られています。

　少数者影響は，多数者からの影響に比して，内面的な変化，「転換」（conversion）をもたらしやすいと言われています。ブルー／グリーン・パラダイム実験で言えば，少数者からの影響を受け取った人は，いわば新しい「緑」の定義を受け取ったと言えるかもしれません。もちろん「転換」は，多数者からの影響においても生じえますが，少数者影響では顕著なものと言えるでしょう。また，少数者の存在は集団の創造性を活発化させるといった特徴をもつと言われています。たとえば，古典的な名画「十二人の怒れる男」（12 Angry Men: シドニー・ルメット監督）では，そうした状況が生き生きと描かれています。この映画の前半では，予断によって容疑者を有罪だと決めてかかっていた陪審員たちが，有罪に異議を唱えるたった一人の陪審員を中心に，しぶしぶ話し合いを続けていく過程が描かれます。この話し合いの中で，陪審員たちは，相互に刺激を与え，思考を活性化させていきます。そして，中盤以降，容疑に関する事実を注意深く検討することで，一人ひとりに「転換」が生じます。

　私たちの生活の中では，多数者からの影響と少数者影響は，それぞれが独立して存在してるわけではないので，近年は両者のプロセスを統一的に捉えようとする研究が行われています。

第2節 フォールス・コンセンサス効果と集団での意思決定

1. はじめに

　友人グループとどこかへ出かけようと思ったとき，クラスで何かを決定するとき，地域社会での決議，国政選挙等々，集団で意見を集約し，全体の行動を決定していく機会は数多く存在します。このようなときに，他の人たちがどのような意見をもっているのかを考えることはありませんか。私たちが行う他者の意見の推測はどの程度正確なのでしょうか。ここでは，集団の意見を考えていくうえで避けては通れない部分である「私たちが他者の意見をどのように推測するのか」，そして「他の人の意見を推測することが私たちの判断や行動にどのような影響を与えるのか」について考えます。

2. フォールス・コンセンサス効果

　あなたは，図7-2-1の写真AとBどちらが優れていると思いますか。まず考えて決めてください。次に，あなたのクラスに100人の学生がいるとして，100人中あなたと同じ選択をした人は何人くらいいると思いますか。その人数を推測してください。このような場面においては，自分の意見は，多くの他の人の意見と同じだろうと思いやすいことが知られています。上記の例で言うと，Aを選んだ人は，Bを選んだ人に比べて，自分と同じAを選んだ人が多いだろうと考えてしまうのです。この現象は，フォールス・コンセンサス効果と呼ばれます（false consensus effect: Ross et al., 1977）。フォールス・コンセンサス効果は，このような自分の判断だけではなく，自分の属性や経験においても見られることが報告されています。たとえば，自分のことを楽天的だと思っている学生は，自分のことを悲観的だと思っている学生よりも，楽天的な学生の比率を大きく推測し（前者の推測値61.9％，後者の推測値50.4％），黒パンの好きな人は，白パンの好きな人よりも，黒パンの好きな人の比率を大きく推測しました（前者52.5％，後者37.4％）。

　それでは，なぜこのような違いが生まれるのでしょうか。マークスとミラー（Marks & Miller, 1987）は，フォールス・コンセンサス効果が起きる理由を次のように整理しています。

　1）選択的な接触と認知的利用可能性　私たちは，普段の生活では，自分と背景，経験，興味，価値観などが類似した人たちと選択的に接しています。このため，自分と似た意見をもった人のことを思い出しやすく，そのような情報を利用して判断するためです。

　2）目立ちやすさと注意の焦点　自分の立場や行動は，知覚的にも，意識の中でも目立ち，注意が向くためです。

　3）論理的な情報処理　同じ状況で同じ対象を見た場合，他の人も同じ判断をするだろうと論理的な予測をたて，判断するためです。

4) 動機的要因　自尊心を保つために，自分の判断が，合理的で，妥当性が高く良いものであると思ってしまう傾向があるためです。

他者の意見を直接知ることができないときには，自分の経験や周りの状況などから推測するしかないために，フォールス・コンセンサス効果が起こるのです。

3. 沈黙の螺旋理論

先ほどの写真 A と B の選択の話には続きがあります。どちらが優れていると思うかクラスで話し合った後，記名式の投票を行い，優れている写真を決めることになったのです。話し合いでは，ある学生が，あなたが優れていると思った方とは別の方の写真を優れていると言い，その理由を述べました。何人かの学生もうなずいています。他の学生たちも発言しましたが，どうやらあなたとは別の写真を支持する人が多いようです。そうしているうちに，投票の時間になりました。さて，あなたは，どちらに投票をしますか？

このようなときに，多数派だと思われる意見に対して，なだれ式に意見の同調が起こることがあります。このような過程は，沈黙の螺旋モデルと呼ばれています（Noelle-Neumann, 1993）。

自分の立場が集団の意見において多数派であると認知した人々は，自分の主張を公共の場で訴えやすくなるのに対し，少数派であると認知した人々は，訴えにくくなります。「何も言わないこと」は，多数派の主張を支持しているものとして映ります。このため，多数派は勢力を増し，少数派は孤立を恐れて意見を述べなくなっていくのです。多数派は，自分たちが多数派であることを強く認知し，積極的に発言しやすくなる一方で，少数派は自分たちが少数派であると強く感じて，発言しにくくなり，沈黙していくのです。すると，最終的に，少数派の一部の人たちが勝ち馬に飛び乗る形で，多数派の意見へ同調します。つまり，他者の意見の推論が意見表明行動を決定し，それがさらなる意見の偏りを生み，最終的な結果につながるのです。

先ほどの例に照らし合わせて考えてみましょう。自分の意見と異なる意見が複数表明されたとき，自分は少数派であり，別の写真の方が優れていると思っている人が多いと思ったのではないでしょうか。そのときに，自らの意見を堂々と述べることに恐れは感じなかったでしょうか。投票の結果，自分が少数派であった場合，周りから「あの人は美的センスに欠ける」と思われること，つまり，孤立することを避け，もう一方の意見に変更することを考えたのではないでしょうか。

全体から見ると少数の意見にもかかわらず，話し合いの場で声が大きい場合に，沈黙の螺旋によって，その意見に対して同調が起きる場合もあります。これは，他の人の意見をどのように推測するかが，集団での意思決定に影響を与える1つの例です。

4. 体験してみよう

①まず，図7-2-1の写真でAとBのうち，優れていると思う方を選んでください。そして，自分の意見と同じ意見の人が，どの程度いるか推定します。
②全員で，話し合いをして，どちらが優れているか意見の表明をします。
③再び，それぞれの写真を選んだ人がどの程度いるかを推測します。

図7-2-1　写真AとB

④そして，最終的な投票を行います。

投票が終わったら，以下の手続きによって，2つの現象を確認しましょう。
①フォールス・コンセンサス効果
　Aを選択した人が考えるAを選択した人の割合と，Bを選択した人が考えるAを選択した人の割合を比較します。前者の方が大きければ，フォールス・コンセンサス効果が確認できたことになります。
②沈黙の螺旋モデル
　発言はどちらかの意見に偏りましたか？　また，話し合いのとき，どちらが多数派として認知されたでしょうか？　また，最終的な意見を少数派のものから多数派のものに変更した人はどの程度いたでしょうか。意見を変えた人がいた場合，沈黙の螺旋が確認されたことになります。話し合いのときに，少数派の意見が出なかった場合には，そのとき，少数派の人がどのようなことを感じていたかについて，みんなで共有してもよいでしょう。

表 7-2-1　体験してみよう―集計表

あなたの意見		A	B
あなたと同じ意見の人はどのくらいいると思いますか？			％
あなたと異なる意見の人はどのくらいいると思いますか？			％
発言した人	前半	人	人
	後半	人	人
あなたと同じ意見の人はどのくらいいると思いますか？			％
あなたと異なる意見の人はどのくらいいると思いますか？			％
最終的に，どちらに投票しますか？		A	B

5. まとめ

　ここでは，他者の意見の推論が，集団の意思決定に与える影響を紹介しました。フォールス・コンセンサス効果では，自らの意見によって他者の意見の推論が変わってくることを，そして，沈黙の螺旋モデルでは，他者の意見の推論が意見表明行動を決定し，それがさらなる意見の偏りを生み，最終的な結果につながる場合があることを紹介しました。

　人が他者の意見を推論し，集団が1つの意見をもつ過程には，自らの判断を妥当であるとみなしたいこと（フォールス・コンセンサス効果の動機的説明），そして，孤立への恐れといった個人の心理的側面が多分に影響を与えていると言うことができるでしょう。集団の意見集約過程は，個人の意見の単に加算されていく過程ではなく，他者を推測し，それにまた影響を受けるという動的な心理的作用が働いているのです。

第3節　ダイナミック社会的インパクト理論

1. 社会的インパクト理論

　ある日，商店街を歩いていると，1人の見知らぬ少年が，虎のマークが描かれた黄色と黒の縦縞のユニホームを着て，熱心に野球中継を見ていました。彼は必死にあるチームを応援していました。しかし，そのチームにあまり興味のないあなたは，そのまま通り過ぎて大学の部活に行くことにしました。部室に入ると，3人の友人が，さっきの少年と同じユニホームを着て，同じチームを応援していました。数分後，そこには，虎のマークが描かれたハチマキをして，友人と一緒に応援しているあなたの姿がありました…。

　人は，他者からいろいろな影響を受けて生活しています。しかし，その「影響」にも大小があり，「1人の見知らぬ少年」を見たときのように，ほとんど何の影響も受けないときもあれば，「3人の友人」を見たときのように，強い影響を受けるときもあります。

　このような他者からの影響の強さを表したモデルとして，ラタネ（Latané, 1981）の「社会的インパクト理論」というものがあります。これは，ある個人が，影響源（他者）から受ける影響は，①地位や能力などの影響源の「強度」(Strength)，②影響源と目標との近さである「近接性」(Immediacy)，③影響源の「数」(Number) という3つの事項から決められる，という考え方です[1]。「1人の見知らぬ少年」の場合，「数」は1と低く「近接性」も低いことから，「あなた」に与える最終的なインパクトは低いことが予想されます。一方，「3人の友人」の場合は，「数」も多く「近接性」も高いため，インパクトは高くなることでしょう。

2. ダイナミック社会的インパクト理論

　さて，「3人の友人」が「あなた」に影響を与えているだけでなく，「あなた」も「3人の友人」に何かしらの影響を与えている可能性はないでしょうか。特に，あなたが「G」というマークの入ったユニホームを好んでいる場合，この可能性は高そうです。さらに，その部活には「5人の先輩」もいて，彼らは全員あなたと同じチームを応援しているとしたら，友人たちは応援するチームを変えてしまうことも考えられます。

　このようなとき，社会的インパクト理論を基に生み出された「ダイナミック社会的インパクト理論」（たとえば，Latané et al., 1994）の考え方が参考になります。この理論は，社会的インパクト理論に，「説得的」インパクトと「支持的」インパクトという対立する2つのインパクトを取り入れたものです。虎のマークが好きな人にとっては，「Gのマークが好きな人」は敵であるため，説得的インパクトの源となります。一方，自分と同じ「虎のマークが好きな人」は仲間であるため，支持的インパクトの源となります。そして，より強いインパクトの方に自ら

---

[1] これは，「インパクト = f (SIN)」という式で表されています。

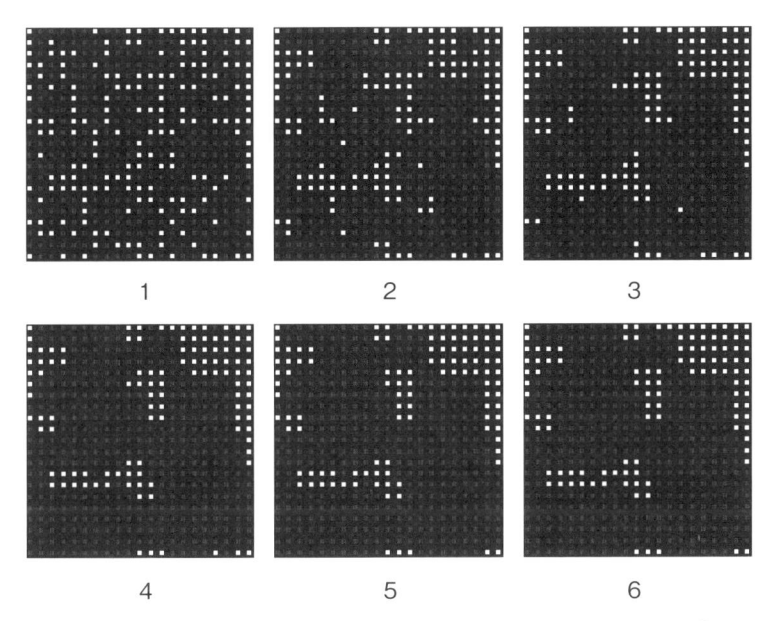

図7-3-1　ダイナミック社会的インパクト理論によるシミュレーションの例[2]

の意見を変容させる，というのが基本的な考え方です。

　この理論では，具体的な数式によって2つのインパクトの計算方法を示しています。数式で表現することによって，コンピュータを用いてインパクトを計算することも可能になります。このため，先の例に出てくる部活の構成員が数百名という大人数であったとしても，その数百人がお互いに影響を及ぼしあいながら，どのように意見を変容させていくのかを，時間を追って検討していくことができます（図7-3-1）。このように時系列的な観点を取り入れていることも，ダイナミック社会的インパクト理論の特徴の1つです。

　これまでの研究（たとえば，Latané et al., 1994）では，個々人が互いに影響を及ぼしあうことによって，次第に，同じ意見の人同士で「まとまり」が作られていくことが知られています。つまり，「虎のマークが好きな人」同士の「まとまり」や，「Gのマークが好きな人」同士の「まとまり」が形成されていくのです。そして，仮に「虎のマーク」が好きな人が少数派であったとしても，完全に多数派に取り込まれることなく，生き残り続けることも報告されています。この現象は，「空間的収束」（小杉ら，2001）などと呼ばれています[3]。

[2] セルの色は意見を表しています（例：白…Gのマークが好き，灰色…虎のマークが好き）。時間の経過とともに，同じ意見でまとまりが作られていく様子がわかります。

[3] より正確には，「多様性の持続」と「合併」という概念（Latané & L'Herrou, 1996）を合わせて「空間的収束」と呼んでいます（小杉ら，2001）。

3. 体験してみよう

　それでは，ダイナミック社会的インパクト理論を基にしたシミュレーションを行ってみましょう。ラタネらの数式をそのまま利用しようとすると，プログラミングに関する知識と複雑な作業が必要になります。しかし，この数式をそのまま用いなくても，①セルの出力（意見）は，最終的に「AかB」のいずれかに変換される，②セルは自分の周囲にある一部のセルの状態を参照して，自らの状態を変容する（「局所的な相互作用」が行われる），という条件がそろえば，ダイナミック社会的インパクト理論のシミュレーションと類似した現象（空間的収束）は発生する，という研究（小杉ら，2001）があります。そこで，この研究結果を基にして，表計算ソフトで簡単なシミュレーションをしてみましょう[4]。

　①シートの左上（位置：F5）に，「=IF（RAND（）< 0.4, "@", "."）[5]」と入力して，横に15個，縦に15個，計225個（範囲：F5～T19），コピーします（図7-3-2）。「@」（アットマーク）と「.」（ピリオド）の2つの記号は「意見」を表していると考えます。これがシミュレーションの初期状態（1ステップ目）を示すマトリクスになります。

　②作成したマトリクスの右下（位置：X25）に，「=COUNTIF（E4:G6, "@"）-COUNTIF（E4:G6, "."）」という式を入力し，15×15の計225個（範囲：X25～AL39）をコピーします。これは，自分の周囲にある上下左右4セル＋斜め4セル[6]と自分自身のセル，計9セルの状態を調べて，「@」のセル数と「.」のセル数の「差」を計算する式です。9セルすべてが「@」ならば9になり，逆にすべてが「.」ならば-9になります。プラスの値は「@」へのインパクトが強いことを，マイナスの値は「.」へのインパクトが強いことを示します。

　③最初に作成したマトリクスの下（位置：F25）に，「=IF（X25>0, "@", IF（X25<0, ".", F5））」という式を入力し，15×15の計225個（範囲：F25～T39）をコピーします。これは，インパクトを基にして，セルの状態を「@」か「.」かのいずれかに変容させるための式です。自分の周囲に「@」が多いときには，自

---

[4] ここではMicrosoft®のExcel®を使って説明します。

[5] 式にある0.4は，マトリクス上に"@"を発生させる確率（この例では40％）を示します。関数rand（）で0以上1未満の乱数を発生させ，その値が0.4未満ならば，"@"が，0.4以上ならば，"."が表示されます。0, 0.5, 1以外の数値にしておくと，少数派・多数派の振る舞いについて検討することができます。

[6] ムーア近傍と言います。

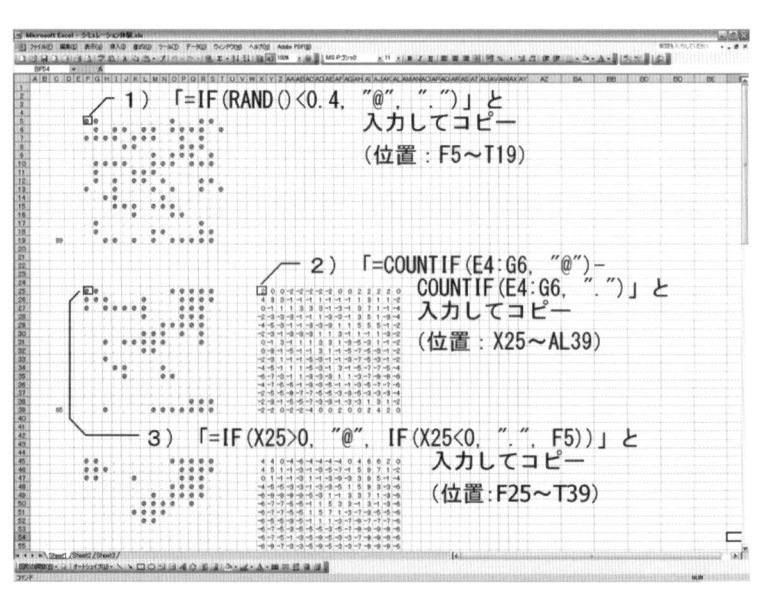

図7-3-2　エクセルを使ったシミュレーションの仕方（初期状態～2ステップ目）

分も「@」に変化し，逆に「.」が多いときには，自分も「.」に変化します。この作業が終わると，①で作成したマトリクスを更新した，新しいマトリクス（2ステップ目）が表示されます[7]。

あとは，②と③で作成したマトリクスを，そのまま等間隔（20行間隔）で下にコピーしていけば（図7-3-3），3ステップ目，4ステップ目…と自動的に計算されます。10ステップ分ほど作成してみましょう。「@」と「.」がそれぞれ固まっていく様子が観察できるでしょう。これが局所的な相互作用による空間的収束です。

[7] 「@」の数をカウントするために，①や③で作成したマトリクスの左端に，「=COUNTIF(F5:T19,"@")」「=COUNTIF(F25:T39,"@")」と入力すると便利です。

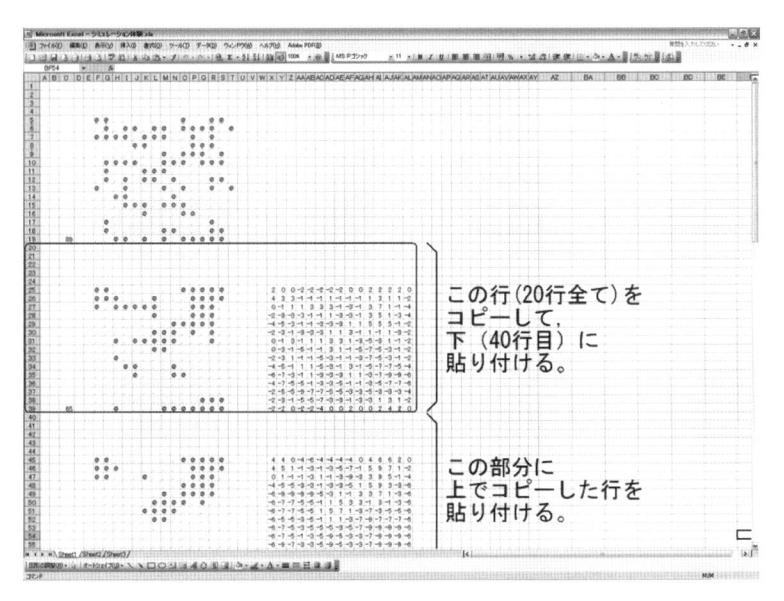

図7-3-3 マトリクスの更新の仕方（3ステップ目以降）

第4節　責任の分散

1. 責任の分散とは

　あなたは，何人かの友人と一緒に部室でゲームをしていました。外も暗くなってきたので，「きっと誰かが片付けてくれるだろう」と思って，そのまま家に帰りました。しかし，他の友人も片付けをしようとせず，翌日，部室に戻ってきたら，部屋は散らかったままでした…。

　多くの人が，これと似た経験を一度はしたことがあるのではないでしょうか。「そんな経験はない」という人は，小学校の「掃除の時間」を思い出してみてください。「みんなで教室をきれいにしましょう」という先生の言葉を聞いて，「よし，一生懸命頑張って掃除をしなくては！」と考えた人は，あまりいなかったのではないでしょうか。このように，多数の人と一緒に行動していて，みんながその結果に責任をもっているときに，一人ひとりの責任に対する感覚が弱くなってしまうことを，「責任の分散」と呼びます。大学の授業でのグループ活動など，集団単位で評価される課題が出されたとき，あまりやる気がでないことがあるのは，この責任の分散が生じているからかもしれません。

　責任の分散に関連して，ラタネら（Latané et al., 1979）は興味深い実験を行っています。彼らは，複数の学生を集めて「大きな声を出す」ように依頼しました。このとき，一緒に「大きな声を出す」人の数を1人（自分だけ）～6人グループまで変えて音量を測定しました。すると，グループの人数が増えると，1人あたりの音量が低下する傾向が示されました（図7-4-1）。つまり，グループで課題を行うことによって，「大きな声を出す」ことに対する責任が分散してしまったのです。「大きな声を出す」課題の他に，「手をたたく」という課題についても調

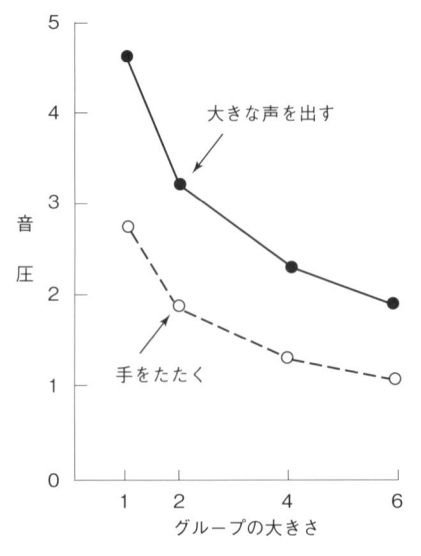

図7-4-1　グループの大きさと1人あたりの音圧（Latané et al., 1979）

べられましたが，やはり人数が増えると，1人あたりの音量は低下しました。

このように，「多数の人と一緒に作業をすると，一人で行った場合に比べて，作業量が減る」という現象は「社会的手抜き」と呼ばれています。ラタネら（1979）は，前節で触れた社会的インパクト理論を応用して，「インパクトはグループの成員によって分割されるため，一緒に課題を行う人の数が増えると，個々の成員に対して課題を行わせる圧力は少なくなる」と，社会的手抜きについて説明しています。

なお，グループ単位で測定すると，「成員の息が合わないこと」が原因で音量が低下する可能性も考えられます。このため，実際は1人で大声を出しているにもかかわらず，目隠しやヘッドホンを使って「集団で大声を出している」と思いこませ，1人あたりの正確な音量を測定する，という手の込んだ実験（Latané et al., 1979）も行われました。そのようにしても，同じように「社会的手抜き」が生じたことが報告されています。

2. 緊急事態における責任の分散

責任の分散が生じるのは，掃除や勉強といった日常場面だけではありません。「人が突然苦しみだした」といった緊急事態においても，責任の分散は重要な影響を及ぼすことが知られています（たとえば，Latané & Darley, 1970）。ラタネとダーリーは，周囲にいる人の数が援助行動に及ぼす影響について，実験的に検討しています。

彼らは，実験参加者を個室に案内し，「大学生の生活に関連した個人的な問題」に関して議論するように言います。しかし，「個人的な問題」について，友人でもない人と話すのは気まずいかもしれないので，個室で話し合ってもらうことにしました。つまり，相手の顔を見ずにマイクを通して議論をするのです。また，実験者は話し合いの内容は聞かないことも伝えられました。そして，実験参加者だけで話し合いが始められました。ところが，しばらくすると，実験参加者の1人が発作を起こして苦しみ出すのです。実は，この「発作」はテープに録音された「演技」だったのですが，実験参加者にとっては，本物の発作のように聞こえるようにされていました。そして，実験参加者が，実験者に緊急事態が起こったことを報告しようと，個室を出るまでに経過する時間を測定しました。そして，「発作」開始から6分経過しても実験参加者が部屋を出ない場合，測定は終了となりました。

さて，何パーセントくらいの実験参加者がどのくらいの早さで，この緊急事態を実験者に報告しようとしたのでしょうか。表7-4-1は，実験結果をまとめたものです。一緒にいる人の数が多くなればなるほど，報告した人の割合が少なくなることがわかります。しかも，報告するまでの時間も長くなっています。このように，緊急事態という時として人の生命にかかわる場面での行動に対しても，「責任の分散」は強い影響を及ぼしているのです[1]。

1　第8章第2節の傍観者効果も参照。

表 7-4-1　グループの大きさが報告の有無とその早さに及ぼす影響 (Latané & Darley, 1970)

グループの大きさ	持ち時間中に報告した人の割合（%）	報告までの時間（秒）
2 名（実験参加者＋病人）	100	52
3 名（実験参加者＋病人＋未知の 1 名）	85	93
6 名（実験参加者＋病人＋未知の 4 名）	62	166

3. 体験してみよう

「責任の分散」を体験してみましょう。しかし，ここまでこの本を読んだ人は，責任の分散についてすでに学習しているので，自ら体験することは難しいかもしれません。そこで，みなさんの友人に協力をお願いして，責任の分散が発生する様子を確認してみましょう。

①ランダムに数字が書かれた紙を 2 種類，各 5～6 枚（人数分）用意します（図7-4-2）。

```
問題1

6584886799365113410406297670631957941121318712405275859144231105545381213397407119592209528567626830483441611087584742729004980564405634808389323879725324862893094507188746135303624311935374292034441575521636622056149075318474788391564778758991411221541840805163837501750976097597004708902
```

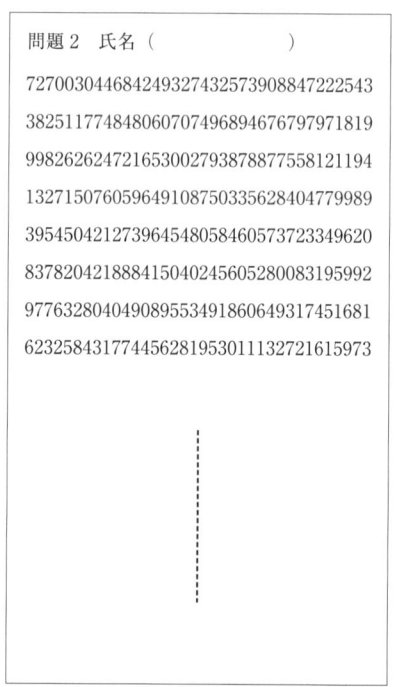

```
問題2　氏名（　　　　　　）

72700304468424932743257390884722254338251177484806070749689467679797181999826262472165300279387887755812119413271507605964910875033562840477998939545042127396454805846057372334962083782042188841504024560528008319599297763280404908955349186064931745168162325843177445628195301113272161
```

図 7-4-2　「責任の分散」体験用の問題用紙

②友人を5～6人，呼んできましょう。
③「私が履修している授業の宿題で，『大学生の集中力』について実験で調べることになったので，ご協力をお願いします」と言います[2]。
④「この用紙は回収して，授業を担当している先生に渡します。ただし，名前は書かなくて結構です」(「集合的行為」を行わせるための手続きです)と言います。
⑤問題1を裏にして配布します。全員に行きわたったら，「1分間で，用紙に書かれた数字の中から「5」をできるだけたくさん見つけて，○を付けてください」と言います。
⑥「みなさん，始めてください」と言って，全員一緒に解答させます。1分後，「止めてください」と言います。
⑦「次に，より厳密に集中力を調べるために，次は1人ずつ課題をさせてください」とお願いします(「個人的行為」を行わせるための手続きです)。
⑧問題2を配布し名前を記入させて，「1人ずつ」1分間で解答してもらいます。
⑨問題1(集合的行為)と問題2(個人的行為)の解答数を比較してみましょう。責任の分散が生じていれば，問題1の方が見つけられた「5」の数が少なくなるはずです。

同じ課題を繰り返すことが「練習」になり，2回目の解答数が「責任の分散」以外の理由で上昇する可能性も考えられます。このため，より厳密な「実験」を行うには，半数の人には問題1を先に行ってもらい，残りの半数には問題2を先に行ってもらうようにします。このような手続きは，「カウンターバランス」と呼ばれています。

[2] これは相手にウソを言っていることになります。実験が終わったら，「実は『責任の分散』について調べていました」という説明をしましょう。こうした説明を「デブリーフィング」と言います。

第8章 集　団

第1節　集団アイデンティティ

1. 集団アイデンティティとは

　自己紹介をするとき，みなさんは自分についてどのようなことを話すでしょうか[1]。自分のことを，やさしいとか，おとなしいといった性格特性で表現したり，自分らしさを感じたりして，自分を他者とは異なる存在であると理解することを個人的アイデンティティと呼びます。これに対して，自分自身をある社会集団の一員であると意識することを社会的アイデンティティと呼びます。自分を大学生だとか，女性だとか，テニスサークルのメンバーだと言うとき，自分を他の人とは異なる個人というよりもむしろ，その集団の一員として意識しているのです。私たちは，いくつもの集団に所属しています。しかし，自分がその集団の一員だということを強く意識していない場合も多くあります。また，今はその集団の一員だということを強く意識しているとしても，その集団に所属し始めたときから，「自分はこの集団のメンバーだ」と強く思っていた人は少ないはずです。私たちは，どのようにして，ある社会集団のメンバーであると感じるようになるのでしょうか。

　社会的アイデンティティは，自分がある社会集団の一員であるという意識の強さと，その集団の一員であることにどれくらい価値や意味を感じるかという2つの側面から構成されています（Tajifel, 1978; 1981）。そして，ある特定の集団に対する社会的アイデンティティのことを集団アイデンティティと呼びます。集団アイデンティティは，図8-1-1のようなプロセスで獲得されると考えられています。ここでは，みなさんの所属する学部に対する集団アイデンティティを例にそ

1　第1章第1節の課題が参考になります。

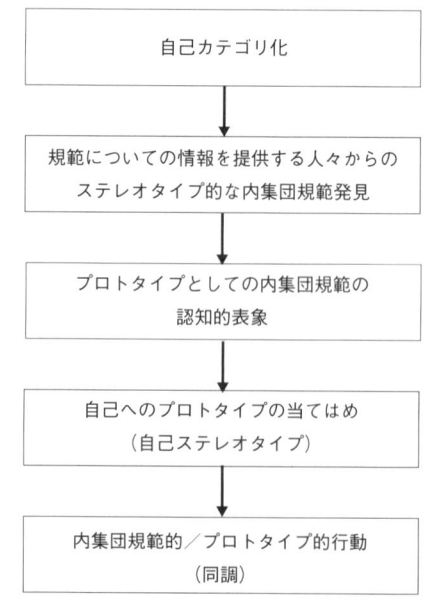

```
自己カテゴリ化
      ↓
規範についての情報を提供する人々からの
ステレオタイプ的な内集団規範発見
      ↓
プロトタイプとしての内集団規範の
認知的表象
      ↓
自己へのプロトタイプの当てはめ
（自己ステレオタイプ）
      ↓
内集団規範的／プロトタイプ的行動
（同調）
```

図 8-1-1　集団アイデンティティの獲得プロセス（Hogg & Abrams, 1988）

の獲得のプロセスを考えます。

2. 集団アイデンティティの獲得

　まず，私たちは，「私は○○学部の学生だ」というように，自分を社会的カテゴリの一員に分類します。このように，自分を社会的カテゴリに分類することを自己カテゴリ化と言います。この段階は，単に自分をある社会的カテゴリに分類しているだけに過ぎませんので，集団アイデンティティの獲得とは異なります。たとえば，同じ学部に所属する人は，まったく同じように所属学部に対して自己カテゴリ化することが可能ですが，その学部に対する集団アイデンティティを獲得している人もいれば，獲得していない人も存在します。

　次に，自分の所属する集団内の典型的な規範を発見するようになります。集団のメンバーのほとんどに当てはまるような典型的な態度や行動，また，それらを規定する規範に気づきます。たとえば，あなたの学部の授業では，毎回，みんながきちんと出席していて，講義中に私語をしている人などはいなくて，静かに授業に集中しているはずです。ところが，バイト先の友達と話しているときに，その友達の大学の授業では，多くの人が私語をしていて，騒がしくて先生の声が聞き取れないし，講義に欠席する人も多いということを知りました。すると，「授業にきちんと出席する」という行動や「静かに講義を聞く」という規範が，あなたの学部に存在していることがわかってくるでしょう。授業にきちんと出席し，静かに講義を聞くことが，あなたの学部の人らしさを表す典型的な特徴だと言うこともできます。他にも，服装や友達同士の言葉遣い，価値観など，ふだんはあまり意識していなくても，自分の所属する集団特有の規範は多く存在するはずです。このような規範は，その集団の人たちみんなが何気なくとっている行動や態度に表れるものです。私たちは，同じ集団の人を観察することによって，みんなにある程度共通した行動や態度が何かを探り，規範を知ろうとします。時には，同じ学部の人たちが「Aさんは昨日の2限の授業をデートのためにさぼったらしいけれど，そんな理由で休むなんて信じられないね」と話しているのを聞いて，規範の存在を知ることもあるでしょう。また，「○○大学の人ってみんなまじめだよね」と，他の大学の人に言われて気がつくこともあります。こうして規範や，その集団の人に共通する態度や行動の仕方を発見することによって，少しずつ，その集団の人らしさというものを獲得していくのです。

　このような，その集団における典型的な特徴のことをプロトタイプと呼びます。たとえば，日本人のプロトタイプとしては，すぐにお辞儀をするとか，自分の意見をはっきりと言わないということが言われています。このようなプロトタイプを理解することができると，私たちは所属集団の規範を具体的にイメージできるようになり，認知的表象を獲得します。

　続いて，自ら，集団の規範に沿って行動したり，判断したりと，その集団の人らしく振る舞うようになります。これは，自分自身をその集団のプロトタイプに当てはめていく過程です。もしかしたら，あなたは最初，「少しくらいは授業を休んでもいい」と思っていたかもしれません。しかし，あなたの学部の人たちは，みんなきちんと授業に出席しています。そこで，同じ学部の一員である以上，他の人と同じように，その学部の人らしく，授業にきちんと出席しようと思うでしょう。これは，自己ステレオタイプ化とも呼ばれます。逆に，集団内の規範を無

視して，授業を欠席し，サークルに明け暮れるような人は，学部に対して自己ステレオタイプ化をしていないと言えます。このような人は，サークル集団に対して，自己ステレオタイプ化しているのかもしれません。

　このようにして，あなたが当然のことのように授業にきちんと出席するようになると，あなた自身も集団規範に同調して，プロトタイプ的な行動をとっている状態になっていると言えます。この段階まできてはじめて，その集団に対して，集団アイデンティティを獲得したと言えます。このときには，自らがその集団の一員であることを強く意識し，集団規範に応じた行動を多く示すようになります (Hogg & Abrams, 1988)。

3. 集団アイデンティティの獲得後

　同じ集団のメンバーと一緒に作業をしたり，話をしたりするといった相互作用は，集団アイデンティティの獲得や強化にとって重要です (Geartner et al., 2006)。みなさんも学部の仲間と，一緒に話をしたり，同じ目標に向かって課題に取り組んだりしているうちに，自分がこの学部の一員であるという実感を得てきたのではないでしょうか。大学入学直後に合宿をしたり，大学祭で目標を共有して活動をしたりすることは，集団アイデンティティの獲得のためには有効な手段です。それでは，集団アイデンティティが高まると，どのようなことが起きるのでしょうか。社会的アイデンティティ理論では，集団アイデンティティが高まると，以下のようなことが起きると考えられています。

　①人は自分の所属する集団（内集団）と，それ以外の集団（外集団）を区別する。

　②人は肯定的な集団アイデンティティを維持しようとする。

　③肯定的な集団アイデンティティを維持するために，内集団を好意的に評価し，そうすることによって自信を得ようとする。

　このため，集団アイデンティティが高まると，内集団をひいきすると同時に，外集団を差別することさえあります (Brewer, 1979)。

　しかし，集団アイデンティティは，否定的な効果をもたらすだけではありません。集団アイデンティティの強い成員ほど，集団のために貢献しようとしますし (Ellemers et al., 2004)，取り組んでいることが，たとえうまくいかないとわかっているときでさえ，集団に貢献し続けようとします (Haslam et al., 2006)。環境保護団体のメンバーが，時に，過激とも思える行動を起こすのは，高い集団アイデンティティの表れと捉えることもできるでしょう。

4. 体験してみよう

みなさんが、自分の所属する集団に対して、どのくらい集団アイデンティティをもっているのかを調べてみましょう。表8-1-1にあなたが所属している2つの集団の名前を記入してください。そして、①の集団に所属する自分を思い浮かべながら、各質問に答えてみてください[2]。回答が終わったら、ペンの色を変えて、②の集団に所属する自分を思い浮かべながら、もう一度質問に答えてください。回答が終わったら、それぞれの合計点を計算します。合計した点数が高いほど、その集団に対して、高い集団アイデンティティをもっているということになります。同じ集団を思い浮かべた友達を見つけて、集団アイデンティティの高さを比べてみましょう。

[2] 尾関・吉田（2007）を改変。

表8-1-1 集団アイデンティティの測定

あなたの所属する集団の名前 ①_____ ②_____	当てはまらない	あまり当てはまらない	どちらとも言えない	やや当てはまる	非常に当てはまる
1. 私はこの集団の中心にいる	1	2	3	4	5
2. 私はこの集団の価値ある一員だ	1	2	3	4	5
3. 私はこの集団の学生らしいタイプの人間だと思う	1	2	3	4	5
4. 私はこの集団の中で自分が果たしている役割に満足している	1	2	3	4	5
5. この集団に所属していることは、私のイメージを決定する重要な要素だ	1	2	3	4	5
6. この集団には私の考え方や行動に強く影響を及ぼす人がたくさんいる	1	2	3	4	5
7. この集団に所属していることに、私はプライドをもっている	1	2	3	4	5
8. この集団に対して、自分がどのように感じているかは大切なことだ	1	2	3	4	5
9. この集団に入っていることが、自分へのよい評価につながると思う	1	2	3	4	5

合計得点　①_____点　②_____点

第2節 傍観者

1. 人が多い住宅街は安全か

　キティ・ジェノベーゼの事件を知っていますか。ニューヨークの住宅街にある駐車場で，1964年3月13日の深夜3時20分頃に28歳の女性，キティ・ジェノベーゼ（Catherine Genovese）が仕事帰りに暴漢に襲われました。彼女が大声で助けを求めたので，暴漢は一度その場から去りましたが，あたりの様子は変化しませんでした。そこで，暴漢は傷を負って逃げるキティを追いかけ，再び襲いかかりました。キティは約30分の間，ナイフで刺され続けて絶命しました。

　その後の調査で，彼女の叫び声に気がついて部屋の明かりを点けた人や，窓から二人の姿を見た人が38人もいたことがわかりました。しかし，そのうちの誰一人として，キティを助けようと外へ出ることも，警察に通報することもしなかったのです。最初の通報からわずか2分でパトカーは現場に到着しました。しかし，すでに暴漢はキティを殺して立ち去った後でした。

　人目の多い住宅街で，なぜこのような悲劇が起こったのでしょう。当時の新聞やニュースのコメンテーターは，都会人は冷淡で道徳性が崩壊しているのだと考えました。もしも，あなたがキティの叫び声を聞いた38人の住民の1人だったら，すぐに警察に通報できたでしょうか。

2. 傍観者の存在

　ラタネとダーリー（Latané & Darley, 1970）は，この事件に関心をもち，傍観者の数が多いほど，人々が援助をする確率は低くなり，援助の開始も遅くなるという仮説をたて，実験を行いました。そして，仮説のとおり，自分の他に多くの人が存在すると思うことで，人の援助行動は抑制されることを明らかにしています[1]。

　また，自分の周りの人が，緊急事態にもかかわらず消極的な反応しか示さない場合には，適切な対応を取りにくいことも実験によって明らかにしています。この実験では，まずコロンビア大学の学生に，都会での生活に関するインタビュー調査に協力してほしいと電話で依頼しました。インタビューに協力してもよいといった学生には，後日，大学内の建物の1つに設けられた待合室に来てもらいました。そして，待合室に来た学生に，インタビューをする前に，簡単な事前アンケートに記入をしてほしいと伝えて，実験者は，部屋から出て行きました。アンケートに回答を始めてからしばらくすると，部屋にある小さな通気口から，白い煙がモクモクと出てきます。緊急事態の発生です。もしもあなたがこのような状況に遭遇した場合，どのような対応をするでしょうか。

　この実験は，いくつかの条件で行われましたが，ここでは，待合室に1人でいた場合と，3人でいた場合とを比較してみましょう。実は，3人でいる場合でも，本当の実験参加者は1人で，ほかの2人は実験の仕掛けを知っている実験協力者でした。実験協力者の2人は，煙が出てきても，そのまま気にせずにアンケート

[1] 第7章第4節参照。

表 8-2-1　緊急事態における消極的な傍観者の存在の影響

	実験参加者	異常を報告した者	そのまま回答した者
一人だけ	24 人 (100%)	18 人 (75%)	6 人 (25%)
自分と消極的な二人	10 人 (100%)	1 人 (10%)	9 人 (90%)

に回答し続けるようにと実験者から指示されていたのです。さて，1人で待合室にいた場合には，24人の実験参加者のうち75%にあたる18人が煙に気づくと，部屋から出て行き，廊下にいる近くの人に部屋の異常を伝えました。しかし，3人で待合室にいた場合，つまり他の2人が煙が出てきても気にせずにいた場合には，10人の実験参加者のうち9人は，部屋から出て行くことなく，そのままアンケートに回答し続けたのです。煙は，人体には有毒なものではなかったのですが，数分経つと視野がぼやけるくらいに部屋に充満し，軽い刺激臭がするものでした。それにもかかわらず，部屋から出て行った実験参加者は，1人だけだったのです。この実験は，私たちは，自分以外の人が，緊急事態において消極的な反応をしているのを目の前で見ていると，明らかに異常を感じるような状況においてさえも，その異常を軽視してしまう傾向があることを示しています。ほとんどの人は，無理をしてでも部屋の中で座り続け，煙を手で払ったり咳をしたりしながら，アンケートに回答し続けました。傍観者の存在は，私たちが他者に援助をしたり，緊急事態に適切な行動をしたりするのをためらわせることがあるのです。

3. 体験してみよう

それでは，傍観者の存在によって人の援助行動が抑制されるのを実際に体感し，その理由について考えてみましょう。

①3～4人でグループを作り，その中の1人が援助を求める役割を演じてください（例：腹痛を訴える）。他の人はそれを見て，自分にとって自然だと思える反応をした後，感じたことを援助行動シート（表8-2-2）に書き込みます。全員が記入できるように役割を交代します。

②教室の中で，誰か1人が援助を求める役割を演じてください。他の人はそれを見て，自分にとって自然だと思える反応をした後，感じたことを表8-2-2に書き込みます。何人か演技者を交代します。演技する人はどうすれば，助けてもらえるか考えてみましょう。

③傍観者が少ない状況と多い状況では，自分の援助行動や感じたことに何か違いはありましたか。援助行動シートをもとに話し合いましょう。援助を求める役割をした人が感じたことも聞いてみましょう。

表 8-2-2　援助行動シート

	最後まで援助しない	長い時間が経ってから援助する	少し時間が経ってから援助する	すぐに援助する
①-1　数人グループのとき （　　　　さんの場合）				
その理由を書きましょう。	【理由】			
①-2　数人グループのとき （　　　　さんの場合）				
その理由を書きましょう。	【理由】			
②-1　教室全体のとき （　　　　さんの場合）				
その理由を書きましょう。	【理由】			
②-2　教室全体のとき （　　　　さんの場合）				
その理由を書きましょう。	【理由】			
②-3　教室全体のとき （　　　　さんの場合）				
その理由を書きましょう。	【理由】			

4. 傍観者効果

　傍観者が数人しかいない状況と多くの傍観者が存在する状況で，援助行動に何か違いがありましたか。傍観者が多く存在することで，人の援助行動が抑制される現象を傍観者効果と言います。傍観者効果は，緊急事態なのか否かに関する状況判断と，援助をするか否かの行動選択の2つに影響を与えます。傍観者効果が生じる原因は，以下のように考えられています。

　1）多元的無知　人は援助が必要な状況かどうかを判断するときに，他の人が援助をすることに消極的で無関心でいるのを見ると，事態の緊急性を低く見積もる傾向があります。たとえば，キティの事件で女性の悲鳴に気がついて，窓から様子をのぞいたとしても，周囲の住民がその状況に無関心だということがわかると，「誰も気にしていないから，きっとあれは恋人同士が喧嘩でもしているのだろ

う」などと判断を誤ることがあるのです。これには記述的規範[2]も関連しています。

2）**責任の分散**[3]　周囲に自分しかいない状況で，援助を求めている人を放置すると，その責任は自分1人が背負うことになります。しかし，周囲に多くの人が存在すると，責任は分散して軽く感じられます。キティの事件でたとえると，明かりの点いた部屋が多数あることによって，「みんな起きているようだから自分が警察に通報しなくても，誰かがするだろう」とか，「自分は事件とかかわりたくないから，他の人に任せよう」などと考えてしまうことになります。

3）**評価懸念**　人は他の傍観者の存在を意識すると，騒ぎ過ぎることで馬鹿にされたり，援助に失敗して恥をかくなど，他者から否定的に評価されることを恐れる傾向があります。キティの事件で，「警察に通報して，もし女性の悲鳴が間違いだったら，みんなにどう思われるだろう」とか，「勇ましく外へ出て行って，あっさり暴漢に負けたら格好が悪いだろう」などと他の住民からの評価を恐れて援助をしないのであれば，これが原因だと言えます。

傍観者効果は，援助を求めている人が危険な状態にあることが明確な状況よりも，それが曖昧な状況で生起しやすいことが明らかにされています（Fischer et al., 2006）。援助を求めている人に危険が迫っている状況では，助けることによる負担よりも，助けなかったときの代償が大きく感じられるためです。

それでは，ダーリーとラタネの実験で発作を起こした人に適切な援助を行わなかった学生たちは，どんな気持ちで実験を終えたのでしょうか。彼らは，自分たちが援助をしないことを単純に決断していたわけではありませんでした。彼らは，発作を起こした人を助けないことへの罪悪感と，騒ぐことで恥をかいたり，自分のせいで実験を中断することを避けたい気持ちとの間で葛藤し続けていたのです。

傍観者効果について学んだあなたなら，大勢の傍観者がいる状況でも適切な援助行動ができますね。

[2] 第11章第1節参照。

[3] 第7章第4節参照。

第9章 対人コミュニケーション

第1節　話す・聴く

1. 対人コミュニケーションとは

　私たちは毎日，いろいろな人とさまざまなコミュニケーションを行っています。その中で，個人と個人との間で行われるコミュニケーションのことを対人コミュニケーションと呼びます[1]。深田（1998）は，対人コミュニケーションの本質的な特徴として，以下の3つを指摘しています。①基本的に2者間で交わされるコミュニケーションであること。②送り手と受け手が固定せず，その役割が交代すること。③基本的には対面状況でのコミュニケーションであること[2]。つまり，私たちが毎日行っている，家族や友達，先輩や後輩，さらには，見知らぬ人との何気ない会話のほとんどを，対人コミュニケーションと呼ぶことができます。

> **課題1：今日のあなたの対人コミュニケーションは？**
> 　あなた自身が今日行った対人コミュニケーションを思い出して，表9-1-1を完成させましょう。
> 　①誰との対人コミュニケーションでしたか？
> 　②その対人コミュニケーションは心地よいものでしたか？
> 　③心地よい対人コミュニケーションならば，それはなぜでしょう。反対に，あまり心地よいものではなかったのならば，その理由を考えましょう。

[1] 他に，集団内コミュニケーション，集団間コミュニケーション，組織内コミュニケーション，組織間コミュニケーションなどがあります（岡部，1996）。

[2] ただし，携帯電話などのパーソナル・メディアを介したコミュニケーションを，対人コミュニケーションの一種と見なすこともあります。

表9-1-1　今日の私の対人コミュニケーション

番号	①誰と？	②心地よかった？	③その理由は？
例1	母親	×	朝からガミガミと怒られたから
例2	○○さん	○	母親とケンカしたことについて熱心に聞いてくれた
1			
2			
3			
4			
5			

2. 対人コミュニケーションの構成要素

対人コミュニケーションの基本的構成要素には、①送り手、②メッセージ、③チャネル、④受け手、⑤効果があります。表9-1-1の例1では、母親（送り手）が、「いつも出かける間際にバタバタと慌てるんだから、もっと早く起きなさい」（メッセージ）と大声で私（受け手）に怒鳴った（聴覚的チャネル）[3]ので、私は頭にきた（効果）というようなよくある光景を想像することができます。そして、恐らく私（送り手）もその後に何か（メッセージ）を母親（受け手）に言い返した（聴覚的チャネル）はずです。つまり、対人コミュニケーションとは、このような一連の事態が繰り返し続けられるプロセスなのです。⑤の効果には、メッセージの受け手が何を理解したのか、送り手に対してどのような印象を抱いたのか、どのような気分になったのかといった、受け手に生じるさまざまな影響が含まれます。誰でも、良い効果をもたらすメッセージのやりとり、つまり、良好な対人コミュニケーションを望むものです。それでは、良好な対人コミュニケーションを行うためにはどのようなことが重要なのでしょうか。

3. 話　　す

良好な対人コミュニケーションのために、送り手がどのように話すかは非常に重要な要素です。送り手は、伝達したい情報を記号というメッセージに変換し、その状況で使用可能なチャネルや媒体を選択して、受け手に伝えます。これを、記号化（encoding）と呼びます[4]。そして、伝えたいことを適切な方法で効果的に受け手に伝えるスキルを記号化スキルと呼びますが、このスキルには個人差があると言われています。記号化スキルが高い人は、頭の中にある伝達したい内容を、適切かつ効果的な言語、もしくは非言語メッセージ[5]に変換し、受け手に送ることができます。たとえば、友達との待ち合わせに30分程遅刻してしまったという状況を想像してください。あなたは、どのように友達に謝りますか。「ごめんね」とだけ言いますか？　遅刻した理由を説明しながら謝りますか？　言葉だけでなく、頭を下げて申し訳なさそうな表情で謝りますか？　内容をどのように伝えるかによって、友達に与える印象は、大きく異なります。さらに、その友達との仲の良さ（親密度）によっても言い方や伝える内容は変わるはずです。このような状況では、友達に申し訳ないという気持ちをきちんと伝えられる人が、記号化スキルの高い人だと言えるでしょう。相手に応じたわかりやすいメッセージを生成したり、自分の気持ちを上手に表出したりすることができれば、相手に誤解を与えたり、トラブルを招いたりすることは少なくなります。

> **課題2：記号化を見直そう**
> 　表9-1-1で、②が×になっている対人コミュニケーションをもう一度よく思い出してください。心地よくなかった原因として、あなたや相手の記号化に問題はありませんでしたか？　次の質問に沿って考えてみましょう。
> 　1）問題があったのは誰の記号化でしたか？
> 　2）具体的に、まずかった点はどこですか？
> 　3）どのような記号化をすれば良かったと思いますか？

[3] チャネルとはメッセージを運ぶ経路のことです。この場合、母親はメッセージを音声によって発し、私はそのメッセージを耳で受けとったので聴覚的チャネルを利用したことになります。そして、私が、話している母親の顔を見ながらメッセージを受けとっていたら、視覚的チャネルも同時に利用していることになります。

[4] 符号化と呼ばれることもあります。

[5] 第9章第2節参照。

6 ごんべん（言）のつく漢字をできるだけたくさん書き出しながら話を聞く。Aさんの似顔絵を描きながら話を聞くなど。

> **課題3：人の話を聴いてみよう**
> 　2人1組のペアになり，一方がA，もう一方がBになってください。次の3つの指令に従って，2人で3分間の会話をしてください。
> 　指令①：Aさんは，「今，一番会ってみたい有名人」について話をしてください。Bさんは，あえて他のことをしながら[6]Aさんの話を聞いてください。
> 　指令②：今度は，Bさんが，「今，一番会ってみたい有名人」について話をしてください。Aさんは，相づちやうなずきを一切しないでBさんの話を聞いてください。
> 　指令③：最後に，Aさんは，「1ヶ月間の休みがあったら何をしたいか」について話をしてください。Bさんは，Aさんが話している内容とは関係のない質問を，できるだけたくさんAさんにしてください。Aさんの発言の途中で割り込んでも構いません。

　どうでしたか？　恐らく，どれも心地よい会話ではなかったと思います。なぜこのような会話は心地よくないのでしょうか。

4. 聴　く[7]

7 本節では，「聞く」ではなく「聴く」という漢字を使っています。この漢字には意味の違いがあります。漢和辞典などで違いを調べてみましょう。

　良好な対人コミュニケーションのためには，送り手だけでなく，受け手の働きも重要です。受け手には，送り手によって記号化されたメッセージを受けとり，そのメッセージの意味を解釈する符号解読（decoding）という役割があります。実は，メッセージそのものに意味が付与されているのではなく，受け手がメッセージを解読することで初めて意味が生じるのです。「かわいいね」というメッセージを受けとったとしても，文脈や状況によって，ある人はほめられたと思い，別の人は嫌味や皮肉を言われたと思ったりするのはこのためです。このようなメッセージを読み解くスキルを解読スキルと呼びます。

　ローゼンタールら（Rosenthal et al., 1979）は，解読スキルを測定するために，非言語的感受性プロフィール（Profile of Nonverbal Sensitivity：PONS）テストを開発しました。このテストは，さまざまな行動を演じている人物について，①音声のみ，②映像のみ，③映像と音声という3つの方法で場面を提示して，受け手の解読の正確さを測定するものです。PONSテストでは，男性よりも女性の方が解読が正確であることや，年齢が高くなるにつれ解読が正確になることがわかっています。また，解読が正確な人はそうでない人よりも，相手の音声的な特徴の違いに敏感であることもわかっています（Buller & Burgoon, 1986）。さらに，解読スキルが高い人は記号化スキルも高く，解読スキルが低い人は記号化スキルも低いことが確認されています（堀毛, 1994など）。つまり，言いたいことをうまく人に伝えられる人は，他者の話を聴くこともうまく，逆に，聴き上手な人は，話すのもうまいということなのです。

　受け手としてもう1つの重要なスキルは聴くスキルです。「聴くこと」は，送り手からの情報を受けとる行為であると同時に，相手に「存在の肯定」「注目」「尊敬」「同情」などの社会的報酬を与える行為だと言われています（相川, 2009）。表9-1-1の例2のように，私たちは，他者に話を聴いてもらえるだけで，うれしくなったり心強くなったりすることがあります。これは，自分の話を聴いてくれる相手から，「あなたの存在を認めていますよ」とか，「あなたの気持ちわかりますよ」という社会的報酬をもらえるためだと解釈できます。

　相川（2009）は，次のような要素が聴くスキルとして重要であるとしていま

す。まずは，「受容的な構えになること」です。これは，相手の話を途中でさえぎらない，話題を変えない，道徳的判断や倫理的非難をしない，話し手（送り手）の感情を否認したり否定したりしない，時間の圧力をかけないことです。課題3の指令③では，このスキルに欠けた聴き方をBさんにしてもらいました。このために，心地よい会話にはならなかったのです。また，送り手に「話すきっかけを与える」ことも大切です。そして，話を聴いているときは黙って聴いているのではなく，相づちやうなずきなどを用いて「反射させながら聴く」「からだを使って聴く」ことも必要だとされています。課題3の指令①や②は，このスキルに欠けた聴き方です。さらに，話題に関連した質問をすることで，送り手の話に興味があるということ示すことも大切です。これらの聴くスキルを適切に用いれば，相手に心地よさを与え，自らも良好な対人コミュニケーションに従事することができるのです。

> **課題4：あなたの知っている"聴き上手な人"は誰？**
> 　最後の課題です。「あなたの知っている"聴き上手な人"とはどのような人ですか」というテーマで，5分間2人で意見交換をしてください。記号化スキルと聴くスキルをフルに発揮しながら会話をしてみましょう。

第2節 言語的コミュニケーションと非言語的コミュニケーション

1. メッセージ

　会話は，キャッチボールにたとえられることがあります。「ボール」が「メッセージ」で，「ボールを投げ合う2人」が「送り手」と「受け手」に相当します。キャッチボールをスムーズに行うためには，送る側は適切なボールを使って，相手が受けとりやすい所へ投げ，受けとる側も上手にボールをキャッチする必要があります。会話も同様で，良好なコミュニケーションを行うためには，送り手は適切なメッセージを使って，受け手が受けとりやすいようにメッセージを送り（記号化），受け手も適切にそのメッセージを受けとらなくてはなりません（符号解読）。第1節では送り手と受け手の役割に注目をしましたが，ここでは，送り手と受け手がやりとりをしあうメッセージについて考えてみたいと思います。

　メッセージとは，送り手によって符号化された記号の集合体のことであり，言語的コミュニケーション（verbal communication）と非言語的コミュニケーション（nonverbal communication）に分けられます。図9-2-1は，チャネル[1]の違いによってメッセージ形態を分類したものです。①言語的（発言の内容・意味）が言語的コミュニケーションに，②近言語的（発言の形式的属性）から⑥物理的環境までが非言語的コミュニケーションに該当します（大坊，1998）。

[1] チャネルとはメッセージを運ぶ経路のことです。

```
                    ┌ ① 言語的（発言の内容・意味）
            ┌ 音声的 ┤
            │       └ ② 近言語的（発言の形式的属性）
            │           a. 音響学的・音声学的属性
            │              （声の高さ，速度，アクセントなど）
            │           b. 発言の時系列的パターン
対人コミュニ │              （間のおき方，発言のタイミングなど）
ケーション・ ┤
チャネル    │       ┌ ③ 身体動作
            │       │    a. 視線
            │       │    b. ジェスチャー，姿勢，身体接触
            │       │    c. 顔面表情
            └ 非音声的┤ ④ プロクセミックス（空間の行動）
                    │      対人距離，着席位置など
                    │ ⑤ 人工物（事物）の使用
                    │      被服，化粧，アクセサリー，道路標識など
                    └ ⑥ 物理的環境
                           家具，照明，温度など
```

図9-2-1　対人コミュニケーション・チャネルの分類（大坊，1998）

2. 言語的コミュニケーション

課題1：どのような説明をしますか？
　次の3人に，「ウィルスメールとは何か」について説明をするとしたら，どのような内容の説明をしますか。それぞれについて，書き出してみましょう。

①小学校1年生の女の子

②携帯電話やパソコンを使ったことのない70歳のおばあさん

③日本語があまりわからない20歳の男性アメリカ人

書き出した3つを比べてみましょう。話す相手によって説明は異なっていましたか。わかりやすい説明をするには、相手が知っていそうな単語を使って説明をしたり、相手にとってわかりやすそうな例を出したりする必要があります。また、外国語を使うというのも、必要な言語の使い分けです。

対人コミュニケーションを妨害するものとして「ノイズ」と呼ばれるものがあります（深田，1998）。これには、物理的ノイズ、心理的ノイズ、意味的ノイズという3つの種類があります。物理的ノイズとは、周りがうるさい、風邪をひいてかすれ声になっているなどといった、物理的にコミュニケーションを妨害するものです。心理的ノイズとは、送り手や受け手の先入観やバイアス（歪み）といった心理的原因に基づく妨害のことを指します。たとえば、自分の好きな人の悪口を言っている人の発言は、たとえその内容が正しくても、なかなか正しいとは思えないはずです。意味的ノイズとは、送り手と受け手がその意味を共通理解していない言語や用語を使用することによって生じる妨害です。若者言葉、俗語、専門用語、方言、外国語などはすべての人に通用する言語ではありません。これらのノイズをなるべく少なくしようと心がけないと、良好なコミュニケーションができないばかりか、誤解やトラブルを引き起こしてしまうこともあります。「何を言うか」には、十分な配慮が必要です。

3. 非言語的コミュニケーション

内容（言語）は同じでも、それをどのように伝えるかといった表現方法が異なれば、受け手に与える影響も異なります。非言語的コミュニケーションは、他者のコミュニケーションの解釈や理解などに大きな影響を与えます（Birdwhistell, 1955; Burgoon, 1994; Mehrabian & Wiener, 1967）。つまり、「何を言うか」だけでなく、「どのように言うか」も重要なのです。

非言語的コミュニケーションにはさまざまな種類があります。図9-2-1の「②近言語的（発言の形式的属性）」とは、声の高さ、声の大きさ、声質、話す速度、アクセント、間、言いよどみ、沈黙などのことです[2]。「③身体動作」は、視線行動、ジェスチャー、姿勢、身体の動きや傾き、顔面表情、さらには、触れる、つかむ、叩く、抱くなどのような接触行動も含みます。「④プロクセミックス（空間の行動）」は、個人空間や対人距離、着席位置などの空間や領域の使い方のことです。「⑤人工物（事物）の使用」には、被服、化粧、アクセサリーなどが含まれます。最後の「⑥物理的環境」とは、建築物や家具のデザイン、照明、温度、騒音などによる環境的な手がかりのことです。これらはいずれも、コミュニケーションの相手に、何らかの意味や解釈を与えるメッセージになりえます。

では、非言語的コミュニケーションにはどのような働きがあるのでしょうか。パターソン（Patterson, 1983）によれば、主に以下の5つの機能があるとされています。①情報の提供：基本的には、すべての非言語行動は潜在的に情報提供行動であり、送り手が示す非言語行動すべてが受け手に何らかの情報を提供しています。②相互作用の調整：会話の進行状態を円滑にする働きであり、比較的自動的かつ熟慮なしに行われるとされています。自分の発言の終わりに相手の目を見ることで、スムーズに発話交代ができるといったことがこれにあたります。この場合、視線を使って「私の話は終わりです。次はあなたの番ですよ」とバトンを相手に渡しているのです。③親密さの表出：行為者が非言語行動を通して受け手

---

[2] 準言語や近言語やパラ言語などとも呼ばれます。

に親密さを伝える働きのことです。④社会的統制の行使：社会的勢力と支配，説得，フィードバックと強化，欺瞞，印象管理といった社会的影響過程において，非言語行動を用いて他者に影響を与える働きを指します。⑤サービスと仕事上の目標の促進：医師が診断のために患者に接触したり，美容師が客の頭や髪の毛に接触したりすることなどが該当します。

課題2：同じ絵が描けますか？〜Part 1〜

クラスやグループの中から1人（Aさん）を選びます。Aさんは，紙に好きな絵や図を描いてください。図9-2-2のような簡単な図形で構いません。そして，Aさんは，自分の描いた絵を「言葉」だけで他の人に説明してください。他の人はその説明に従って，紙に絵を描いてみてください。

注意点　★Aさんは，他の人から姿が見えないようにして説明をしてください。Aさんも，他の人が絵を描いている様子を見ないようにしましょう。

★絵を描くときにAさんに質問をしてはいけません。黙って描きましょう。

図9-2-2　「同じ絵が描けますか？」ゲームのサンプル図版

さて，Aさんと同じ絵が描けましたか。Aさんは身ぶりや手ぶり，表情などを使用することができませんでした。つまり，Aさんは，非言語行動の身体動作を一切使わずに説明をしなくてはならなかったのです。非言語的コミュニケーションを十分に利用することなく，言語的コミュニケーションだけで，わかりやすく説明をするというのは，非常に難しいことです。なぜなら，パターソン（Patterson, 1983）による非言語的コミュニケーションの機能のうちの①情報の提供という働きが，十分に行われないからです。非言語的コミュニケーションは，人との対人コミュニケーションをより良好にする大切な要素です。

課題3：同じ絵が描けますか？〜Part 2〜

絵と説明者を変えて，Part 1と同じことをもう一度やってみてください。ただし，今度は他の人が途中で質問をして構いません。

さて，Part 1よりは説明者と同じような絵が描けたのではないでしょうか。今回は，「うまく質問をする」という点がポイントでした。非言語的コミュニケーションが十分に利用できないというのは，ある種の物理的ノイズが生じている状態です。ノイズが存在するなど対人コミュニケーションがスムーズに行われないときには，送り手が努力をするだけでなく，受け手もメッセージをうまく受けとるための工夫をする必要があります。どこがわかりにくいのかを送り手に伝える，正しく理解しているかどうかを確認するなど受け手が上手な質問をすることによって，送り手がより良いメッセージを生成することができるようになることがあります。良好な対人コミュニケーションのためには，送り手と受け手が協力をし，お互いに言語的コミュニケーションと非言語的コミュニケーションを上手に活用して，誤解や歪みを減らしていこうとすることが大切です。

第10章　社会的公正

第 1 節　衡平理論

1. はじめに

　大学生は自分の成績に不満がある場合，教員に対して質問を送ることができます。学生から送られてくるこの種の問い合わせに目を通すと，「努力して授業を受けたはずなのに，なぜ自分だけが高く評価されないのか」という，不当な評価への怒りや戸惑いがよく伝わってきます。しかし，教員としては，どの学生に対しても等しく平等な基準で評価を行っているはずですので，教員の方からすると，「不当な評価をしていると疑いをかけられることこそ不当」と感じるときもあります。それはさておき，こうした学生の行動の背景には「割に合わない」とか，「評価を正当なものに修正したい」といった意識が存在すると考えられます。例をあげればきりがありませんが，みなさんも「みんなが騒いでいるのになぜ自分だけが注意を受けたのか」とか，「自分のほうがたくさん仕事をしているのに時給はみんなと同じなんて信じられない」といった感覚をもつことがあるのではないでしょうか。

　私たちは，他者や社会と自分との間にある種のバランスを求めています。「公正」という言葉を使うと少し堅苦しく聞こえますが，このように振り返ると実感がわいてくると思います。ここでは，こうした「正しい，正しくない」「割に合う，割に合わない」といった感覚について考えてみましょう。公正の問題への関心は，古代ギリシャ時代までさかのぼります。哲学者は，古くから公正の問題を個人が社会や国家を形成し維持するために必要な法則として捉え，議論を進めてきました。アリストテレスは，『ニコマコス倫理学』（アリストテレス，高田訳 1971）において，個人は立場に応じた配分を受け取るべきだと述べています。貢献に応じた報酬を受け取ることで私たちは「割に合う」感覚を得られるというわけです。こうした考え方は近代になって衡平理論（equity theory; Adams, 1965）としてまとめられています。

　衡平理論における衡平は，仕事や労働に投じた労力としての主観的な投入（input; I）の程度と，その結果得た主観的な報酬（outcome: O）割合によって判断されます。人物 A が仕事に対して投じた I_A と，その結果から得られた O_A の比率 O_A/I_A が比較可能な他者の O_B/I_B の比率と比較されて，これが等しいと衡平状態となり満足感が得られます。このバランスが崩れた場合は不衡平（inequity）と判断され，自己の報酬が少ない過少利得状態か，自己の報酬が多い過大利得状態に陥って，不快になります。

　この理論は，一見非常に単純に見えますが，人間の心理・行動に対する多くの示唆を含んでいます。以下では，3 点に絞って説明をします。

　まず一点目は，私たちの満足感は他者との比較によって決定されるという点です。こうした現象は，相対的剥奪（relative deprivation）として知られています。たとえば，客観的に生活水準が高い人が，必ず幸せを感じているとは言えません[1]。いくらお金持ちになっても，よりお金持ちの人と自分を比べてしまうと，みじめな思いになるものです。冒頭の成績に不満のあった学生も，自分の成績が

1　第 6 章第 3 節参照。

客観的には妥当でも，より成功した友達の成績と比較して，不満を感じたのかもしれません。

　二点目は，私たちが自己利益最大化よりも，衡平を好むことを示している点です。実際の実験例を紹介しましょう。工場の従業員募集という状況設定でプリチャードら（Pritchard et al., 1972）が行った実験では，3条件で従業員の満足度が比較されました。事前提示額と同額の報酬を受け取る適正群，事前提示より不当に高い額を受け取る過大群，そして，事前提示額より不当に低い額を受け取る過少群です。その結果，賃金への満足度は衡平理論で予測されるように，適正群が最も高く，続いて過大群，そして，過少群の満足度は最も低くなりました。過少よりは過大のほうが好まれますが，最も満足したのは適正な支払いを受けた人々だったのです。

　三点目は，不衡平状態は個人に心理的緊張を喚起させ，その後の緊張低減が動機づけられるという点です。アダムス（Adams, 1965）は，人は自分が不衡平に扱われる状況に置かれると，その状況下からの離脱を求めたり，O_A，I_A，O_B，I_Bを実際に変化させたり，現実的に変化させることが困難な場合には，認知的に変化させようとすることを指摘しています。すなわち，自分が過少評価されていると感じる場合には，自分の仕事量を減らしたり，仕事に新しい価値を見出して納得したりといった状態の変化を図ることで，衡平状態を保とうとするのです。実際に，良い待遇を受けると自分の仕事量を増加させたり（Greenberg, 1988），賃金が不衡平だと感じると職場の備品を盗んだりする（Greenberg, 1990）ことが確認されています。

　このように，分配や交換，評価をめぐって，私たちには公正さを判断しながら行動するという一面があります。先ほど紹介した職場での実験例は，冒頭の成績評価の話から少し離れてしまいましたが，基本的にはそれぞれの状況で同じ心理的メカニズムが影響していると言えるでしょう。現在の社会的公正に関する研究は，職場を離れて，もっと多様な人間関係を扱います。そこでは，友人関係や夫婦関係などの親密な関係における援助の互恵性認知が，心理的状態や関係継続性に与える影響について検討されています。最近では，二者関係だけでなく，集団，組織，社会全体と個人のかかわりを公正の視点から説明する研究が見られるようになりました。公正感と国への親和的態度の関連を検討した大渕・福野（2003）は，自分たちが国家から公正に扱われていると感じられると，国家に対する親和的態度が形成されることを示しています。古代ギリシャの哲学者が論じた組織運営に果たす公正の役割が，現代になって心理学的なアプローチによって実証され始めたことを考えると，感慨深いものです。次の項では，ある集団作業場面を用意しました。まず自分自身で素直に体験し，その体験をグループやクラスで話し合いながら，よりよい環境を築いていくためにどんなことを考えるべきか，公正の視点から考えてみましょう。

2. 体験してみよう

　交換や分配がうまくいくと，私たちの生活は非常にスムーズに，満足いくものとなります。では，人がどのようなことを公正と考え，どうしたら公正を実現できるかについて，体験を通して理解を深めてみましょう。

1）事前準備
・模擬貨幣 100 円 × 10 枚を参加人数分
・仕事内容の決定と素材の用意：体験では参加者が 10 分間作業を行います。内容は何でも構いません。作業が 10 分以内に終わらないように，作業課題を多めに用意しておきましょう。例）折り紙を用意して鶴を折ってもらう，論理パズル，英文のスペルチェック
・感想用紙：後で行う振り返りを有意義なものにするために，いくつかの設問を用意した感想用紙を用意します。例を図 10-1-1 に示しました。課題にあわせて，独自の質問を加えても面白いかもしれません。

2）手続き
①4 人ほどでグループを組みます。その中の 1 人が責任者になります。責任者は作業に必要な道具を配ったり，作業終了後にメンバーに対して報酬を配る役割をする人です。用意した模擬貨幣は責任者の手元に置きます。責任者は作業を開始する前に，作業内容をメンバーに説明したり，報酬として用意されている 4000 円（4 人の場合）を，作業終了後に分配することを伝えます。

②準備が整ったら，参加者全員で一斉に作業を始めます。作業時間は 10 分を目安として，時間がきたら一斉に作業を終了します。責任者は，全員ができるだけ多くの成果をあげるように意識をさせてください。

③作業が終了したら，まず振り返り用紙の設問 1 に回答します。グループ全員が書き終わったら，次へ進みます。他のメンバーの作業量を確認するのは構いませんが，相談したり，金額を見せたりしないよう注意してください。自分の判断を素直に書くことが重要です。

④回答が終了したのを確認して，責任者は自分も含めたグループメンバーに作業に対する報酬を分配してください。責任者は自由に，自分と作業員に模擬貨幣を分配します。少し戸惑うかもしれませんが，まずは自分の思ったとおりに配ってみることが重要です。

⑤メンバーは，一度金額を受け取ったら，その金額に対して何か言いたいことがあっても，ぐっとこらえて，設問 2 に回答してください。ここでも他者と相談したりせずに自分の判断を素直に書くことが重要です。

⑥最後に，メンバー同士で，感じたことをお互いに率直に話し合い，共有しましょう。作業や分配の結果が重要なのではなく，この振り返りの時間を通じて，心理に対する理解を深めようとする姿勢が一番大切です。話し合いのポイントを踏まえつつ，振り返り用紙も参考にして，できるだけ多くの情報を交換してください。各グループでの話し合いが終わったら，クラス全体で体験を共有してみてもよいでしょう。どういった作業―分配を行ったグループが，満足度の平均値を高くしたのでしょうか。

みんなで仕事体験
―振り返りシート―

名前 _____

1. 分配希望金額
・仕事が終わったら，自分はいくらもらいたいか，また周囲の人の成果もふまえ，いくらもらえるか予想して，金額を記入してみましょう。
※報酬最高額は1000円×メンバー数です。責任者も，自分が受け取るのに妥当な額を書きます。

　　もらいたい金額　　　　　円　　もらえそうな金額　　　　　円

・金額を決める際に，あなたが考えたこと，重視したことは何ですか。

2. 以下では体験を終えた感想を，いくつかの観点にそって振り返ってみましょう。記述した内容はグループで話し合うときの材料にします。
・分配の満足度を5段階で評価してください。

　　まったく　　　1　　2　　3　　4　　5　　とても
　　満足していない　　　　　　　　　　　　　満足している

・満足した（or 不満 or どちらとも言えない）理由は？

・分配金額はどのように決めましたか？

3. メンバーとの話し合いを通じて，他者を交換したり，分配するときの「こころ」の働きについて気づいたことや，これから考慮していくべきことを自由にまとめましょう。

話し合いのポイント
①作業後に期待した「もらいたい」金額，見込みの「もらえそう」金額にメンバーで違いはなかったか。
②報酬分配金額をどのように決定したか。決定には作業者も関与できたか。
③分配後の感情について，気づいたことはないか。

図10-1-1　体験後の感想記入用紙例

第2節　社会的公正

1. 分配の公正

　ここでは，前節の体験してみようの振り返りのポイントを軸としながら，社会的公正研究についてのさまざまなトピックを紹介します。

　まず，もらいたい金額ともらえそうな金額についてです。4000円（4人グループの場合）を分ける状況で考えてみましょう。金額の書き方は100円単位で0円から4000円までの41通りあります。しかし，実際にみなさんが書く金額は，以下の4つのパターンに限られていたのではないでしょうか。

　1) **自己利益の最大化**　4000円と書いた人です。これは自己利益の最大化を期待していることになります。しかし，この額を書く人はごくわずかなはずです。このような独り占めが，社会的には認められにくいことをほとんどの人が理解しているからです。

　2) **平等性**　もらいたい金額も，もらえそうな金額も1000円と書いた人がいると思います。このときに，頭の中で「みんな同じでいいよな」という意識があったのであれば，それは公正さとして平等（equality）の基準を選んだことになります。

　3) **衡平性**　他のメンバーの仕事量と自分の仕事量を比較して，それに応じて，もらえそうな金額を書いた人は，衡平という基準で分配する金額を決めたことになります。

　4) **必要性**　「自分はお金に困ってないから必要な人に」と考えて，自分自身に平等や衡平の基準よりも少ない金額しかいらないと考えた人もいるかもしれません。この場合は他者の必要性（need）が考慮されたことになります。

　メンバー全員が衡平を望んでいるのであれば，責任者が衡平分配を行えば，不満は生じません。しかし，各メンバーが考える基準がずれていた場合，1つの基準にこだわって分配することは，メンバーの不満につながります。

　このように，実は「公正」といっても，人や状況によってその内容はさまざまなので，分配的公正（distributive justice）と呼ばれる研究が展開されています。たとえばドイッチ（Deutsch, 1975）は，分配の公正に関して11個もの基準をあげました（表10-2-1）。そして，複数の基準のうちで何が適切かは，分配状況によって決定されると考えました。たとえば，アルバイトのような経済的場面においては衡平原理が，友人同士での作業のような人間関係が重視される場合には平等原理が，世話や福祉が重視される場合には必要性原理が採用されると述べています。分配する側もされる側も，状況との兼ね合いで報酬を考えることが，期待と現実のギャップを少なくして，分配の満足度を高めると思われます。みなさんのグループの分配はどうでしたか。もしかしたら，一定金額を平等に振り分け，余った金額を衡平に振り分けるといったハイブリットな報酬制度を考えた人もいるかもしれません。他者が重視した公正な分配の基準は自分のものと一致してい

表 10-2-1　分配的公正の 11 の基準 (Deutsch, 1975)

分配的公正の基準
①衡平性
②平等性
③必要性
④能　力
⑤努　力
⑥業　績
⑦競争における均等な機会
⑧市場原理に基づく需要と供給
⑨公益性
⑩互恵性
⑪最低限度の保証

したか。

2. 決定方法の公正

　次に，報酬分配の決定方法について考えてみましょう。みんなで仕事体験では特に指示はしませんでしたが，グループのメンバー全員で分配の方法を話し合い，責任者の独断とは違う形で報酬金額を決めたグループはありましたか。こうした配慮は「手続的公正（procedural justice）」と，「相互作用的公正（interactional justice）」の基準を満たすことになります。

　手続き的公正（Thibaut & Walker, 1975）とは，私たちの最終的な満足感は，分配結果そのものではなく，結果を得るまでの一連の手続きの公正さの判断に影響されるという考え方です。たとえば，責任者や評価者がメンバーの希望や意見に耳を傾け，メンバーが「分配金額の決定に自分はかかわることができた」という「過程コントロール」の感覚をもつことが，最終的な満足感につながることが示されています。手続き的公正を満たすための基準もいくつか提案されていますが，たとえばレーベンソール（Leventhal, 1980）は 6 つをあげています（表 10-2-2）。

表 10-2-2　手続き的公正の 6 基準 (Leventhal, 1980 より作成)

基準	概要
①一貫性 （consistency）	配分にかかわるすべての個人に一貫した手続きであるか。また，ある程度時間が経過しても一貫した手続きであるか。
②偏見のなさ （bias suppression）	決定手続きに，決定者の個人的利害がかかわっていないか。思想による先入観が抑制されているか。
③正確さ （accuracy）	決定の基準となる情報は正確か。
④修正可能性 （correctability）	決定を変更する機会があるか。
⑤代表性 （representativeness）	配分にかかわるすべて，もしくは大多数の人々の関心や価値観が反映されているか。
⑥倫理性 （ethicality）	決定手続きが，基本的なモラルや倫理基準に違反しないか。

相互作用的公正（Moorman, 1991）では，責任者や評価者の配慮的な態度に注目します。責任者が信頼できる人物であるか，処遇の決定を中立に行ったかなどの判断が，報酬を受け取る個人の満足感に影響を与えるとされています。メンバーからの信頼を勝ち取るためには，みんなで仕事体験の説明をメンバーにきちんとしたり，責任者自身も作業に手を抜かずに作業をこなしたり，他の人に対してどうしたら効率よく仕事ができるかについてアドバイスをしたりする必要があったと思います。他者へ配慮したり，メンバーが報酬をめぐって議論することは，分配の公正について他のメンバーが重視する基準を知ることにもつながります。

3. 公正と感情

最後に，分配後の感情について考えたいと思います。分配結果に対する満足や不満足が他者や集団に対する態度や行動にどういった影響を与えるかを説明します。みんなで仕事体験をしたみなさんは，自分や他者の感情にどのくらい注意を払うことができましたか。

すでに，分配の不衡平が緊張につながることは紹介しました。具体的には，衡平状態で満足，過少状態で怒り，過大状態で罪悪感といった感情が生じるとされ（Walster et al., 1976），その後の態度や行動に影響を与えます。これまで，満足感は関係の継続と関連することが示されてきました。過少状態での怒りが関係崩壊につながることは言うまでもありませんが，普段意識しにくい過大状態の緊張にも注意を払うべきだと思います。良かれと思って相手を援助する行動も場合によっては，強い心理的負債感を引き起こすことが知られています（相川, 1988）。また，手続き的公正の知覚は集団への親和的態度が高めますが，それはさらに，組織市民行動と呼ばれる組織運営を円滑に進める無償の労働を促進する（田中, 2002）ことが確認されています。北折（2005）は，3因子からなる学生版組織市民行動尺度を作成し（表10-2-3），専攻への愛着との関連を検討しています。尺度は「5. とてもよく行う」〜「1. まったく行わない」の5段階で評価します。みなさんもそれぞれの大学やクラブ・サークルにおいて感じる公正さと組織市民行動の関連を検討してみると，環境改善のヒントになるかもしれません。

4. おわりに

本章の第1節では，社会的公正研究についてイメージをもってもらうために分配的公正研究における衡平理論の説明を行い，バランスが大事ということを示しました。そして，報酬分配の体験の中で，どのような分配が満足につながるかというテーマの吟味を通じて，普段の自分の行動を振り返る機会をもってもらいました。第2節では，そうした体験を分配の公正，手続的公正，相互作用的公正といった社会的公正研究の言葉を使って説明することを試みました。社会的公正に対する理解を深めることはできたでしょうか。

私たちは分配の結果と同様に，分配の手続きにも影響を受けます。たとえ分配金額が不公正でも，金額の決定方法を明確にしたり，分配の際に一言配慮の言葉をかけることで，その後のかかわり方が変わってきます。また一方で，分配金額が公正でも，分配基準の説明が欠けていたり，嫌そうに分配されたら，誰だって気分はよくないものです。よい関係を維持するためには，できるだけ多くの水

表10-2-3　学生版組織市民行動尺度 (北折, 2005)

＜援助行動＞
友人が個人的な問題を抱えている場合は助ける
何か聞かれたら，知り合いでなくても教えてあげるようにしている
特に頼まれなくても，友人が初めてで判らない様子だったら助ける
友人がノートを貸してほしいと頼んできたら貸してあげる
たくさんの仕事を抱えて困っている友人を見たら助けるようにしている
たとえ知らない人でも，自分の持っているものがどこで売られているかを聞かれたら，無視しないで教えてあげる
友人が学校を休んだときには，後で授業の内容を教えてあげる
人が喜ぶようなことは積極的にやろうと思う

＜サボり行為＞
出席を取っていない授業や集まりは，まじめに出ないことが多い
面白くない授業など，出るのがめんどくさいときはさぼることが多い
授業に遅刻することは分かっていても，遅く家を出ることが多い
出席をとる授業は失格ギリギリまで休めば良いと思う

＜積極性＞
学内の委員などを自発的に引き受けるようにしている
サークルやアルバイト先を良くするための意見を積極的に述べる
別に自分が責任を果たさなくてもいいようなことでも，先頭に立って解決をはかる
相手が見ず知らずの人であっても，手続きの仕方やルールが判らない人がいたら説明してあげる

準の公正について知識をもち，その知識を行動に反映させる必要があると言えます。ある研究では，信頼できる友人関係をもつほど道徳的動機づけが高いという結果が示されています（Malti & Buchmann, 2010）。他者と公正にかかわることで親密な関係がつくられ，さらにそうした体験が，個々人の人格的発達を促すという一連のプロセスが存在するようです。

　もしかしたら，公正という言葉を聞いて「清く正しくなんてアホらしい」とアレルギー反応を示す人もいるかもしれません。しかし，友人関係であっても，就職して組織で仕事をする場合を考えても，お互いに不満を感じて関係を崩壊させるよりは，お互いのことを考えて行動し，よい関係を築くことが自分の目標達成（自己利益）への近道になると思います。

　あらためて成績評価に不満をもった学生の話に戻りましょう。ここ数年，教育の現場では基準設定や評価方法の見直しが急激に進んでいます。たとえば，大学のシラバスでは，講義ごとに細かい評価基準が記載されるようになりました。あいまいな成績評価は，学生の学習に対するモチベーションを低下させます。「勉強してもしなくても成績が同じなら，ほどほどにやったほうが楽」だと感じてしまうのです。成績評価においては試験だけでなく，ポートフォリオと呼ばれる学習過程の記録を重視する講義も見られるようになってきました。学生は納得がいかなければ，教員に成績に関する質問をする権利が保障されているとともに，教員には説明する責任が課せられています。教育改革の現場では「公正」という言葉こそ使われていませんが，「公正」を実現することで，大学を質の高い環境にすることができると考えられます。学生 − 教師の関係はもちろんのこと，先輩 − 後輩，恋人同士といったあらゆる重要な関係が，自分の「公正さ」を押し付け合うのではなく，相互理解に基づいた「公正」なものであってほしいと願います。

第11章　反社会的行為

第 1 節　社会規範からの逸脱行為

1. 社会規範とは

　社会は，いろいろな考えや価値観をもった人々の集合体です。それぞれの人が，自分の好きなように振る舞ったり，勝手な主張したりすると，他の人に大きな損害を与えてしまうことにもなりかねません。そこで，一定の基準を設けて，お互いの行動を規制することが必要となります。このように，人が社会生活を円滑に営むうえで，共有されているルールや基準のことを社会規範と言います。社会規範の中には，法律のように明文化されたものだけでなく，慣習やマナーのように明文化されていないものも含まれます。社会規範からの逸脱行為は，社会が秩序を維持し，人々が安心して暮らしていくうえで，大きな脅威となります。

　しかし，世の中には社会規範に従わない人はたくさんいます。たとえば，スーパーで，健常者にもかかわらず，障害者向けの駐車スペースに車をとめる人を見かけることがあります。こういう人に注意をすると，「スーパーが勝手に決めているだけだし，空いているからかまわないだろ」などと言ったりします。規範に従わない人は，「法律違反ではない」とか，「誰かに迷惑をかけているわけではない」「どこにもそうしろとは書いていない」などという言い訳をします。このような人たちは，自分が悪いことをしているとか，申し訳ないことをしているという気持ちがまったくないのでしょうか。この節では，逸脱行為をしている人の立場に立って，このような問題について考えてみます。

2. 逆ギレの心理

　他者の逸脱行為を指摘する人は，ルールや道徳的な価値判断，周囲への悪影響などの社会規範を基準として，その行為を逸脱行為だと判断します。一方で，逸脱行為をする人は，ある種の後ろめたさを感じつつも，自分の利益を保持したり，行為を正当化しようと必死になります。このように，自らに非があるにもかかわらず，他者からの批判に対して感情的になり，逆に開き直って反論する行為を，最近は'逆ギレ'と呼んだりします。逆ギレする人の多くは，本当に自分のことが正しいと思っているわけではありません。バツが悪いのを隠そうとしたり，その場を取り繕おうとしているのです。たとえば，禁煙場所での喫煙を注意された人は，「誰もいなかったじゃないか」とか，「タバコは違法薬物ではない。吸って何が悪い」など，正当性があるような言い訳をします。諺では，こういうことを「盗人にも三分の理」と言います。どんなことでも，こじつければ理由はつけられるものです。しかし，たとえ正当な主張ではないとしても，相手の事情を無視して「ダメなものはダメ」とか「反省しろ」と言って一方的に批判しても，根本的な解決にはなりません。逸脱行為では，批判される側の後ろめたさや自尊心を理解しないと，感情の行き違いが生じて，収拾がつかなくなることがあるのです。これらは，考え方や相手の立場に対する認識の違いに端を発するものであり，どんな人にも起きうることです。逸脱者に対しても，相手の立場や考えていること

を意識し，気持ちを共有することが，解決の糸口につながることがあるのです。

3. 体験してみよう

　日常生活における逸脱行動と，登場する人物の気持ちやセリフを想像します。そして，その人を実際に演じてみることで，注意をする側とされる側の気持ちを考えてみましょう。

　①3名から5名のグループに分かれます。日常生活における逸脱行為を考えて，状況カードにその状況を書き込みます。

　②登場人物について，それぞれの立場から，セリフや言い訳，心の声などを想像して記入します。逸脱行為者が，どんな逆ギレのセリフを言うかも考えてみましょう。

　③状況カードが完成したら，簡単なストーリーを考え，その場面を演じます。必ずグループ全員が参加するように工夫しましょう。練習していると，いろいろなセリフが浮かんでくるかもしれません。役割も交代して，さまざまな立場を経験してみましょう。

　④クラスのみんなの前で，ストーリーを演じてみましょう。各グループの発表

状況カード：駐車禁止

お金をおろしたくて銀行前で1，2分駐車しただけなのに，交通違反の取り締まりを受けました。銀行前には，あなたの自動車以外にも何台かの車が停まっています。

・通りがかりの歩行者：こんなところに車を停めて，邪魔だなぁ…

・警察官：駐車違反なので取り締まろう，邪魔な所に駐車しているなぁ。

・行為者：ほんの1，2分じゃないか！　しかもみんな駐車しているし！

状況カード：禁止区域での喫煙

駅前の喫煙禁止区域を歩いていました。誰も周りにおらず，迷惑はかからないだろうと思い，どうしてもたばこを吸いたかったのでつい1本火をつけてしまいました。しかし巡視員に見つかってしまい「2000円の過料だ」と違反切符を渡されました。その後，その場面を通りかかった人も，自分のことを迷惑そうに見ています。

・通りがかりの歩行者：煙たいなぁ，禁煙場所なのに！

・巡視員：喫煙禁止区域なのに非常識な人だなぁ！

・行為者：さっきは誰もいなかったんだから，何も迷惑にもならないじゃないか！　たばこは違法薬物でもないし，別にいいじゃないか！

図11-1-1　逸脱行為の状況カードの例

が終わったら，最も印象に残った場面について，①なぜ逸脱行為が発生したのか，②逸脱行為を発生させないようにするにはどうすればいいのか，③どうしたら逸脱行為者が逆ギレすることなく，丸く収めることができたか，④ストーリーを見てどう思ったかをまとめましょう。

4. 逸脱行為に影響する要因

　人から注意されると，誰でも嫌な気持ちになります。同時に，言い訳を考えてその場を取り繕うべく必死になってしまうものなのです。こうした逸脱行為や，それに対する逆ギレが起きる背景については，次のような理論で説明ができます。

　1) **規範焦点理論**　これは，社会規範を，命令的規範（injunctive norm）と，記述的規範（descriptive norm）に分けて捉える考え方です（Cialdini & Trost, 1998）。命令的規範とは，社会や集団の価値観を反映した法律やルールと関連する規範のことです。状況カードの例では，駐車禁止は法律で決められた命令的規範です。一方，記述的規範とは，その状況下で多くの人々が実際に行動しているため，その行動をとることが正しいと感じる規範です。状況カードの例では，「他の人たちも駐車しているではないか」というのが該当します。このケースでは，駐車禁止という命令的規範と，「みんなもやっている」という自分にとって都合がいい記述的規範との間に，葛藤が生じているのです。

　2) **心理的リアクタンス**　自由回復欲求と呼ばれるもので，行動の自由が脅かされることで生起します（Brehm, 1966）。簡単に言えば，やるなと言われるほどやりたくなるということです。リアクタンスは人間の行動判断に強く影響すると言われています。たとえば，「未成年は酒を飲んではダメ」と頭ごなしに言われると，ますますこっそり飲んでみたくなるものです。本来，やって欲しくないことを訴えているのに，それが逸脱行為を誘発してしまうわけなので，逸脱行為の抑止は非常に難しいのです。

　3) **認知的不協和**　人は心の中に矛盾を抱えたとき，それを解決しようと動機づけられます。フェスティンガー（Festinger, 1957）は，これを認知的不協和と名付けました。たとえば，「①禁煙指定の場所で，悪いとは思いつつも，ついタバコを吸ってしまった」ことと，「②自分は悪いことをする人間ではない」という2つの認知は，互いに矛盾した不協和な状態にあります。このとき「自分は悪い人間だ」というふうに，②の認知を変えれば矛盾は生じません。しかし，それは自分自身の人格を否定する非常に不快な状態です。そこで，「ここを禁煙にするのはおかしい」などと文句を言ったり，「もっと悪い人間はたくさんおり，自分はそれに比べれば悪くない」などと正当化することで，不快な状態を少しでも解消しようとするのです。逆ギレは，こうした自分にとって都合が悪く，認知的に不協和な状態を解消したいという動機に基づく場合が多いのです。

5. 逸脱行為を抑制するには

　実際に逸脱行為の場面や，特に，逸脱行為をする側を意識的に演じてみてどうでしたか。その場を取り繕おうとする中で，「周りもやっているのにどうして自分だけ」など，いろいろな言い訳を考え，正当化を試みたと思います。逸脱行為の抑止には，法律やルールで取り締まるだけではなく，行為者が内面でその行為

をどう捉え，意識しているのかを理解することも極めて重要です。このような知見をふまえて，近年はいろいろな抑止策が考案されてきています。その中で，「お礼を言うこと」と「恥のアピール」についてみてみましょう。

「お礼をいうこと」とは，たとえばトイレで見かける，「皆様のおかげで清潔なトイレが保たれております，ありがとうございます」といったように掲示されるものです。こうしたメッセージはリアクタンスを生起させにくく，不愉快な印象を与えずに抑止を訴えるメッセージです。また，このメッセージは，感謝の気持ちには感謝で返そうという，返報性と呼ばれる原理を巧みに利用しています。恩を仇で返す人は少なく，返報性は，しつけや教育などで強くインプットされているため，効果的な提示方法なのです。

もう1つの「恥のアピール」とは，白眼視を強調することです。近年，暴走族が減少の一途をたどっています。もちろんこの背景には，道路交通法が改正されて取締りが強化されたことと，厳しい上下関係といった組織に最近の若者がなじまないなどの事情があります。しかしほかにも理由があります。何年か前に，暴走族を珍走団と呼称しようという動きがありました。この効果は，科学的には測定されていませんが，非常に巧みな方法です。夜中にオートバイにまたがって爆音を轟かせる輩は，目立ちたいとか注目されたいと思っています。そして，本気で暴走行為を格好良いと認識しています。こうした勘違いが，暴走行為を行う理由の根幹にあると考えられ，こうした誤った思い込みを，「暴走族というよりも珍走団だ」とか，「暴走行為は格好が悪くてダサイ」といった恥意識をもたせる形でくじくことは，自発的に逸脱行為を止めさせるうえで絶大な効果をもたらすはずです。

この節では，逸脱行為をする人の心理について，規範焦点理論やリアクタンスなどの社会心理学の理論によって解釈しました。しかし，これ以外の理論で，逸脱行為者の心理を解釈することも可能です。また，相手が逆ギレすることなく，自発的に逸脱行為を抑制するようにするにはどうすればいいか，どんな言い方で，相手に伝えることが適当かなどについても考えてみましょう。

第 2 節　対人的迷惑行為

1. 対人的迷惑行為とは

　迷惑行為と聞いて，あなたはどのようなことを思い浮かべますか。タバコのポイ捨てや放置自転車など街で見かける迷惑行為が思い浮かぶでしょうか。あるいは，「相手のミスを自分のせいにされて不愉快な気分になった」とか，「友達に自分の価値観を押しつけてしまいケンカになった」など，友人や知り合いの中で起きるトラブルを思い出す人もいると思います。吉田ら（1999）は，前者のように，行為者本人が意図するしないにかかわらず，その行為が周りの他者や集団，社会に対して影響を及ぼし，多くの人が不快に感じる行為を社会的迷惑行為と呼びました。これに対して，小池・吉田（2005）は，身近で日常的な人間関係の中で起

表 11-2-1　対人的迷惑行為項目（小池・吉田，2005）

1　気分がのらないときには，話をまじめに聞いてくれない
2　あなたのプライバシーに踏み込む
3　「お金を貸して」と頼む
4　あなたの意見に反論するが，自分の意見を言わない
5　自慢話ととれるような話をする
6　あなたの都合を聞かないまま長電話をする
7　メールの返事を出さない
8　時間を気にせず携帯にメールを入れる
9　あなたがいないところで，あなたの悪口を言う
10　事前に連絡しないであなたの家を訪問する
11　あなたが忙しいときに，頼みごとをする
12　あなたの意見を否定する
13　思いどおりの答えが返ってこないと，機嫌が悪い態度を見せる
14　気分がのらないときには，あなたの電話をとらない
15　自分の不始末をあなたのせいにする
16　あなたの持ち物を粗末に扱う
17　催促されるまで借りた物を返さない
18　無理にお酒をすすめる
19　時間を気にせず電話をする
20　機嫌が悪いとき，あなたにやつ当たりをする
21　自分の価値観を押しつける
22　酒を飲んでからむ
23　愚痴をこぼす
24　きついことを言ってあなたを傷つける
25　あらかじめしていた約束を直前にキャンセルする

1 番迷惑 _____　　2 番迷惑 _____　　3 番迷惑 _____

きる不快・迷惑な行為のことを，対人的迷惑行為と呼んでいます。対人的迷惑行為は，行為者と受け手とが，友人や，顔見知りなど，お互いに知っている者同士の間で起こるものです。このため，人間関係の悪化や崩壊につながることがあります。こういった事態を防ぎ，相手と良好な関係を続けていくためには，受け手に迷惑と思われるような行為を慎む必要があるのです。

それでは，対人的迷惑行為にはどんな行為があるのでしょうか。表11-2-1に例をあげました（小池・吉田, 2005）。それぞれの行為の迷惑度，すなわち，迷惑の受け手になったときに迷惑だと感じるかは異なります。あなたは，これらの行為のうち，どれが一番迷惑だと感じますか。また，大学生にとって，一番迷惑だと思われている行為はどれでしょう。1位から3位までを予想してください。

2. 相手との関係性の影響

相手に迷惑だと思われるような行為は，関係の悪化や崩壊を避けるため，控えた方がよいでしょう。しかし，対人的迷惑行為の中には，相手との関係性によって迷惑になる場合とならない場合とがあります。たとえば，「事前に連絡しないであなたの家を訪問する」という行為はどうでしょうか。お互いに顔は知っているけれど，あまり親しく話したことのない関係である場合，ほとんどの人が，突然の訪問を迷惑だと感じるでしょう。しかし，相手があなたのよく知っている，親しい友人ならば，迷惑だと感じることは少ないはずです。むしろ，友人の突然の訪問をうれしく思う人もいるでしょう。また，「愚痴をこぼす」という行為についても，相手が顔見知りだと，迷惑と感じる人もいれば，迷惑でないと感じる人もいるでしょう。しかし，相手が親しい友人ならば，ほとんどの人が迷惑でないと答えています（Koike, 2004）。このことから，行為者と受け手が親しい場合には，一般的には迷惑とされている行為でも許容され，迷惑行為でなくなることもあるのです。それどころか，相手に遠慮されることによって，「みずくさい」とかえって不快に感じることすらあるかもしれません。

相手との関係性は，受け手の感じ方だけでなく，行為者にも影響を与えます。小池・吉田（2005）では，架空のストーリーを大学生に読んでもらい，その場面で，表11-2-1であげたような対人的迷惑行為をするかどうかを尋ねました。ストーリーの設定は，相手が同じ学年の顔見知りである場合と，仲の良い友人である

| あなたはFさんに自分の悪口を言われ，ムカついています。このことを誰かに話したくてたまりません。偶然，同じ学部で顔見知りのGさんと話す機会がありました。Gさんとはあまり話したことがないので，どんな人なのかよく分かりません。また，FさんとGさんは顔見知りなのですが，仲がよいというわけではなさそうです。話の途中，Fさんの話題を出してもおかしくない流れになりました。しかし，Fさんに悪口を言われたことを話したら，グチになってしまうかもしれません。 | あなたはFさんに自分の悪口を言われ，ムカついています。このことを誰かに話したくてたまりません。偶然，仲のよい友達のGさんと話す機会がありました。FさんとGさんは顔見知りなのですが，仲がよいというわけではなさそうです。話の途中，Fさんの話題を出してもおかしくない流れになりました。しかし，Fさんに悪口を言われたことを話したら，グチになってしまうかもしれません。また，今までGさんとこのような話をしたことがないので，Gさんが話を聞いてどう思うかはまったく予想できません。 |

図11-2-1 対人的迷惑行為実行を測定するためのストーリーの例（愚痴場面）
（小池・吉田, 2005）

場合の2種類がありました。調査対象者は，このうちどちらか1つの状況で，それぞれの行為をするかを回答しました（図 11-2-1）。その結果，「愚痴をこぼす」「『お金を貸して』と頼む」「自慢話をする」といった行為については，友人に対しては行われますが，顔見知りに対しては行わないことが明らかになりました。この結果は，多くの人々が受け手との関係性を考慮しながら，行為をするかしないかの判断をしていることを示しています。同じ行為でも，相手の関係性を無視して行うと，関係が悪化したり，崩壊する可能性が高くなるのです。

一方，相手との関係性によらず，多くの人が迷惑だと感じる行為もあります。先ほどの問題の答えです。表 11-2-1 の中では，「自分の不始末をあなたのせいにする」が一番迷惑だと評定されました。続いて，「催促されるまで借りた物を返さない」が2位，「あなたの持ち物を粗末に扱う」が3位でした。

3. 共感性と対人的迷惑行為

相手の立場を考えたり，相手の気持ちを理解したりして，その人と感情を共有することを共感（性）と呼びます。共感性は，2つに分けて考えることができます。1つは，相手の立場に立って物事を見たり，相手の気持ちを理解したりするといった，視点取得や想像力などの認知的な側面に着目した認知的共感性です。もう1つは，相手の感情に影響を受け，相手に配慮するといった，感情的な側面に焦点を当てた情動的共感性と呼ばれるものです。

共感性の高さには個人差があります。共感性が高い人，すなわち，相手のことを考えられる人は，対人的迷惑をしないのでしょうか。小池・吉田（2005）は，情動的共感性の高い人は，相手がよく知っている友人だと，あまり遠慮することなく，表 11-2-1 にあげたような行為をするのに対して，相手が顔見知り程度の人だと，これらの行為を抑制していることがわかりました。これに対して，情動的共感性の低い人は，相手がよく知っている友人であろうと，顔見知り程度であろうと，相手をあまり区別したり，気にすることなく，これらの行為を行っていました。つまり，相手の感情の影響を受けやすい情動的共感性の高い人は，相手に不快な思いをさせないように，相手との関係性を考えながら振る舞い，適切な行動を行うことができるのです。一方，認知的共感性の高い人と低い人とには，このような差は見られませんでした。相手の立場を頭で理解するだけでなく，感情にも十分に配慮することが適切な人間関係を続けるためには必要なのです。

4. 共感性を高めるために

対人的迷惑行為の実行・抑制の適切な判断には，情動的共感性が重要です。それでは，共感性を高めるためにはどうしたらよいのでしょうか。いきなり共感的な性格になることは難しいでしょう。しかし，一時的に共感性を高める方法として，自分が実際に経験する場面の中で，相手の立場に立って考え，相手の感情を察知するように努めることが有効だとされています。

それでは，図 11-2-2 の課題シートを使用して，相手の立場に立って考える練習をしましょう。特に，相手の感情を想像しながら次の課題をやってみましょう。
①3〜4人グループになり，カッコ内にグループのメンバーの名前を書きまし

ょう。

　②文章を読んで，あなたの回答を記入してください。このとき，グループのほかのメンバーに自分の回答が知られないように注意してください。回答が終わったら，他のメンバーがどのように思うか，その人の立場になって考え，「（　）さんの答え」の欄に記入してください[1]。

　③グループすべての人が回答を終えたら，自分の回答を発表し合い，自分の予想が当たっているかどうかチェックしてください。メンバー本人に当たっているかどうか尋ね，5点満点で採点しましょう（外れ＝0点，ほぼ外れ＝1点，どちらかと言えば外れ＝2点，どちらかと言えば当たり＝3点，ほぼ当たり＝4点，当たり＝5点）。そして自分の合計点を計算しましょう。

[1] ②の回答時間は約10分です。途中で考えが変わったら，書き直してもかまいません。予想を書き直してもかまいません。

1. 駅で友達と待ち合わせをしました。約束の時間を15分過ぎても友達は現れませんでした。さて，あなたはどう思いましたか？

あなたの回答	（　　）さんの回答	（　　）さんの回答	（　　）さんの回答

2. 試験で予想以上に良い点数が取れました。あなたはどう考えたでしょうか？

あなたの回答	（　　）さんの回答	（　　）さんの回答	（　　）さんの回答

3. 食器を洗っているときに手が滑って，値段の少し高い茶碗を割ってしまいました。あなたはどう思ったでしょう？

あなたの回答	（　　）さんの回答	（　　）さんの回答	（　　）さんの回答

合計点（　　　　　）点

図11-2-2　課題シート（小池，2005より作成）

　意外と得点が低かったという人もいるかもしれません。相手の立場に立って考えたからといって，完璧に相手のことがわかるとは限りませんが，何も考えずに予想する場合より，相手の立場に立って考えた場合の方が判断はより正解になる傾向にあります（Davis, 1994）。適切な判断をするために，普段から相手の立場に立つよう心がけるとよいかもしれません。

第3節　犯罪と非行

1. 犯罪・非行の個人差と脳科学

次のようなカードゲームを考えてみてください（図11-3-1参照）。

> **課題：考えてみよう**
> 4つのカードの山があります。あなたは，4つの山のどれかからカードを1枚ずつ引きます。カードの裏には，報酬か損失の金額が書かれています。できるだけ利益を多くすることがこのゲームの目的です。あなたは，しばらくゲームをしているうちに，カードの山には2つのタイプがあることに気がつきました。1つは，報酬や損失の金額が大きくて，報酬カードの方が損失カードより少ない山です（ハイリスク・ハイリターン）。もう1つは，動く金額は少ないのですが，報酬カードが損失カードより多い山です（ローリスク・ローリターン）。あなたはどちらのタイプの山を引きたいと思いますか？

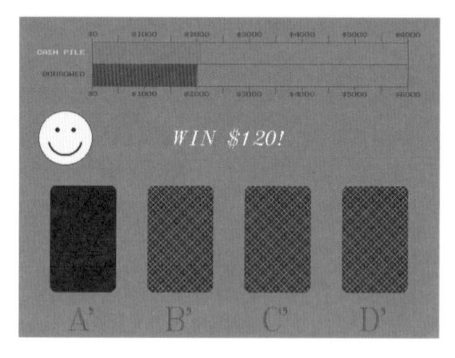

図11-3-1　アイオワ・ギャンブリング課題（Iowa Gambling Task）の画面
(http://upload.wikimedia.org/wikipedia/commons/d/db/IowaGamblingTask.gif)

このゲームは，アイオワ・ギャンブリング課題（Iowa gambling task）と呼ばれています。この課題では，高額な金額が動くハイリスク・ハイリターンの山からカードを引き続けると，最終的には利益より損失の方が大きくなってしまいます。一方，ローリスク・ローリターンの山からカードを引き続ければ，最終的には利益が出るようになっています。多くの人は，このようなゲームのしくみに途中で気がつくと，ローリスク・ローリターンの山を選択して，大きな損失を避けようとします。しかし，脳の一部[1]に機能障害がある人の場合，ハイリスク・ハイリターンの山からカードを引くことをやめられないことが多く，この課題の成績が非常に悪いことが明らかになっています（Bechara et al., 1994）。

人が犯罪や非行などの反社会的行動をするのは，歪んだ性格やものの考え方など，その人自身のパーソナリティに原因があるのだと考えることができます。このように犯罪や非行の原因をパーソナリティにあると考える研究分野においては，最近の脳科学の発展に伴い，脳における実行認知機能（executive cognitive function）の問題に焦点が当てられてきています。実行認知機能とは，目標をと

[1] 前頭前野，特に報酬と罰に対する感受性に関連した行動計画などの情報処理をつかさどる眼窩前頭皮質と呼ばれる場所です。

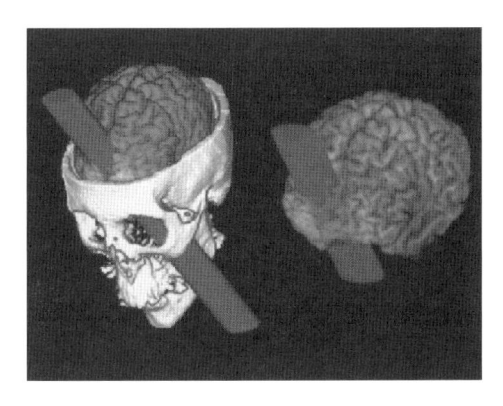

図11-3-2 フィニアス・ゲージの前頭前皮質損傷を再現したCGイメージ（Damasio et al., 1994）

もなう行動を自己制御することにかかわる機能です。ゲームでは，利益を出すという目標を達成するためには，どの山がプラスになりやすく，どの山がマイナスになりやすいかに気づくことが重要です。そのうえで，1回あたりの報酬がいくら魅力的に見えても，ハイリスク・ハイリターンの山が長期的には損をしてしまうことを理解し，ローリスク・ローリターンでも確実にプラスになる山から，カードを引くように自己制御することが必要です。脳の前頭前野と呼ばれる領域は，このような自己制御や意思決定などの認知的な処理と深くかかわっているとされています（Giancola, 1995）。フィニアス・ゲージ（Phineas P. Gage）は，事故で前頭前野に大きな損傷を受けました。奇跡的に一命を取りとめ怪我から回復した後，彼には身体的な問題は，ほとんど残りませんでした。しかし，彼の性格は別人のように変化してしまったのです。動的で短気となり，忍耐力や抑制力がなくなりました。そして，悪態をつき，頑固で，効率的な計画的行動ができない人物となってしまったのです。前頭前野の損傷によって，実行認知機能に障害が起きたために，性格が変わってしまったのだと解釈することができます。このような事例は，社会的行動における実行認知機能の重要性を示す典型例だと言えます（Damasio et al., 1994; 図11-3-2 参照）。近年，目覚ましい進歩を遂げている脳科学や神経生理学的な研究においても，反社会的な個人における側頭野や前頭野の領域における構造的，機能的な異常が多く報告されています（たとえば，Raine et al., 1997）。

2. 犯罪・非行の個人差としての低自己統制

それでは，脳科学で明らかにされた実行認知機能の問題と，従来の犯罪・非行のパーソナリティ要因に関する研究で明らかになったこととは，どのようなつながりがあるのでしょうか。人のパーソナリティは，協調性，勤勉性，情緒不安定性，外向性，開放性の5つの要素に分けられるという5因子モデルという考え方があります。このうち，協調性や勤勉性の低さや，情緒不安定性の高さは，パーソナリティ障害や精神病質，認知的バイアス[2]などと関係することが指摘されています。また，衝動性の低さは，低自己統制と強く関係しており，さまざまな犯罪との関連が明確な特性であるとされています（大渕, 2006）。

低自己統制とは，欲望や感情を抑えることができない，計画的に行動や生活を律することができない，自分の都合しか念頭にないといった特徴に表される特性

2　第2章第3節参照。

です（Gottefredson & Hirschi, 1990）。ゴットフレッドソンとハーシによれば，大半の犯罪は低自己統制を原因としていると主張されています[3]。日本においても，多くの研究で低自己統制が犯罪や非行の主要な説明要因であることが確認されています（河野・岡本, 2001; 中川・大渕, 2007）。

犯罪や非行との関連が強いパーソナリティ要因が低自己統制にあることは，脳科学研究において実行認知機能の影響の強さが確認されていることからも支持されています。実行認知機能は，冒頭のアイオワ・ギャンブリング課題における成績の悪さに表されるように，自己統制能力の低さと関連が強い機能です。従来の研究で確認された低自己統制の影響の強さは，最新の脳科学の観点からも裏付けられていると言えるでしょう。

3. 体験してみよう

自分の自己統制能力を確認してみましょう。
①図11-3-3の質問に回答してください。
②回答を終えたら，下の空欄の中にそれぞれの項目について○をつけた合計を記入してください。
③部分合計A，Bと全合計も算出してください[4]。平均と自分の得点を比較したり，上限や下限を超える非常に極端な得点がないかどうかを確認してみましょう。

4. 低自己統制を克服するために

低自己統制が上限を超えてしまった人は，どうすればよいでしょう。まず，必ずしも心配をする必要のないこととして，低自己統制はそれ単体で犯罪や非行を予測しないと言われています。低自己統制は学力の低さや，非行仲間の多さなどのリスク要因が同時に重なる場合に，反社会的行動を行う傾向を高めることが明らかにされています（Wright et al., 2001）。

直接的に自己統制を高めるためには，多くの試みを行うことが必要です。その一例として，ここでは易怒性，すなわち怒りっぽさを改善する試みを紹介します。怒りやすい人は概して，自分が怒りつつあるサインに気づきません。したがって他者からの視点ではなく，自分自身の身体感覚として，怒りのサインの自覚を意識する必要があります。怒りの程度を温度計にたとえて，「涼しい（怒っていない）」段階から「非常に暑い（ひどく怒っている）」段階まで，それぞれの温度で感じる身体感覚をリストアップしてみることも効果的かもしれません。

---

3 ホワイトカラー犯罪や計画的な犯罪には低自己統制は該当しないという批判もありますが，犯罪や非行の全発生件数に占めるこれらのタイプの犯罪は少数です。

4 IMは衝動性，STは単純課題志向，RSはリスクシーキング，PAは身体活動性，SCは自己中心性，AEは易怒性です。また，IMからPAまでの部分合計Aは利那主義，SCとAEの部分合計Bは利己主義で，全合計が低自己統制です。

第3節　犯罪と非行　143

	まったく当てはまらない	どちらかというと当てはまらない	どちらとも言えない	どちらかというと当てはまる	とてもよく当てはまる
1. 私はじっくりと考えることをしないし，先に備えて努力することもしなかった	1	2	3	4	5
2. 私は何の考えもなしに思いつきで行動することがあった	1	2	3	4	5
3. 私は先のことは考えず，目先の楽しいことにはまった	1	2	3	4	5
4. 私は遠い将来よりも近い将来，自分の身に起こることに関心があった	1	2	3	4	5
5. たやすくできるような物事を私は好んだ	1	2	3	4	5
6. 私は物事がややこしくなってくると，投げ出す傾向があった	1	2	3	4	5
7. 私は一生懸命に努力しないとできないような課題は嫌いだった	1	2	3	4	5
8. 私は難しいと思うことを避けようとした	1	2	3	4	5
9. 時々，スリルを求めて私は危ないことをした	1	2	3	4	5
10. 何かちょっとした危ないことをして自分を試すのが好きだった	1	2	3	4	5
11. 私はトラブルに巻き込まれるとアツくなった	1	2	3	4	5
12. 安全でいることよりもスリルを求めることのほうが私にとっては重要だった	1	2	3	4	5
13. どちらかというと，私は何か考えごとをしているよりも体を動かしているほうが好きだった	1	2	3	4	5
14. 私は読書をしたりじっくりと何かを考えるよりも，おしゃべりをしたり何かしているほうが好きだった	1	2	3	4	5
15. 私は同年代の人よりもエネルギッシュだった	1	2	3	4	5
16. 考えごとをするか体を動かすか，どちらかを選ぶとしたら，私は体を動かすほうを選んだ	1	2	3	4	5
17. 私は他人が困っていても同情しなかった	1	2	3	4	5
18. 人が困ると分かっていても，私は自分のやりたいことをした	1	2	3	4	5
19. 自分のしたことで人が困っていたとしても，それはかれらの問題であって，自分の問題ではないと思っていた	1	2	3	4	5
20. 他人が困ると分かっていても，私は自分のやりたいことをした	1	2	3	4	5
21. 頭にきていると，なぜ自分が怒っているのかを説明するよりも，その相手を傷つけたい気分になった	1	2	3	4	5
22. 私がひどく怒っているとき，他人は私に近づかなくなった	1	2	3	4	5
23. 私はすぐにカッとなるほうだった	1	2	3	4	5
24. 誰かと意見が大きく違うと，落ち着いて話し合うことができなくなった	1	2	3	4	5

	自分	平均（上限／下限）		平均（上限／下限）
IM 合計点（1～4）	点	12.3（15.6／8.9）	部分合計点A	
ST 合計点（5～8）	点	11.9（15.3／8.5)	点	49.6（60.2／39.0）
RS 合計点（9～12）	点	11.3（15.1／7.4)	＋	
PA 合計点（13～16）	点	14.2（17.7／10.7)	部分合計点B	
SC 合計点（17～20）	点	8.3（11.4／5.3)	点	18.2（23.6／12.9）
AE 合計点（21～24）	点	9.9（13.2／6.6)	＝	
			全合計点	
			点	67.7（81.4／54.0）

図 11-3-3　低自己統制尺度（中川・大渕，2007 を一部改編）

第12章 社会的ネットワークとメディアコミュニケーション

第1節　社会的ネットワーク

1. 人と人とのつながり

　私たちの日々の暮らしは，家族との愛着，友人との絆，近所づきあい，知人との関係など，さまざまな人と人とのつながりに支えられています。こうした人と人との社会的なつながりは，社会的ネットワークと呼ばれます。社会的ネットワークは，個人の集まりと，個人と個人を結ぶつながり（紐帯）の集まりとして定義され，個人を円，紐帯を線として図に表すことができます。図 12-1-1 に示すのは，クラス内の「仲のよい関係」についての社会的ネットワークの例です。この図からは，仲のよい関係が，「勉強したい派」と「遊びたい派」に大きく分かれて形成されていることが読み取れます。

　社会的ネットワークについて知ることは，個人の態度や行動と人々のつながりとの関連について，よりいっそうの理解を深めることにつながります。ここでは，私たちのもつ社会的ネットワークの特徴について，質的な側面と構造的な側面の両方から考えてみることにしましょう。

2. 紐帯の強さ：社会的ネットワークの質的側面

　社会的ネットワークは，地域や学校といった特定の集団に所属することで生まれる①フォーマルな社会的ネットワークと，個人の興味や関心に基づいて生まれる②インフォーマルな社会的ネットワークに大別されます[1]。学校での人間関係にたとえると，一緒のクラスになった人たちとの関係はフォーマルな社会的ネットワークであり，その中で特に気の合う人たちとの関係は，インフォーマルな社会的ネットワークになります。多くの場合，インフォーマルな社会的ネットワー

1　日常の場面では，フォーマルな社会的ネットワークにインフォーマルな社会的ネットワークが含まれることもあります。

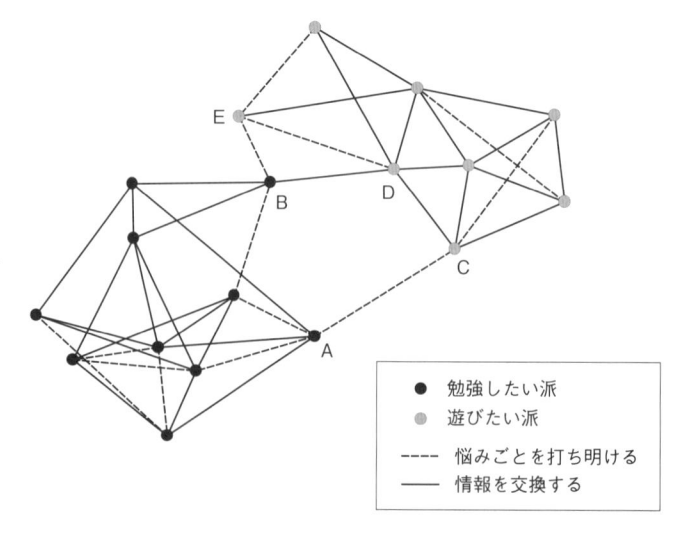

図 12-1-1　社会的ネットワークの例：クラス内の「仲のよい」関係

表 12-1-1　強い紐帯と弱い紐帯の特徴の比較

特　徴	強い紐帯	弱い紐帯
親密性	高い	低い
異質性	低い	高い
メンバーの数	比較的少ない	比較的多い
役割	ソーシャル・サポート源	情報源
関係性	インフォーマル	フォーマル
紐帯の例	家族，友人，同僚	知り合いの知り合い，顔見知り程度の友人

クは，フォーマルな社会的ネットワークに比べ，強い心理的なむすびつきをもちます[2]。

　他者とのむすびつきの程度は，紐帯の強さとして表すことができます。紐帯の強さは，①一緒に過ごす時間量，②情緒的なつながりの強さ，③親密さの程度，④助け合いの程度，の4つの要素の組み合わせで決定されます（Granovetter, 1973）[3]。さらに，私たちは自分と類似した態度や価値観をもつ，同質性の高い（＝異質性の低い）相手に魅力を感じる傾向があります（類似性魅力仮説；Byrne, 1973）。

　強い紐帯と弱い紐帯の特徴は，表12-1-1のようにまとめられます。強い紐帯は，心理的な適応を高めるソーシャル・サポート源としての役割を果たし，人々に安心感をもたらします（浦，1992）。一方，弱い紐帯は主に情報源として機能します。たとえば，転職などの有益な情報は，強い紐帯よりも弱い紐帯からもたらされる傾向があります（Granovetter, 1973）。強い紐帯によるつながりはインフォーマルで同質性が高く，多くの情報がすでに共有されているのに対して，弱い紐帯によるつながりはフォーマルで異質性が高く，新奇で重要な情報をもたらす可能性が高いからです。これは，弱い紐帯の強さとして知られる現象です[4]。また，バート（Burt, 1992）の構造的すきま理論では，「人脈づくり」という観点から，切り離された異質性の高いネットワーク同士の橋渡しとなる，ブリッジと呼ばれる紐帯が重要であるとの指摘もなされています。図12-1-1では，AさんとCさん，BさんとDさん，BさんとEさんとの間の紐帯が，「勉強したい派」と「遊びたい派」という異質性の高い人々をつなぐブリッジとなります。

3. 小さな世界：社会的ネットワークの構造的側面

　初対面の人と話していると，ふとしたきっかけで共通の知人がいたり，自分の知り合いの輪をたどっていくと，思いもよらない有名人とつながりがあったり…「世間は狭い！」と感じた経験は，誰にでも一度や二度はあると思います。こうしたエピソードは，小さな世界問題やスモールワールド現象と呼ばれ，人々の社会的ネットワークがどのようなつながりをもつのかについて，興味深い示唆を提供します。

　ミルグラム（Milgram, 1967）の実験では，アメリカのボストン，オハマ，ウィチタの各都市からランダムに選ばれた96人の参加者に対して，ボストンのX氏（株式仲買人）に手紙をリレーして届けるように求めました。手紙をリレーする際のルールは，自分とファーストネームで呼び合える関係で，X氏を知ってい

[2] ただし，凝集性の高い集団では，フォーマルな社会的ネットワークが強いむすびつきをもつこともあります（Hogg, 1992）。

[3] 4つの要素で最も重要なのは，情緒的なつながりの強さであると言われています（Marsden & Campbell, 1984）。

[4] 日本では，むしろ強い紐帯の方が転職に有利な情報をもたらすという報告もあります（渡辺，1991）。

そうな相手を1人だけ選ぶ，というものでした。ここでは，ある人から他の人までの距離を，「ステップ」という単位で表現します。たとえば，「AさんーBさん→Cさん→Dさん」というリレーの場合，AさんとBさんの距離は1ステップ，AさんとDさんの距離は3ステップ（=矢印の数）になります。

オマハやウィチタはボストンと2,000キロ以上も離れていることから，参加者は，X氏まで手紙が到達するのにおよそ数百ステップが必要である，と事前に予想していました。しかし驚くべきことに，参加者とX氏との距離は，平均するとたった6.2ステップだったのです。この実験の結果は，6次の隔たりと呼ばれ，多くの注目を集めました。その後，日本の福岡—大阪間での追試（三隅・木下, 1991; 5〜9ステップ）や，インターネット上での世界規模の追試（Dodds et al., 2003; 5〜7ステップ）でも，ほぼ同様の結果が得られています。

では，なぜ私たちは見知らぬ相手と少ないステップ数でつながることが可能なのでしょうか。ワッツ（Watts, 2003）は，数理モデルによるシミュレーションから，①コミュニティ（クラスター）と②ランダム・ショートカットという社会的ネットワーク構造の重要性を指摘しています。人々の社会的なつながりの多くは，家族や学校，職場，地域社会といった，緊密につながった同質性の高いコミュニティを基盤として成り立っています。しかし，人々のもつ社会的ネットワークには，異質性の高いコミュニティ同士を結びつける少数のつながり（ランダム・ショートカット）も含まれています。たとえば，Aさんの職場の同僚であるBさんが，プロ野球選手のXさんと高校の同級生だった，というケースを考えてみましょう。ここでは，BさんとXさんとのつながりが，Aさんにとってのランダム・ショートカットとなります。Aさんにとっては，Bさんを介することで，職場とプロ野球界という異質のコミュニティ同士がつながるのです（ただし，これでAさんとXさんが知り合えるかどうかは別問題ですが）。このように，ランダム・ショートカットは，異質性の高いコミュニティをつなぎ，「世間を狭く」する役割を果たしているのです。

4. 体験してみよう

スモールワールド現象を実際に体験するため，有名人（俳優，歌手，芸人，スポーツ選手，政治家など）につながるような社会的ネットワークがあるかどうかを調べてみましょう。

①回答シート（図12-1-2）に，自分自身の「知り合いの輪を通じると有名人につながる」というエピソードをあげ，つながりの経路やステップ数を具体的に説明してください。たとえば，「大学のサークルの友人の行きつけの飲み屋のマスターが，芸能人Xの母親と高校時代の同級生だった」というエピソードの場合，「自分→サークルの友人→飲み屋のマスター→芸能人Xの母親→芸能人X」（4ステップ）というように，経路とステップ数を書いてください。経路は必ず「自分」から始め，有名人にたどり着くまでのつながりを矢印で示します。複数の有名人とのつながりが思い浮かぶ場合は，それぞれについて回答してください。

②10名くらいのグループになって，集計シート（形式は自由）に，全員のエピソードをまとめましょう。①有名人の名前，②エピソード，③経路，④ステップ数（矢印の数）の一覧を作成してください。異なる人から同じ有名人が重複して

報告された場合も，それぞれ別の回答として集計してください。

　③有名人の一覧やエピソードのまとめから，どのような有名人が報告されやすい傾向にあるか，特徴を考えましょう。たとえば，筆者が北海道の私立大学で行った調査では，約 200 名の回答者から約 160 の有名人（累計）とのつながりが報告されました。つながりの特徴としては，①地元（北海道）出身で，②同世代（10代後半〜20代）の，③グループ（ユニット）の一員である有名人が多い，④ステップ数は 2 から 3 が多い，⑤親の職場の知り合い，高校の同級生，バイト先の知り合いなどがランダム・ショートカットとなっている，といった傾向が見られました。

　この課題は，教員がゼミや大人数の講義で実施することも可能です。その場合は，個人情報保護のため，回答は無記名式にする，答えたくない場合は答えなくてよいことを周知する，回答用紙は集計後に破棄するなど，回答者のプライバシーに十分配慮してください。集計結果は次回の授業でフィードバックし，ランダム・ショートカットやコミュニティの役割が明確なエピソードをいくつか選んで紹介したり，報告された有名人に見られる特徴や，ランダム・ショートカットの役割について受講生に考えてもらったりするのがよいでしょう。

●あなた自身の「知り合いの輪を通じると有名人につながる」というエピソードをあげ，つながりの経路や関係性，ステップ数を具体的に説明してください。複数の有名人とのつながりが思い浮かぶ場合は，余白に書いてください。

（例）エピソード：大学のサークルの友人の行きつけの飲み屋のマスターが，芸能人 X の母親と高校時代の同級生だった（4 ステップ）

```
      ステップ1    ステップ2    ステップ3    ステップ4    ステップ5    ステップ6
自分 →  サークル  → 飲み屋の  → 芸能人 X  → 芸能人 X  →         →
        の友人      マスター    の母親
       ―――――    ―――――    ―――――    ―――――    ―――――    ―――――
       （友人）    （常連）    （高校の    （親子）    （　　）    （　　）
                              同級生）
```

※エピソード：＿＿＿＿＿＿＿＿＿＿＿＿＿＿＿＿＿＿＿＿＿＿＿＿　（　ステップ）

```
      ステップ1    ステップ2    ステップ3    ステップ4    ステップ5    ステップ6
自分 →          →          →          →          →          →
       ―――――    ―――――    ―――――    ―――――    ―――――    ―――――
       （　　）   （　　）   （　　）   （　　）   （　　）   （　　）
```

図 12-1-2　回答シート

第2節　メディアコミュニケーション

1. インターネット社会のコミュニケーション

　第1節では，私たちの生活を取りまく社会的ネットワークの役割について考えました。社会的ネットワークは，コミュニケーションを通じて形成・維持されます。中でも，パソコンや携帯電話などのコンピュータメディアを通じた非対面のコミュニケーションは，CMC（computer-mediated communication）と呼ばれます。インターネット社会において，ふだんからよく会う相手とはもちろんのこと，離れた場所に住む相手や，見知らぬ相手との良好な社会的ネットワークを築くためには，CMCの特徴を理解し，上手に使いこなすことが重要となってきます。

2. インターネット上の対人関係

　CMCは，対面のコミュニケーションにおけるさまざまな制約を解放します（宮田，1993）。たとえば，電子メールや携帯メールは，コミュニケーションの時間的な制約を解放し，自分も相手も都合のよい時間にメッセージを送信・受信することができます。また，コミュニケーションの距離的・地理的な制約も解放され，場所にとらわれず，相手と自由にコミュニケーションを行うことができます。さらに，インターネット上のコミュニティにはさまざまな人々が集まり，匿名・実名で活発にコミュニケーションを行っています。大規模で開かれたコミュニティでは，性別や年齢，社会的地位といった，社会的な制約にとらわれない多様なコミュニケーションが可能となります。逆に，知り合い同士で集まる小規模で閉じたコミュニティは，ふだんからよく会う相手との密度の濃いコミュニケーションをもたらすと同時に，ふだん会うことの少ない旧友とのつながりを確認する場ともなります。このように，CMCの利用は，強い紐帯・弱い紐帯の両方にとって重要な意味をもつと言えるでしょう。

3. CMCにおけるコミュニケーションの正確性

　「冗談のつもりで送ったメールが誤解されてしまい，相手との関係が気まずくなった」「ふまじめそうな人からのメールだと思って疑っていたら，実はとても親切な内容だった」…このような経験のある人は少なくないのではないでしょうか。さまざまな制約を解放するCMCは，コミュニケーションの活発化をもたらし，人々の結びつきのあり方を大きく変化させました。しかし同時に，しぐさや表情といった非言語的手がかりが伝達されないCMCでは，対面のコミュニケーション以上に，合意性の過大視[1]や確証バイアス[2]に注意する必要があります。コミュニケーション場面での手がかりが少ないCMCでは，メッセージの送り手が自分の意図や感情を正確に伝えられるか，また受け手がそれらを正確に読み取れるかどうかが，円滑なコミュニケーションを行ううえで大きな問題となるので

---

[1]　自分の意見が一般的で適切なものであり，ほかの人も自分と同じような意見をもっているという，自己中心的でかたよった推測のことです。フォールス・コンセンサス効果とも言います（第7章第2節参照）。

[2]　ものごとを解釈する際に，自分の考えや仮説に沿うように情報を選択したり，判断を行ったりする傾向のことです。たとえば，血液型診断を信じる人は，各血液型の典型的な特徴に注目して対人印象を形成します。

す。
　クルーガーら（Kruger et al., 2005）は，電子メールの送り手の自己中心性について検討を行っています。実験参加者はペアになって，電子メールの送り手と受け手の役割を交代で演じました。送り手は，日常生活に関するトピックについてのメッセージを，顔文字を使わずに作成し，電子メールで送信しました。受け手は，相手から送られたメッセージに含まれる感情を推測して回答しました。実験の結果，送り手の88％は，電子メールに含まれる自分の感情が相手に正確に伝わると予測していました。しかし，ペアの関係性（知り合い同士か初対面同士か）にかかわらず，電子メールに含まれる相手の感情を正確に解読した受け手の割合（63％）は，対面や音声でメッセージを伝達した場合（73％，74％）に比べ，明らかに低下していました。このことから，CMCを通じてメッセージを発信する際には，その内容がひとりよがりにならないよう，十分に注意をはらう必要があると言えます。
　また，エプリーとクルーガー（Epley & Kruger, 2005）は，相手についてのステレオタイプ的な事前情報や期待が，CMCでの印象形成に強い影響を与えることを明らかにしています。実験参加者は，顔を合わせていない他の参加者とペアで相互作用を行うと告げられ，事前情報として，ペアとなる相手のニセの写真とプロフィールを見せられました。知的さ期待条件では，きちんとした身なりの知的で好ましい人物像が提示され，無知さ期待条件では，メタリカ（ヘヴィメタル・バンド）の破れたTシャツを着た，あまり知的でない人物像が提示されました。その後，参加者はインタビュアーとして，与えられた質問のリスト（例：「歴代のアメリカ大統領に会えるとしたら，誰に会いたいですか？」）に沿って，電話か電子メールのいずれかでペアの相手に質問を行いました。いずれの条件でも，相手の回答はまったく同一の内容でした。分析の結果，電話でインタビューを行った場合，知的さ期待条件と無知さ期待条件の間で，相手の知的さに関するインタビュー後の事後評定に有意な差はありませんでした。つまり，相手の印象は，事前情報よりも相手の回答そのもの，すなわち，コミュニケーションの内容で判断されたと言えます。一方，電子メールでインタビューを行った場合，無知さ期待条件の参加者は，知的さ期待条件の参加者よりも，相手の知的さを低く評定していました（図12-2-1）。非言語的手がかりが伝達されないCMCでは，望ましくない

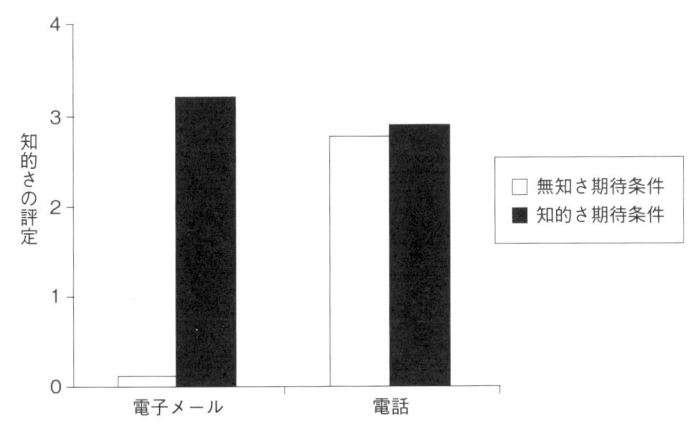

図12-2-1　知的さの評定とコミュニケーションメディア，期待との関連
(Epley & Kruger, 2005のFigure 1を改変)

特性が事前に提示されている場合，コミュニケーションを通じて事前の印象をくつがえすことは難しいと言えるでしょう。

4. 体験してみよう

　日常生活における社会的ネットワークやCMCの役割を確認するために，あなた自身の社会的ネットワークをまとめてみましょう。

　①あなたの交友関係（社会的ネットワーク）を，親しいつながりのある人たち（強い紐帯）と，それほど親しくはないが，つながりのある人たち（弱い紐帯）に区別し，「体験してみようシート」（図12-2-2）にそれぞれの人の特徴をまとめてみましょう。書き方は，表中の例を参考にしてください。すべての欄を無理に記入する必要はありません。

　②あなたにとって，それぞれの社会的ネットワークのどのような点が重要であるかを考えてみましょう。たとえば，親しいつながりのある人たちとは，日常的によく会い，ともに時間を過ごすことに意味があるかもしれません。これに対して，それほど親しくはないが，つながりのある人たちとは，異質性の高い多様なつながりを維持することそのものに意味があるかもしれません。

①あなたの交友関係の中で，親しいつながりのある人たちについて，以下の欄に書き出してください。

	イニシャル	性別	年齢	あなたとの関係性	あなたとのつながり	ふだん会う頻度	PCや携帯でコミュニケーションする頻度	ものの考え方や価値観 似ていない← →似ている
例	T.Y	ⓜ・女	20歳	サークルの友達	困ったときに頼れる	(年・月・㊗) 5回	(月・週・㊐) 5回	1 2 3 4 ⑤
例	E.S	男・㊛	19歳	高校時代の友達	地元に帰ったときに遊ぶ	(年・㊗・週) 2回	(月・㊗・日) 7回	1 2 3 ④ 5
A		男・女	歳			(年・月・週) 回	(月・週・日) 回	1 2 3 4 5
B		男・女	歳			(年・月・週) 回	(月・週・日) 回	1 2 3 4 5
C		男・女	歳			(年・月・週) 回	(月・週・日) 回	1 2 3 4 5
D		男・女	歳			(年・月・週) 回	(月・週・日) 回	1 2 3 4 5
E		男・女	歳			(年・月・週) 回	(月・週・日) 回	1 2 3 4 5
F		男・女	歳			(年・月・週) 回	(月・週・日) 回	1 2 3 4 5

図12-2-2　体験し

③パソコンや携帯電話を通じたコミュニケーション（CMC）が，あなたの社会的ネットワークでどのような役割を果たしているかを考えてみましょう。親しいつながりのある人たちとのネットワークでは，CMCでのつながりがコミュニケーションを活発化させ，お互いの結びつきを強めるはたらきをもつかもしれません。ただし，CMCでの緊密なつながりは，かえって関係の閉塞感や束縛感を高めてしまう可能性もあります（Igarashi et al., 2008; 吉田ら, 2005）。一方，それほど親しくはないが，つながりのあるネットワークでは，ふだんは会うことがなくても，CMCの利用が関係の維持に重要な役割を果たすことも考えられます。また，インターネット上のコミュニティで知り合った人たちとは，CMCでのつながりが特に重要な意味をもつことになるでしょう。

④コミュニケーションの自己中心性や確証バイアスが，あなたの社会的ネットワークにおけるCMCでのつながりの中で，どのような影響を及ぼしているかを考えてみましょう。たとえば，ふだんあまり会うことのない人のメールの印象は，あなたが過去にその人と会ったときの印象に左右されているかもしれません。これに対して，ふだんからよく会う人のメールの印象は，メールの内容そのものにより強く影響を受けているかもしれません。

②あなたの交友関係の中で，それほど親しくはないが，つながりのある人たちについて，以下の欄に書き出してください。

	イニシャル	性別	年齢	あなたとの関係性	あなたとのつながり	ふだん会う頻度	PCや携帯でコミュニケーションする頻度	ものの考え方や価値観 似ていない←　→似ている
例	A.K	ⓨ男・女	45歳	アルバイト先の店長	仕事や人生についてのアドバイスをもらう	(年・月・㊗)　2回	(月・週・日)　0回	① 2 3 4 5
例	D.I	ⓨ男・女	27歳	いとこ	たまに遊びに行く	(㊇・月・週)　2回	(㊇・週・日)　1回	1 ② 3 4 5
A		男・女	歳			(年・月・週)　回	(月・週・日)　回	1 2 3 4 5
B		男・女	歳			(年・月・週)　回	(月・週・日)　回	1 2 3 4 5
C		男・女	歳			(年・月・週)　回	(月・週・日)　回	1 2 3 4 5
D		男・女	歳			(年・月・週)　回	(月・週・日)　回	1 2 3 4 5
E		男・女	歳			(年・月・週)　回	(月・週・日)　回	1 2 3 4 5
F		男・女	歳			(年・月・週)　回	(月・週・日)　回	1 2 3 4 5

てみようシート

第13章　環境問題

第 1 節　環境配慮

1. コモンズのジレンマ

> 地域の村人たちに共有されている牧草地を想像してみてください。ここの羊飼いは，その牧草地で飼う羊の数を各々が自由に決めることができます。こういった共有地のことをコモンズと呼びます。羊飼いにとっては，自分が飼っている羊を増やせばそれだけ多くの収入を得ることができますので，できるだけ多くの羊を飼おうとします。しかし有限の牧草地から得られる牧草の量にはもちろん限りがあります。そこに多くの羊が放たれた結果，牧草地は次第に牧草の育ちにくい荒れ地になっていき，羊飼いたちは羊を育てることができなくなってしまいました。

　これは，ギャレット・ハーディンのコモンズの悲劇（tragedy of the commons）と呼ばれる逸話です（Hardin, 1968）。人々の間で共有された有限の資源を前に，個人は利己的に行動してしまい，コモンズの悲劇のプロセスに陥ると考えられました。
　この例は，環境問題の多くに当てはめて考えることができます。二酸化炭素の排出と地球の温暖化は典型的な例と言えます。一人ひとりは通勤にマイカーを使用することで便利さを経験しますが，その結果，地球の温暖化という誰にとっても（マイカー通勤の人にもそうでない人にも）マイナスの結果がもたらされてしまいます。快適な生活を享受するために電力を消費することも同じです。大気汚染や水不足，食料の供給の問題なども，同じ構造で捉えることができます。
　天然資源の管理を，政府や地方自治体の基準に沿って正確に行うことは，手間のかかるわずらわしいことかもしれませんし，自分の利益を制限する，いまいましい体制に思えるかもしれません。そんなときに，自分一人ぐらいいいだろうと考えて，適当に好きなだけの天然資源（食料，森林，ゴミ）を消費（収穫，伐採，排出）することは，その人にとっては負担の少ない，時間のかからない，すぐに利益を手にすることのできる行動でしょう。もちろんこれは，誰にとっても同じことなので，他の人たちも同じように行動する可能性があります。この「自分一人ぐらい」の行動が，結果的に社会全体に大きなしわ寄せを生じさせているのです。
　環境問題にとどまらず，多くの社会問題や身近な葛藤場面にも同じような考え方を適用することができます。道路上の好き勝手なところに駐車をしてしまわないかどうか，アパートの部屋で友人同士が集まったときに隣人に無配慮なくらいに騒ぎ過ぎてしまわないかどうか，電車の車内で携帯電話での通話をしてしまわないかどうかなどなど，さまざまな例が思い浮かぶでしょう。想像してみると，このような状況では，個人は，自分の利益のために行動をするか，公益のために行動をするか，という二者択一の選択をしているということがわかるでしょう。
　ドウズ（Dawes, 1980）は，有限の資源の管理に関して個人と集団の全員の間に葛藤が生じる，こうした状況をコモンズのジレンマ（commons dilemma, 共有地のジレンマ）という言葉で表現し，社会的ジレンマの一種であるとしています。

社会的ジレンマについて，ドウズは次のような基本的な定義によってその特徴を明らかにしました。

①公益のために協力行動を選択するよりも，自分の利益を優先させた非協力行動を選択した方が，私的な利益は大きくなる。

②集団の全員が「非協力行動」を選択した場合の方が，全員が協力行動を選択するよりも，私的な利益は小さくなる。

地域の水不足を例として考えると，①に関しては，水資源に配慮して水の節約をするよりも，好きなように水を使用した方が私にとっては便利で快適である，となります。続いて②では，みんなが水を無制限に使用すると，みんなが節約した場合に比べて，水不足は深刻な事態となるのです。

コモンズのジレンマが適用されるような天然資源の管理の問題を，私たちはどのようにして解決に向かわせることができるのでしょうか。公共の利益のために集団のメンバーが協力行動をとるためにはどのような状況が必要なのでしょう。たとえば，ドウズは，周囲の人が協力するだろうとの期待が高くなると協力行動が見られやすくなると指摘し（Dawes, 1980），実験の参加者自身を単なる個人ではなく，集団成員の一人だとみなすような集団アイデンティティ[1]を高めることで協力行動を促進させています（Dawes & Messick, 2000）。話し合いによってもこのような成員性は刺激され，協力行動に影響を与えるようです（Dawes et al., 1977）。また，話し合いによって，自他の利得や状況についての情報交換をしたり，協力し合うことへの約束をしたりすることによって，協力行動が促進されることも見出されています（Brechner, 1977）。

ここまでは，環境問題を社会的ジレンマという切り口から捉え，私たちの環境に配慮した行動に影響しているものは何だろうか，ということを議論してきました。次は，その行動に向かうプロセスに注目した考え方を紹介します。

2. 環境に配慮した行動に至るプロセス

広瀬（1994）は，環境に配慮的な態度を形成するときと，実際に行動をとろうとする動機が形成されるときとの間に時間差が生じるという点に注目をしました。たとえば，上述のように，環境問題の社会的ジレンマの構造を理解して，自分自身のこれまでの行動が非協力行動だったことに気づき，特定の環境問題への責任を感じるようになったりしたとします。しかし，その人が実際に生活を変えたり，何らかの行動を起こすまでには時間差があります。さらに，本当に環境に配慮した行動をするとは限りません。また，環境問題に関するドキュメント番組を見て，そのリスクの高さが，自分の想像を遙かに超えるものであったら，「環境は大切にするべきだ」といった態度を形成する人は確かにいるかもしれません。しかし，その人はその後に，必ず問題解決のために行動しようとするのでしょうか。広瀬（1994）は，こうした態度形成の段階と，行動意図の形成の段階の2段階のプロセスが存在することを想定し，環境配慮行動の要因連関（2段階）モデルを用いて，態度と行動の不一致を説明しています（図13-1-1）。

このモデルでは，態度（目標意図）形成段階と環境配慮的な行動意図の形成段階では，その意思決定において主に考慮される要因がそれぞれに異なるとされています。まず，態度の形成には，その環境問題の3つの側面についての認知（環境認知）が影響力をもちます。1つめは，環境問題の深刻さとその発生の確かさ

[1] 第8章第1節参照。

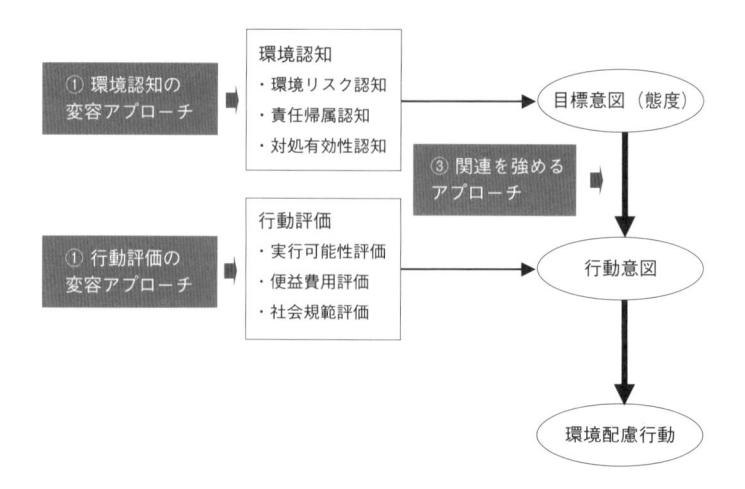

図 13-1-1　環境配慮行動の要因連関（2段階）モデル（広瀬, 1994; 2008）

についての認知である「環境リスクの認知」です。その環境問題のリスクを大きいと認識するほど，あるいはリスクの大きさがわかりやすい環境問題ほど，環境に配慮しようとする態度が形成されやすいのです。また，私たちは，自分自身に環境問題の責任があると考えることによっても，配慮的な態度を形成します。これが2つめの環境認知である「責任帰属の認知」です。3つめは，「対処有効性の認知」があげられています。これは，行動することで環境問題が解決できるという効力感のことです。

しかし，これら3つの環境認知によって，環境に配慮した態度形成がなされても，それだけで具体的な行動をしようという意図が必ずしも形成されるわけではないのです。行動意図の形成段階には次の3つの評価（行動評価）が影響力をもつようです。1つめは「実行可能性評価」で，行動をとるための機会や知識をもっているかどうかの評価です。2つめの行動評価は「便益・費用評価」とされています。自分のある行動を環境に配慮した行動に変えることで，これまで享受していた便利さや快適さが損なわれたり，面倒を感じたりすることもあるのではないでしょうか。そうした便益の減少とコストの増大の評価によって，行動意図は影響を受けるのです。評価の3つめには「社会規範評価」があげられています。私たちの行動は，家族や友人，またコミュニティのメンバーなど準拠集団の規範や期待から影響を受けています。地域全体で環境問題に取り組んでいる場合には，環境に配慮した行動は促進されるのです。

このように，この2段階モデルでは，時点の異なる2段階が存在し，意思決定の仕方が異なるために，態度と行動に不一致が生じる場合があることをうまく説明しています。さらに，環境配慮行動を促進するため，このモデルをもととしたアプローチの有効性についても議論が成されています（大友, 2008）。そこでは，態度と行動の形成段階と要因の違いが指摘されることから，①態度形成のために3つの環境認知の変容を目的とするアプローチ，②行動意図形成に影響する行動評価の3側面の変容を目的とするアプローチ，また，③態度と行動の関連を高めるアプローチという認知・行動・態度変容を目的とする3アプローチに整理がされています。

3. 体験してみよう

　身近な環境問題を想起して，図13-1-1を参考に，6つの要因について今の自分の状況がどのようなものか，書き出してみましょう。もしかしたら，ある環境問題に対してのリスクを高く見積もっているが，実際に配慮行動を起こそうとするにはコストがかかり過ぎてしまう，といった事態を経験しているかもしれません。2段階モデルの仕組みがよくわかるのではないかと思います。

　ドウズ（Dawes, 1980）は，社会的ジレンマ事態についての知識を，人々が協力的な行動を起こすために重要な要素として考えています。ある環境問題に実は自分自身もかかわっており，自分の行動が自分の利益を増進させるだけではなくて，公的な利益を損なうものであるということに気づかない場合が多く，その結果，非協力的な行動が見られると言うのです。このような体験によって，身近な環境問題に上記のような構造が当てはまっていると知るということが，問題解決の糸口になりうると言えるでしょう[2]。

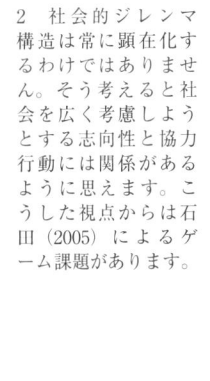

[2] 社会的ジレンマ構造は常に顕在化するわけではありません。そう考えると社会を広く考慮しようとする志向性と協力行動には関係があるように思えます。こうした視点からは石田（2005）によるゲーム課題があります。

第2節　環境葛藤コミュニケーション

1. 市民参加

　行政の環境に関する計画策定などの取り組みに，市民が参加する機会は多くなりました。スベトコビッチとアール（Cvetkovich & Earle, 1994）は，土地利用マネジメントに関するフィールド研究の中で，市民参加とは，土地利用問題の管理プランとそのための意思決定に関する情報探索に対し，個々の市民や市民団体が直接的に関与をすることであると定義しています。当該の環境問題にかかわる情報の収集や共有の機会と，その問題を解決するための意思決定の機会とに，市民自身が直接かかわっていくことが市民参加と言えるでしょう。

　市民参加をともなった計画策定は，社会が民主的であるための重要な要素の1つであると広く考えられています。市民参加によって，市民の価値観や意見が反映されることや，その計画策定が市民の社会的あるいは政治的エンパワーメントを高めるような結果が得られれば，それは社会に利益をもたらしてくれるでしょう。しかし，市民参加をどのように実現すればよいのかという問題については，市民同士や行政と市民，専門家とそうでない人々，また，利害関係者間において，葛藤がたびたび生じています。アーンスタイン（Arnstein, 1969）は，市民参加

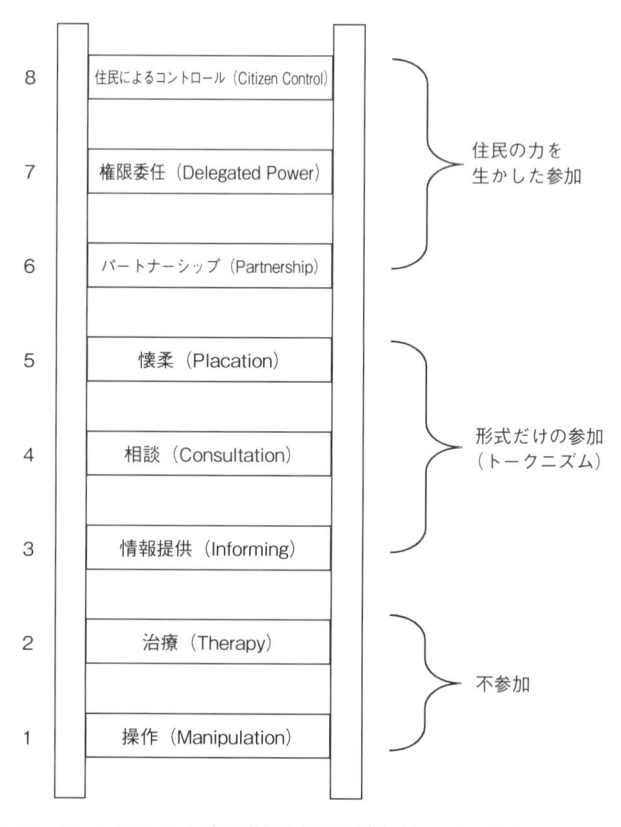

段階	内容	区分
8	住民によるコントロール（Citizen Control）	住民の力を生かした参加
7	権限委任（Delegated Power）	
6	パートナーシップ（Partnership）	
5	懐柔（Placation）	形式だけの参加（トークニズム）
4	相談（Consultation）	
3	情報提供（Informing）	
2	治療（Therapy）	不参加
1	操作（Manipulation）	

図 13-2-1　アーンスタインの市民参加の梯子モデル（Arnstein, 1969）

とは，本質的には権力を再分配することであるとしています。そして，計画決定の権利を，どの程度与えられているかという点から，市民参加の分類を行いました。彼女は，決定に市民が関与できる度合いを梯子の比喩を用いて表現し，「市民参加の梯子モデル」と名づけています（図13-2-1）。

梯子の最も下の2つの段は「不参加」の段です。ここでは，市民を参加させることではなく，当該の環境問題や計画についての教育を行い，ときには誤解をしたり不満を抱いたりする市民に対して，世論操作を行ったり，不満を和らげたりすることが目的です。3から5段目は形式的な参加の段です。参加者は，情報提供を受けたり意見を聴取されたりはしますが，それが決定に反映される保証はありません。ここは，トークニズムの段と表現されています。最後の6から8段目で，意思決定にかかわる市民の権利を行使する段階にきます。ここではじめて，市民は交渉が可能になり，権限が委任されます。最も上の段は，市民主導の意思決定がなされる段となっています。

あなたが住んでいる自治体では，どのような市民参加の取り組みがなされているでしょうか。市役所のホームページや公民館，地域の交流センターに公開されている広報や広聴に関する情報やパブリックコメント制度などを調べてみましょう。

市民参加の分類を，専門家と専門家ではない一般市民の間でどのような情報がやりとりされるかという観点から行った研究もあります（Waddel, 1996）。専門家は，最終的な決定以外を一般市民へまったく提供しないレベルもあれば，専門家が技術的な情報を市民へ提供するというレベルもあります。さらに，専門家から提供された情報に対して，市民が自らの価値観や意見を専門家へ表明する機会をもてるレベルがあります。そして，最後に，専門家と市民が技術的な情報も価値観や意見も双方向的にやりとりをするレベルがあるとされています。最後のレベルは滅多に見られないとされています。市民参加と言っても，実際にはさまざまなレベルがあることがわかります。

2. 市民参加と社会的受容

市民参加の導入理由には，前述のようにそれが「民主的である」と考えられるからということのほかに，どのようなものがあると考えられるでしょうか。また，それが有効に働くためにはどのような条件があるのでしょう。

広瀬（2008）は，市民参加による計画策定が導入されるようになった背景として2つの点をあげています。1つは，行政の計画作りが，住民ニーズを満たす行政サービス計画から，市民の協力を必要とする計画作りへの転換が図られるようになったことです。もう1つは，NIMBY問題[1]をはらむような利害や賛否が対立する環境問題の解決策に合意を得るためには，行政が便益を一方的に説明するのでは不十分であるということです。また，オストロム（Ostrom, 1990）は，フィールドワークを通して実際のコモンズの資源管理の政治制度を研究するなかで，外部から解決策が提示されることよりも，当事者間での話し合いが有効であることを見出しています。話し合いによって，規範や，ベネフィットとコストの評価の情報が共有され，それに基づいて現状の管理ルールを変更するべきか，また変更するならどのように変更するべきなのか，合意形成がなされていくと言うのです。彼女は，こうした話し合いのプロセスが，「コモンズの悲劇」の出現を抑制し

[1] Not In My Back Yardの略。ゴミ処理場や原子力関連施設のように，社会として必要ではあっても，自分の住む場所のそばにはあって欲しくないと思う施設のこと。

ていると考察しています。前節でも，実験研究に基づいた話し合いの効果について紹介しましたが，ここでもやはり集団のメンバーが話し合いに参加するというプロセスが重要になってくるようです。

　社会心理学では，人々が決定をどのように受け入れるのかという社会的受容の問題に対しては，主として紛争解決の手続き的公正に関する研究が取り組んでいます。

　リンドとタイラー（Lind & Tyler, 1988）は，ある決定を人々が受け入れるためには，その資源の分配が公正と評価されるだけではなく，決定の手続きが公正であると評価されることが重要であることを示しています。さらに彼らは，この手続き的公正の判断がどのように判断者の行動や感情に影響を及ぼすのかという点を説明するモデルとして，集団成員性にかかわる集団価値モデルをあげています。このモデルでは，手続き的公正の判断に重要な要素として，①尊重性，②中立性，③信頼の3つの存在が指摘されています。つまり，権威は成員の権利を尊重しているか，権威の決定はバイアスのない中立的なものか，権威者に信頼がおけるか，という観点から公正さの判断が行われているというのです（Tyler & Lind, 1992）。タイラーらはまた，手続き的公正判断が個人の集団に対するポジティブな態度である集団価値を高め，それが集団志向的な行動や協力行動を促進することを見出しています（Tyler & Degoey, 1995）。

　こうして見てくると，話し合いや議論を可能にする市民参加の機会が設けられていることと，そうした機会も含めた参加の手続きが公正なものとみなされるかどうかが社会的受容のために重要な前提となっていることが分かります。広瀬（2008; Hirose, 2007）は，交通計画策定についての調査を通して，社会的受容には，計画の効果に関する評価のみが焦点となるのではなく，計画の是非を問う住民投票までの参加手続きが公正だと評価されることが必要であることを確認しています。

　Hirose（2007）では，市民参加型の会議をステークホルダー型会議，市民パネル型会議，両者の長所を生かしたハイブリッド型会議に分類しています。ステークホルダー型会議は，利益団体の本当の代表者が参加をしなければ，会議による事態の進展は望めません。また，利益団体間の調整は公式の会議の場においてよりもロビー活動などにより行われる場合が多いようです。さらに，ステークホルダー型会議の参加者は自集団の利害に強いコミットメントを形成しており，さらに集団からの期待をとても意識しています。そのために，彼らの意見や態度には少しの柔軟性も見られないということがあります。市民パネル型の会議では，まず無作為に抽出された市民が実際に会議に参加する度合いがきわめて低いという問題があります。また無作為抽出された市民の意見には，NIMBY問題のように，不利益を被っている特定の市民の視点がほとんど反映されないかもしれないという危険も存在します。しかし，公募で参加する市民を募った場合は，偏った意見が集約される可能性があります。加えて，関心の高い一部の市民が参加した会議の結論に対しては，一般的な市民や利益団体はしばしば理解を示さないということもあります。

　市民参加には，環境や環境問題に対し，誰がどのような価値のもとでどのようにかかわるのか，という問題が存在しています。そもそも誰が話し合いに参加するべきなのでしょうか。話し合いに参加した市民が作成した計画はどこまで権限をもつのでしょうか，また議論のレベルは科学知を基盤にするべきでしょ

か，それとも生活知を基盤にするべきなのでしょうか。議論の場には馴染みにくいような「なんとなくの気持ち」をどうすればよいのでしょうか。こうした問題に対し，ある環境について，誰がどのような価値や仕組みのもとにかかわったり，また管理をしたりということについての社会的承認の様態をレジティマシー（legitimacy）と言います（宮内, 2006）。そして，そのレジティマシーそのものの存在や獲得のプロセスによって，資源の管理や発展のさせ方が大きく異なると考えられ（菅, 2005），コモンズの管理にかかわる合意形成を図る試みの中で注目されています。

第14章　学校教育

第1節　学校適応

1. 中学生の学校適応

　あなたが中学生だったころを思い出してください。あなたは，学校に適応していましたか。そもそも，学校に適応しているとは，どのような状態のことを言うのでしょうか。ペリーとウェインスタイン（Perry & Weinstein, 1998）は，学校適応を学業的機能，社会的機能，行動的機能の3つの機能によって整理しました。1つめの学業的機能とは，学習に関するスキルをきちんと身につけて，よい成績を取っているかどうかや，学習に対する動機づけが高いかどうかどうかという側面です。2つめの，社会的機能とは，仲間から人気があるかどうかや，友達や教師などとよい対人関係をもっているかどうかといった側面です。最後の行動的機能とは，感情や注意の自己制御[1]ができ，決められたルールにきちんと従い，向社会的な行動をしているかどうかといった側面です。これら3つの機能は，学校適応において，いずれも重要なものだと言えそうです。しかし，それほど勉強ができなくても学校が大好きで適応している人もいるでしょうし，逆に，勉強がすごくできる人でも，学校に適応できない場合はあります。これらの機能のバランスや質が学校適応と関係していると考えられます。

　また，転校したり，クラス替えでメンバーが変わったり，担任教師が変わったりして，周囲の環境が変化すると，私たちの学校適応も，それに応じて変化すると考えられます。学校適応は，性格や欲求のような個人的な性質のものではなく，個人と環境の関係を表しているのです（大久保・加藤, 2005）。つまり，学校環境に適応的な望ましい個人の特徴があるわけではなく，適応的な個人の特徴や求められる特徴は，環境との関係次第であるということです。環境が変われば，個人と環境との関係も変化し，求められる個人特徴も変化します。したがって，適応状態も変化するのです。大久保・加藤（2005）によれば，中学生は，高校生や大学生に比べて，関係性への要請を強く感じていることを明らかにしています。つまり，中学生は，学校では，親しい人をたくさん作ったり，周りの人と友好的にうまくやっていくことが求められていると強く感じているのです。周りに親しい人がたくさんいてほしい，人との付き合いを多くもちたい，周りの人と友好的であってほしいなど，学校に対して，ペリーとウェインスタイン（Perry & Weinstein, 1998）の言う社会的機能を重視しているというのは，仲間集団との結束が強くなる中学生の心をよく表現しています。

2. 仲間集団の形成

　児童期後期から青年期前期にかけて，私たちは親から離れ，自立のための準備をします。すべてにおいて依存していた親元から離れ，ひとり立ちを考えるこの過程を，ホリングワース（Hollingworth, L. S.）は心理的離乳（psychological weaning）と呼びました。青年期は自己を確立し，大人への準備期間として心理的離乳を経験するわけですが，この時期の青少年は深い孤独を感じると言われて

---

[1] 第1章第3節参照。

います。親から離れた孤独の寂しさを埋めてくれるものとして仲間集団を形成し，仲間集団の中で自己を探そうとします。青少年がお互いに一緒になることで，何らかの満足を得ることを期待して集まるインフォーマル・グループが仲間集団です。仲間集団は，情緒的な安定をはかるためだけの集団だけではなく，社会的スキルの学習の場であり，自己形成のためのモデルにもなります。そのため，仲間集団は学校環境の一部として，生徒の学校適応に大きな役割を果たすことになります。仲間集団にうまく適応すれば，社会的コンピテンスを高め，そして社会的不安や孤独感を低めることになります（Storch & Masia-Warner, 2004）。そして，学校適応も高められると考えられます。ベルント（Berndt, 2004）も，仲間集団との親密な関係は，学校適応を促進すると述べています。

しかし，仲間集団は，生徒に対して良い影響力だけをもつのではありません。親しい人をたくさん作ったり，周りの人と友好的にうまくやっていくという肯定的側面だけではなく，友達とケンカしたりいじめがあったりといった葛藤や，友達との競争など，仲間集団との関係性を乱す否定的側面も仲間集団にはあります。

3. 体験してみよう

あなたの現在や過去の学校での自分の友達や周囲の人たちについて思い出して，対人関係を振り返ってみましょう（図14-1-1）。

①以下の条件に当てはまる人をそれぞれ2人ずつ思い浮かべて，その人のイニシャルを記入してください。すべてが違う人になるようにしてください。

	イニシャル	イニシャル
あなたとすごく親しい人		
あなたとよく話す人		
顔は知っていて，簡単な話をしたことがある人		
顔は知っているが，話をしたことのない人		

②紙の中央に「自分」をイメージできる形を描き，その中に「自分」と記入します。そして，「自分」の周りに，上に書いた8人の形（○，△，☆，□等）を描き，その中にそれぞれの名前を記入します（図14-1-2参照）。

図14-1-1　体験してみようシート①②

③対人距離を測ってみましょう。対人地図で描いた8人と自分との距離をものさしで測り，記入してください。

( ) < ( ) < ( ) < ( ) < ( ) < ( ) < ( ) < ( )
___cm   ___cm   ___cm   ___cm   ___cm   ___cm   ___cm   ___cm
一番近い人   一番遠い人

④私から出発する一本の直線の上に，8人のイニシャルを記入してみましょう（図14-1-3参照）。

私 ───────────────────→

⑤この体験で，感じたことを書き出してみましょう。

図 14-1-1　体験してみようシート③④⑤

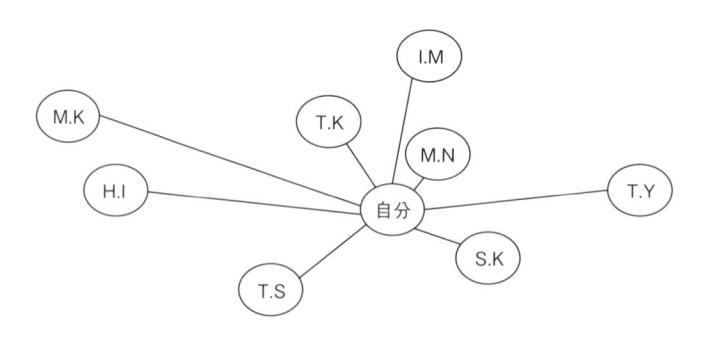

図 14-1-2　対人地図の例

図 14-1-3　対人直線の例

4. ホールの対人距離

　ホール（Hall, 1966）は，人間が，自分と周囲の人たちとの空間をどのように利用しているのかについて，親密距離，個人的距離，社会的距離，公衆距離の4つの段階があり，相手や場面に応じて，これらを使い分けていると述べています。

　ホールの言っている心理的な対人距離の視覚化を試みた住沢・福島（2008）の研究では，表現された人型シールの方向・シール間の距離・シールの大小，シールが貼られる位置（上下）と心理的な対人距離との関係について調べています。互いに好意をもつ関係を表現する場合は，2人の人形シールを向かい合わせに貼るという表現もありますが，近くに貼ることで2人の関係が表現されました。対人関係の親密さは，貼られる方向とシール間の距離によって表現されるものだと推測できる結果です。さらに，自分より立場の強い人が上，弱い人が下に貼られ，大きく感じる人には大きいシールを，小さく感じる人には小のシールが使用されました。対人距離の視覚化は，無意識的にとっていた対人距離を客観視することにより，自分自身をより深く理解し，適応的な行動を導くための手助けになると思います。

　特に，中学生の仲間集団との対人距離の取り方は学校適応に大きく影響を及ぼすと考えられます。対人距離の取り方が，世代間で違いがあるかどうかを検討した豊田（2008）の研究では，親密な相手に対して青年期は中年期，老年期より心理的な状況による対人距離の差が小さかった結果を見出しています。この結果は，青年期に特徴的に見られたものです。

　青年期の対人距離についてより具体的に見るために，本人の性・相手の性・相手の年齢要因が対人距離に及ぼす影響を検討した研究を紹介します（池上・喜多，2007）。青年期の女性は，男性と比べ，身近な人に対する対人距離が近く，そして，身近な人に対して男女ともに，父親や母親と比べ，親友や恋人との対人距離が近いことがわかりました。青年期の特徴である心理的離乳によって，心理的に親から離れ仲間集団に準拠していく青年期の心の発達過程が，対人距離の取り方として表れたと言えます。

　私たちは，それぞれの段階ごとに，異なる心理的距離をとっていますし，またそれに見合った行動をとっているのです。しかし，相手との関係に応じた適切な距離がとれなかったり，それぞれの距離に見合った言動がとれない場合には，対人関係につまずきを覚える可能性が高くなります。対人地図や対人直線を描き，視覚的に心理的な対人距離を知ることは，自分や自分の周囲の人間関係について振り返るよい機会となると思います。

第 2 節　学級集団の特徴

　学級をイメージしてください。誰もが，机と椅子が並ぶ教室，黒板や壁に貼った図画や習字，そして，教師と多くの子どもたちのいる学級の風景を思い浮かべることができるはずです。学級集団は，私たちのほとんど誰もが所属した経験のある集団です。日本では，小学校から高校まで 12 年間という長い期間，学級集団で過ごすことになります。ここでは，学級集団の特徴について考えてみることにしましょう。

1. 学級集団の特徴

　学級は，学校教育の制度上で構成される集団です。学級集団は，他の社会集団とは異なった特徴をもっています。まず，学級集団の特徴について見ていきましょう。

　1）構成員　多くの場合，学級集団は数十人の児童・生徒と 1 人の担任教師から構成されます。児童・生徒同士は，年齢や居住地域などが同じために，どの学級集団も比較的等質になります。担任教師は，児童・生徒とはまったく異なった存在であり，学級の指導者・リーダーとして位置づけられています。児童・生徒には，担任教師や所属する学級を自分で選択する自由はありません。

　2）期　　間　学級集団は通常，1 年間あるいはそれ以上の継続した期間で形成されます。

　3）集団の目標　一般に，集団には目標が存在しますが（たとえば，企業では利益の向上），学級集団は，集団で何かを成し遂げるような目標をもつことはあまりありません。もちろん，始業開始 5 分前には席につくというような学級目標を作ってそれを守るとか，合唱コンクールやスポーツ大会でがんばろうといった目標をもつことはあります。しかし，このような学級集団の全体の目標よりも，むしろ，集団成員間の相互作用によってもたらされる，社会性の発達や人格形成など，個人の成長に目標はあります。

2. 学級集団の理解

　教師と児童・生徒といった地位や役割に基づく関係をフォーマルな関係と言います。一方で，親密性に基づいた関係をインフォーマルな関係と言います。学級集団そのものは，フォーマルな集団ですが，学級集団の中には，子どもたちが自発的に形成するインフォーマルな関係が存在します。外から観察していても，誰と誰がよく気が合って，あの人とあの人は，実はあまり仲が良くないなどといったインフォーマルな関係を把握することは困難です。しかし，学級集団の特徴や動きは，インフォーマルな関係によって規定される部分が大きいと言われています（狩野・田﨑，1990）。つまり，子ども同士の親密性（好き―嫌い）を明らかにすることによって，子どもたちの結びつきがわかり，学級集団の特徴を理解することができるのです。

3. ソシオメトリック・テスト

学級集団のインフォーマル構造を理解する手法として，モレノ（Moreno, 1953）が開発したソシオメトリーがあります。ソシオメトリーの技法の1つであるソシオメトリック・テストでは，対人的な「好き—嫌い」を明らかにするために，「あなたの学級の中で，休み時間に一緒に遊びたい人は誰ですか」とか，「グループで勉強するとしたら誰と一緒にしたいですか」などの質問を子どもにして，友達の名前をあげてもらいます。つまり，好きな友達や嫌いな友達を直接的に，子どもに聞くのではなく，学習や遊びを一緒にしたい相手をあげてもらうことによって，友達に対する好意を間接的に測定しようとする手法です。ソシオメトリック・テストは，児童・生徒への影響やプライバシーなどの観点から，最近は実施が困難になっています（石田, 2002）。しかし，担任教師が学級集団のインフォーマル構造を把握するためには効果的な手法です。ソシオメトリック・テストが測定しているのは，一緒に活動したい相手という欲求ですが（楠見・狩野, 1985），実際の相互作用も，その欲求に基づいて行っていることが明らかにされています（黒川ら, 2006）。

ソシオメトリック・テストでは，誰と学習や遊びをしたいかだけではなく，誰と活動したくないかという排斥選択の回答を求めることもあります。しかし，排斥選択を回答させることは，子どもへの影響を考えた場合，かなり積極的な必要性が認められない限りは，倫理的に実施すべきではないと思われます。また，ソシオメトリック・テストでは，通常，上位3名を記述させるように，人数制限を設けています。このため，児童・生徒が，3名よりも多く回答したくてもできま

表14-2-1 ソシオ・マトリックス

		選択者															
		1	2	3	4	5	6	7	8	9	10	11	12	13	14	15	16	計
被選択者	1		3	1	2		1	1	2									
	2			3		3			3									
	3	1	1		1	1	2	2	1									
	4				2													
	5				3													
	6	3						3										
	7						3											
	8	2	2	2														
	9										1	1		1				
	10									1		2		2				
	11									2	3			3				
	12														1	3	2	
	13									3	2	3						
	14												2			1	3	
	15												3	2			1	
	16												1		3	2		

注）出席番号1〜8は男子，9〜16は女子である
計は被選択数の合計

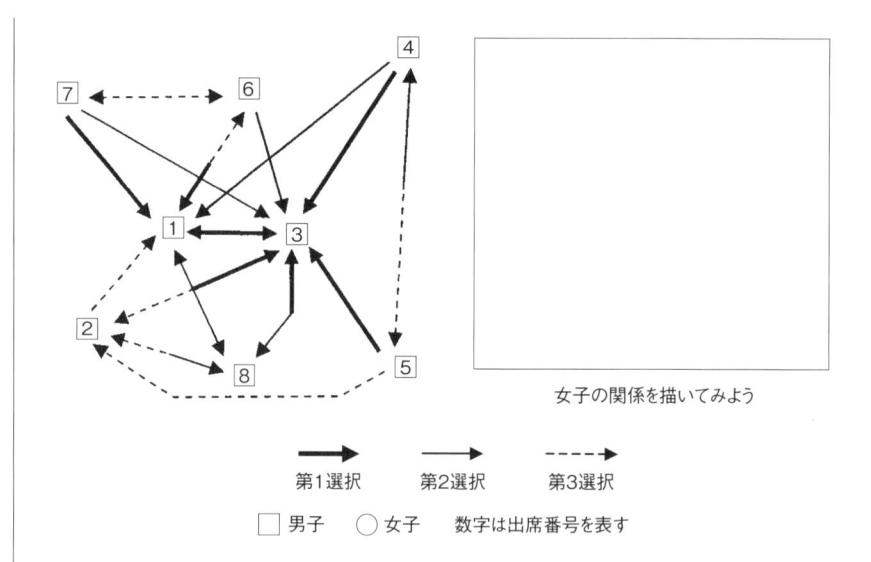

図14-2-1 ソシオ・グラムの例

せんし、逆に、3人に満たない場合には、無理に回答してしまうといった問題が生じることもあります。しかし、上位3名を記載させると、学級のインフォーマル関係がかなり的確に捉えられることがわかっています。

　ソシオメトリック・テストの実施後は、ソシオ・マトリックスを作成して集計します（表14-2-1）。児童・生徒の名前を左の列（被選択者）と上の行（選択者）に記入し、各セルには選択の順位を記入します[1]。たとえば、表を縦に見ていくと、4番の男子が、3番の男子を1位、1番の男子を2位と回答していることがわかります。また、表を横に見ていくと、8番の男子が、1番、2番、3番の男子から選択を受けていることがわかります。そして、右の被選択数の合計から、人気のある子どもとない子どもが一目でわかります。

　学級の構造を直感的に理解するには、ソシオ・グラムを描きます（図14-2-1）。ソシオ・グラムは、ソシオメトリック・テストの結果を図示する手法です。まず、男子を□、女子を○で表します。名前を記入すると煩雑になりますので、出席番号で代用します。たとえば、男子の出席番号1番の児童・生徒は①のように表します。選択は矢印で表します。第1選択を太い線で表し、順位が低くなるにつれて細い矢印で表すとわかりやすくなります。

[1] 基本的な集計方法は、田中（1957, 1964）を参考にしています。

4. ソシオメトリック地位

　他の子どもから選択を受けていても、自分ではその人を選択していないため、相互選択が成り立っていない子どもを、周辺児と呼びます。また、まったく選択を受けていない子どもを、孤立児と呼びます。ソシオ・グラムから、視覚的に児童・生徒の学級内の地位を知ることができますが、同時にソシオメトリック地位を算出して、数量的に把握することもできます。ソシオメトリック地位とは、ソシオメトリック・テストを実施した集団内の人気度を表す指標です。一般に、多くの人から選択されている子どもは人気があると言えるので、被選択数を指標とします。また、現実の社会では、多くの人から好かれていなくても、実力をもった人から好かれることによって、集団内で重要な役割をもつ場合もあります。こ

のような影響を考慮に入れた指標に，2段階地位と呼ばれるものがあります。2段階地位は，被選択数だけに着目するのではなく，選択者の被選択数，すなわち選択者の人気度を加味した指標です。他にも，ソシオメトリック地位の算出方法はたくさん考案されています。

5. 学級集団のインフォーマル構造

学級集団のインフォーマル構造の類型はおおよそ次の5つに分類されます（田中, 1957）。

1）統一結合型　1人から3人程度のリーダーによって統一される集団です。中学校あるいは高等学校で見られます。

2）分団結合型　仲間集団が複数形成されていて，それらが互いに結合している場合です。この場合の中心人物は各仲間集団に存在します。

3）分団分離型　男女や仲間集団が閉鎖的な場合です。相互に対立するという例も少なくありません。小学校高学年に見られます。

4）一部集中型　選択が一部に集中し，相互選択が少ない構造です。孤立者が多くなる場合が多いです。

5）多数分離型　相互選択が少なく，孤立者が多い構造です。学級編成直後の構造はこの型になりやすいです。

あなたの所属していた学級集団は，どのタイプだったでしょうか。年齢や時期によって，学級集団のインフォーマル構造が変化すること，また，インフォーマル構造には，性差があることなどがわかると思います。

6. 体験してみよう

表14-2-1のソシオ・マトリックスにある被選択数の合計からそれぞれの子どものソシオメトリック地位を書き込みましょう。また，図14-2-1のソシオ・グラムに女子の関係を描いてみましょう。

①被選択が多い者を中心に，少ない者は周辺に書きましょう。1位の選択を受けている人をより中心に書きましょう。

②選択順位は線の太さを変えるなどして表現すると見やすくなります。

③線の数を省略するために，相互選択の場合は双方向矢印で表すとよいでしょう。

最後に，ソシオ・グラムからこの学級がどのインフォーマル構造に当てはまるか考えましょう。

第3節 いじめ

いじめは，被害を受けた児童・生徒に強いストレスを与え，神経症の発症や不登校，自殺企図などの原因になることがあります（坂西，1995；岡安・高山，2000；立花，1990）。したがって，学校ではいじめを見逃さず，早期に適切な介入を行う必要があります。文部科学省の調査によると，いじめの認知件数は小学校高学年生から徐々に増え始め，中学校1年生でいっきに増加します（図14-3-1）。この時期に，いじめの存在を身近に感じたという人は多いでしょう。ここでは，いじめの問題を心理学の視点から考えていきます。

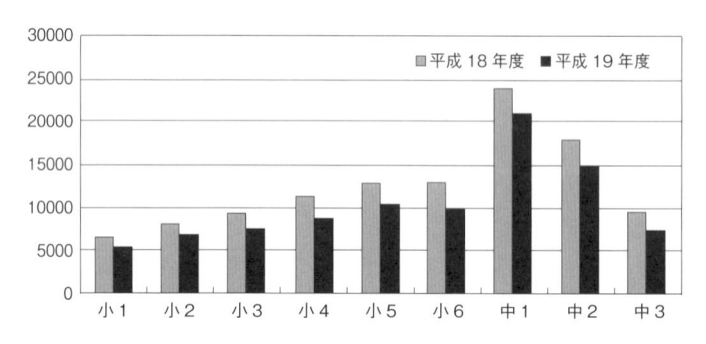

図14-3-1　小学校と中学校のいじめの認知件数（文部科学省，2007，2008）

1. いじめの種類

心理学では多くの場合，「弱者が強者から一方的，継続的に身体的・精神的危害を加えられる行為」のことをいじめと捉えます。すなわち，いじめは他の攻撃行動とは異なり，①社会的，身体的な力関係の強弱があること，②攻撃が一方的に加えられていること，③攻撃行動が継続していること，④身体的・精神的危害を加えられたと感じる被害者が存在することの4つの要素を含んでいます。そして，いじめの加害者が被害者に身体的・精神的危害を加える方法には，以下のようなものがあります。

1）直接的いじめ　叩く・蹴る，本人に聞こえるように悪口を言うなど，被害者自身に攻撃を加えるタイプのいじめです。
2）関係性いじめ　無視・仲間はずれ，悪い噂を広めるなどの手段を用いて，被害者の対人関係を阻害し，被害者を集団の中で孤立させるタイプのいじめです。直接的いじめのような目立った攻撃行動が少ないため，教師による発見が困難です。
3）ネットいじめ　被害者の悪口や個人情報を，インターネットを通じて，ブログや掲示板に書き込んだり，電子メールで送信したりするタイプのいじめです。ネットいじめは，加害者の匿名性が高く，フィールドが広いために監視が困難です。また，被害者は学校を休んでも攻撃を回避できないのが特徴です。

なお，岡安・高山（2000）は，いじめの加害者には，直接的いじめと，関係性いじめの両方を行う者が存在し，彼らは，不機嫌，怒り，無気力が他の生徒よりも高く，教師との関係が悪いことを明らかにしています。

2. いじめの集団要因

いじめのある学級には，いじめの加害者と被害者だけでなく，いじめをはやしたてる観衆者や，見て見ぬふりをする傍観者が存在し，相互に大きな役割を担っていると考えられます（森田，1985）。では，いじめの観衆者や傍観者の存在は，いじめにどのような影響を与えるのでしょうか。大西（2007）は，生徒がいじめを行いやすい学級には，生徒がいじめを行いにくい学級と比較して，いじめに肯定的な集団規範（学級集団に共有された暗黙のルール）が存在することを明らかにしました。これは，生徒たちが，いじめを行うか否かの判断をするときに，他のクラスメイトがどの程度，いじめを受け入れているのかを考慮しているということです。いじめに否定的な集団規範が学級に存在する場合，いじめはクラスメイトの期待に背く行為となります。学級のみんなから嫌われてまで，誰かをいじめ続けたいという加害者はほとんどいません。すなわち，いじめを防止するためには，加害者がいじめを行うことで，周囲の生徒がそれを楽しんだり，見て見ないふりをするような学級ではなく，いじめを嫌い，そのような行為を制止したり，白い目で見るような学級作りをすることが大切なのです。

3. いじめの擬態

上述したように，いじめに否定的な学級規範を保持することは，いじめが学級内で堂々と横行する事態を防ぐために必要です。しかし，いじめに否定的な学級規範が存在しても，いじめが発生してしまうことがあります。いじめが，あたかもいじめではないような形に擬態するのです。

体験してみよう
それでは，いじめの擬態に関する体験学習を行います。中学1年生に戻ったような気持ちでやってみましょう。

①例を参考にしながら，いじめの加害者になって，シートに被害者をいじめたい理由を3つ書き込みましょう（表14-3-1）。いじめたい理由には，いじめという言葉を使わないでください。また，できるだけ他者に納得してもらえそうな理由を考えましょう。
②あなたの書いたシートを基に，教室の中で自分のいじめに加害者として参加してくれる人を探しましょう。あなたが考えた3つの理由の中の1つを使い，相手を探していじめに参加してくれるように説得します。このときも，あなたはいじめという言葉を使ってはいけません。説得が終わったら，表14-3-1の「参加意思」のアンケートに沿って，相手に参加意思を尋ね，○を1つ記入します。無理に参加を強要してはいけません。相手の自由意思に任せましょう。

表 14-3-1　いじめの理由と参加意思シート

クラスメイトのAをいじめたい理由	方法	参加意思			
		まったく参加しない	ほとんど参加しない	少しなら参加してもよい	積極的に参加してもよい
例）Aは悪口ばかり言うから	遊ぶときに仲間はずれにしたい	1	②	3	4
①	遊ぶときに仲間はずれにしたい	1	2	3	4
②	遊ぶときに仲間はずれにしたい	1	2	3	4
③	遊ぶときに仲間はずれにしたい	1	2	3	4

　③いじめたい理由の残り2つを使って，別の人にも同じことを行います。全部で3人に参加意思を記入してもらいましょう。他の人があなたを説得しに来たら，あなたも相手に自分の参加意思の有無を伝えます。

　体験学習はいかがでしたか。あなたが考えた3つのいじめたい理由によって，相手の参加意思は異なったでしょうか。また，あなたの参加意思は，相手が説得に用いた理由によって異なりましたか？
　いじめの擬態は，自己調整過程の不活性化（Bandura, 2002）と関係するものです。自己調整過程とは，道徳性や良心に近い概念で，それまでの経験の中で学習した基準にそって，物事の善悪を判断し，あなたをより良い行動へと導くための機能です。多くの生徒は，これまでの生活の中で善悪を判断する基準を学習しているので，いじめは悪いことだと知っています。しかし，人は自分の中の善悪の基準をごまかし，悪い行いをしてしまうことがあります。このような現象を，自

己調整過程の不活性化と言います。つまり，いじめの加害者は，いじめをいじめではないものに擬態させることで，自分や他者の善悪の基準を不活性化させているのです。以下に，自己調整過程の不活性化を引き起こすさまざまな要因について，いじめを例に紹介します。

　1）道徳的正当化　いじめを正しいことにします。「あの子は嘘つきだから，ちゃんと反省させるために，クラスのみんなで無視するの。その方があの子にとっていいのよ（これは教育よ）」
　2）都合の良い比較　もっと悪いことを引き合いに出して，自分の行為を軽くします。「隣のクラスのいじめは，本当に残酷なの。それに比べたら，私たちのしていることなんて，いじめとは言えないよ」
　3）婉曲なラベル　より社会的に受け入れられる表現に変更します。「いじめじゃないよ。ふざけていただけ。冗談を言っていただけ。遊んでいただけ」
　4）責任の転嫁・責任の拡散　自分の責任を放棄します。「あの子が，殴ろうって言うから殴ったんだよ。それに，僕だけじゃなく他のみんなも殴っていたよ」
　5）結果の無視や矮小化　いじめられた被害者の気持ちを深く考えません。「平気そうな顔をしてたよ。少なくとも泣いてなかったし，きっと何とも思ってないよ。鈍感だから」
　6）没人間化　同じ人間であることを認めないようにします。「人をいじめてはだめだけど，あの子は虫だから，いじめてもいいんだ。虫にそっくりなんだもの」
　7）非難の帰属　被害者に非があることにします。「あの子は，普段から嫌なことばかり言うから，いじめられても仕方ないよ。これは当然の罰なんだ」

　ここにあげた要因が，生徒の自己調整過程を不活性化すると，生徒は善悪の判断を誤り，いじめを行ってしまうのです。また，多くの生徒に同時に不活性化が生じているときには，多数の不活性化が教師や保護者の判断にまで影響を及ぼすことがあります。「クラスのみんなは，ただの冗談だと言っている。あの子が繊細すぎるんだろう」といじめを見過ごしたり，「みんなが言うように，あなたの態度が悪いからいじめられるのよ」と，むしろ被害者を責めることにならないように注意しましょう。
　あなたの作った3つのいじめたい理由は，どれが最も他者の自己調整過程を不活性化し，いじめへの参加に導いたでしょうか。残念ながら，いじめは，子どもだけでなく大人の社会にも存在します。どんな理由があっても，その問題を解決する手段として，いじめを用いることは許されません。大人のいじめ加害者がもつ巧みな話術に惑わされて，今後，あなたの自己調整過程が不活性化しないように注意しましょう。

第4節 教師のリーダーシップ

1. リーダーシップとは

　会社の社長や，学校の校長先生などのように，組織において中心的・指導的立場にある人のことをリーダーと呼びます。また，リーダーシップとは，多くの研究者によって「ある共通の課題の達成に関してある人が，他者の援助と支持を得ることを可能とする社会的影響過程」と定義されています（Chemers, 1997）。組織の中でリーダーシップを最も発揮できる人をリーダーと呼ぶこともできます。第2節で述べたように，学級集団では，必ずしも集団の目標があるとは限らず，むしろ子どもたち一人ひとりの成長に目標があります。したがって，教師のリーダーシップは，子どもたちの成長を促していくための学級運営で発揮されます。

2. PM理論

　リーダーシップ研究の主な目的は，効果的なリーダーシップとは何かを明らかにすることです。日本では，三隅（1964）が，リーダーシップを2つの機能によって分類するPM理論を提唱しました。2つの機能とは，集団目標を形成し達成することを含む課題遂行機能（P機能）と，集団の社会的安定を保つことを含む集団維持機能（M機能）です。PM理論では，課題遂行機能と集団維持機能のそれぞれの高低からリーダーシップスタイルをPM型，Pm型，pM型，pm型に分類します。大文字で表されたものは，高い機能があることを意味しています。たとえば，Pm型は課題遂行機能が高く，集団維持機能は低いリーダーシップと理解できます。PM理論を基に，三隅ら（1977）は，教師のリーダーシップと「学級連帯感」「学習意欲」との関連を調べた結果，PM型，pM型，Pm型，pm型のリーダーシップの順に「学級連帯感」や「学習意欲」が高いことを明らかにしました。また，三隅・矢守（1989）でも，中学生を対象に，「授業満足度・学習意欲」「学級への帰属度」「学級連帯性」「生活・授業態度」のいずれにおいてもPM型が最も高く，pm型が最も低いという結果が得られています。「授業満足度・学習意欲」と「学級連帯性」に関してはpM型がPM型に次いで2番目に高く，一方で「学級への帰属度」と「生活・授業態度」に関してはPm型が2番目に高く，どちらの型の方が良いかは内容によります。

3. リーダーシップの源泉

　教師のリーダーシップの源泉は勢力資源です[1]。PM型のリーダーシップの勢力資源を明らかにした研究では，正当性，熟練性，親近性の勢力資源が源泉となっているようです（田﨑, 1981）。正当性勢力とは，教師としての役割による力のことです。熟練性勢力は，豊富な経験で得た力のことです。親近性勢力は，インフォーマルな関係によって形成された親密性を基にした力のことです。たとえば，教師の指示に子どもが従う理由について考えてみましょう。従う理由が，正

1　勢力とは他者に対して影響を及ぼすことが可能な潜在的な力のことです。

当性勢力による場合は,「先生の言うことをきくのは当然だと思うから」と子どもが考えたからになります。熟練性勢力が影響力になる場合は,「先生は経験が豊富だから」,親近性勢力の場合は,「先生は自分の気持ちをわかってくれるから」といったようになります。

4. 体験してみよう

小学校 6 年生時の担任の先生を思い出してみましょう。表 14-4-1 にある各文を読んで,当てはまるところに○をつけてください。

表 14-4-1　PM 理論のリーダーシップ項目

	まったく当てはまらない	あまり当てはまらない	少し当てはまる	かなり当てはまる	非常に当てはまる
① P 機能					
1. 勉強道具などの忘れ物をしたとき注意する	1	2	3	4	5
2. 忘れ物をしないように注意する	1	2	3	4	5
3. 家庭学習(宿題)をきちんとするようにきびしく言う	1	2	3	4	5
4. 名札ハンカチなど細かいことに注意する	1	2	3	4	5
5. 児童たちの机の中の整理やかばんの整とん,ぼうしのおき方などを注意する	1	2	3	4	5
6. 物を大切に使うように言う	1	2	3	4	5
7. 学級のみんなが仲よくするように言う	1	2	3	4	5
8. 自分の考えをはっきり言うように言う	1	2	3	4	5
9. きまりを守ることについてきびしく言う	1	2	3	4	5
10. わからないことを人にたずねたり,自分で調べたりするように言う	1	2	3	4	5

①　P 機能の合計点＿＿＿＿点

② M 機能					
1. 児童の気持ちをわかる	1	2	3	4	5
2. 児童と同じ気持ちになって考える	1	2	3	4	5
3. えこひいきしないで,児童を同じようにあつかう	1	2	3	4	5
4. 児童が話したいことを聞く	1	2	3	4	5
5. 勉強のし方がよくわかるように教える	1	2	3	4	5
6. 児童がまちがったことをしたとき,すぐにしからないでなぜしたかを聞く	1	2	3	4	5
7. なにか困ったことがあるとき,相談にのる	1	2	3	4	5
8. 勉強がよくわかるように説明する	1	2	3	4	5
9. 児童と遊ぶ	1	2	3	4	5
10. 学習中,机の間をまわってひとりひとりに教える	1	2	3	4	5

①　M 機能の合計点＿＿＿＿点

引用文献

第1章

Baumeister, R. F., Bratslavsky, E., Muraven, M., & Tice, D. M. (1998). Ego depletion: Is the active self a limited resource? *Journal of Personality and Social Psychology*, **74**, 1252-1265.

Baumeister, R. F., & Heatherton, T. F. (1996). Self-regulation failure: An overview. *Psychological Inquiry*, **7**, 1-15.

Baumeister, R. F., Heatherton, T. F., & Tice, D. M. (1994). *Losing control: How and why people fail at self-regulation*. San Diego, CA : Academic Press.

Bower, G. H. (1981). Mood and memory. *American Psychologist*, **36**, 129-148.

Brewer, M. B., & Gardner, W. (1996). Who is this "We"? Levels of collective identity and self representations. *Journal of Personality and Social Psychology*, **71**, 83-93.

Campbell, J. D., Assanand, S., & Paula, A. D. (2003). The structure of the self-concept and its relation to psychological adjustment. *Journal of Personality*, **71**, 115-140.

榎本博明 (1998).「自己」の心理学 サイエンス社

Festinger, L. (1954). A theory of social comparison processes. *Human Relations*, **7**, 117-140.

Freitas, A. L., Gollwitzer, P. M., & Trope, Y. (2004). The influence of abstract and concrete mindsets on anticipating and guiding others' self-regulatory efforts. *Journal of Experimental Social Psychology*, **40**, 739-752.

Fujita, K., Trope, Y., Liberman, N., & Levin-Sagi, M. (2006). Construal levels and self-control. *Journal of Personality and Social Psychology*, **90**, 351-367.

原田知佳・吉澤寛之・吉田俊和 (2008). 社会的自己制御尺度 (Social Self-Regulation) の作成―妥当性の検討および行動抑制/行動接近システム・実行注意制御との関連― パーソナリティ研究, **17**, 82-94.

原田知佳・吉田俊和 (2009). 社会的自己制御における解釈レベルとマインドセットの効果 日本社会心理学会第50回大会・日本グループ・ダイナミックス学会第56回大会合同大会, 122-123.

岩熊史朗・槇田仁 (1991). セルフ・イメージの発達的変化―WAI技法に対する反応パターンの分析 社会心理学研究, **6**, 155-164.

Leary, M. R., & Kowalski, R. M. (1990). Impression management: A literature review and two-component model. *Psychological Bulletin*, **107**, 34-47.

Marsh, H. W. (1986). Global self-esteem: Its relation to specific facets of self-concept and their importance. *Journal of Personality and Social Psychology*, **51**, 1224-1236.

Marsh, H. W. (1987). The big-fish-little-pond effect on academic self-concept. *Journal of Educational Psychology*, **79**, 280-295.

松本芳之・木島恒一 (2002). 就職活動における自己呈示の戦略目標 実験社会心理学研究, **41**, 111-123.

McCrea, S. M., Liberman, N., Trope, Y., & Sherman, S. J. (2008). Construal level and procrastination. *Psychological Science*, **19**, 1308-1314.

Morrier, D., & Saroy, C. (1994). The effect of interpersonal expectancies on men's self-presentation of gender role attitudes to women. *Sex Roles*, **31**, 493-504.

Muraven, M., Baumeister, R. F., & Tice, D. M. (1999). Longitudinal improvement of self-regulation through practice: Building self-control through repeated exercise. *Journal of Social Psychology*, **139**, 446-457.

Muraven, M., Tice, D. M., & Baumeister, R. F. (1998). Self-control as a limited resource: Regulatory depletion patterns. *Journal of Personality and Social Psychology*, **74**, 774-789.

中村雅彦 (1986). 自己開示の対人魅力に及ぼす効果 (2) ―開示内容の望ましさの要因に関する検討― 実験社会心理学研究, **25**, 107-114.

Pontari, B. A., & Schlenker, B. R. (2000). The influence of cognitive load on self-presentation: Can cognitive business help as well as harm social performance? *Journal of Personality and Social Psychology*, **78**, 1092-1108.

佐久間路子・無藤隆 (2003). 大学生における関係的自己の可変性と自尊感情との関連 教育心理学研究, **51**, 33-

42.

Schwarz, N., & Clore, G. L. (1983). Mood, misattribution, and judgments of well-being: Informative and directive functions of affective states. *Journal of Personality and Social Psychology*, **45**, 513-523.

Sheldon, K. M., Ryan, R. M., Rawsthorne, L. J., & Ilardi, B. (1997). Trait self and true self: Cross-role variation in the big-five personality traits and its relations with psychological authenticity and subjective well-being. *Journal of Personality and Social Psychology*, **73**, 1380-1393.

Tedeschi, J. T., & Norman, N. (1985). Social power, self-presentation, and the self. In B. R. Schlenker (Ed.), *The self and social life*. New York: Academic Press. pp.293-322.

Tesser, A., & Campbell, J. (1982). Self-evaluation maintenance and the perception of friends and strangers. *Journal of Personality*, **50**, 261-179.

外山美樹 (2008). 教室場面における学業的自己概念—井の中の蛙効果について— 教育心理学研究, **56**, 560-574.

Trope, Y., & Liberman, N. (2003). Temporal construal. *Psychological Review*, **110**, 403-421.

吉田綾乃・浦光博 (2003). 自己卑下呈示を通じた直接的・間接的な適応促進効果の検討 実験社会心理学研究, **42**, 120-130.

Zanna, M. P., & Pack, S. J. (1975). On the self-fulfilling nature of apparent sex differences in behavior. *Journal of Experimental Social Psychology*, **11**, 583-591.

第 2 章

Bradley, G. W. (1978). Self-serving biases in the attribution process: A reexamination of the fact of fiction question. *Journal of Personality and Social Psychology*, **36**, 56-71.

Berkowitz, L. (1989). Frustration-aggression hypothesis: Examination and reformulation. *Psychological Bulletin*, **106**, 59-73.

Chyi, H. I., & McCombs, M. (2004). Media salience and the process of framing: Coverage of the Columbine school shootings. *Journalism & Mass Communication Quarterly*, **81**, 22-35.

Crick, N. R., & Dodge, K. A. (1994). A review and reformulation of social information-processing mechanisms in children's social adjustment. *Psychological Bulletin*, **115**, 74-101.

Dill, K. E., Anderson, C. A., Anderson, K. B., & Deuser, W. E. (1997). Effects of aggressive personality on social expectations and social perceptions. *Journal of Research in Personality*, **31**, 272-292.

Dollard, J., Doob, L. W., Miller, N. E., Mowrer, O. H., Sears, R. R., Ford, C. S., Hovland, C. I., & Sollenberger, R. T. (1939). *Frustration and aggression*. New Haven, CT: Yale University Press. (宇津木保 (訳) (1959). 欲求不満と暴力 誠信書房)

Fitzgerald, P. D., & Asher, S. R. (1987, August). *Aggressive-reflected children's attributional biases about liked and disliked peers*. Paper presented at the Annual Meeting of the American Psychological Association, New York, NY.

Geen, R. G. (1998). Aggression and antisocial behavior. In D. T. Gilbert, S. T. Fiske, & G. Lindzey (Eds.), *The handbook of social psychology*, Vol. 2. 4th ed. Boston: McGraw Hill. pp. 317-356.

Gibbs, J. C., Barriga, A. Q., & Potter, G. B. (2001). *How I Think (HIT) Questionnaire and How I Think (HIT) Questionnaire manual*. Champaign, IL: Research Press.

Harvey, J. H., Arkin, R. M., Gleason, J. M., & Johnston, S. (1974). Effect of expected and observed outcome of an actor on differential causal attributions of actor and observer. *Journal of Personality*, **42**, 62-77.

Heider, F. (1958). *The psychology of interpersonal relations*. New York: John Wiley & Sons. (大橋正夫 (訳) (1978). 対人関係の心理学 誠信書房)

Huesmann, L. R., & Guerra, N. G. (1997). Children's normative beliefs about aggression and aggressive behavior. *Journal of Personality and Social Psychology*, **72**, 408-419.

Jones, E. E., & Davis, K. E. (1965). From acts to dispositions: The attribution process in person perception. In L. Berkowitz (Ed.), *Advances in experimental social psychology*, Vol. 2. New York: Academic Press. pp.219-266.

Kelley, H. H. (1967). Attribution theory in social psychology. In D. Levine (Ed.), *Nebraska symposium on motivation*, Vol.15. Lincoln, NB: University of Nebraska Press. pp.192-238.

Lochman, J. E., & Dodge, K. A. (1994). Social-cognitive processes of severely violent, moderately aggressive, and nonaggressive boys. *Journal of Consulting and Clinical Psychology*, **62**, 366-374.

Luginbuhl, J. E. R., Crowe, H. D., & Kahan, J. P. (1975). Causal attributions for success and failure. *Journal of Personality and Social Psychology*, **31**, 86-93.

Miller, D. T. (1976). Ego involvement and attributions for success and failure. *Journal of Personality and Social*

Psychology, **34**, 901-906.

Snyder, M. L., Stephan, W. G., & Rosenfield, D. (1978). Attributional egotism. In J. H. Harvey, W. Ickes, & R. F. Kidd (Eds.), *New directions in attribution research*, Vol.2. Hillsdale, NJ: Lawrence Erlbaum.

Veltfort, H. R., & Lee, G. E. (1943). The Cocoanut grove fire: A study in scapegoating. *Journal of Abnormal and Social Psychology*, **38**, 138-154.

吉澤寛之・吉田俊和（2004）．社会的ルールの知識構造から予測される社会的逸脱行為傾向—知識構造測定法の簡易化と認知的歪曲による媒介過程の検討— 社会心理学研究, **20**, 106-123.

吉澤寛之・吉田俊和・原田知佳・海上智昭・朴賢晶・中島誠・尾関美喜（2009）．社会環境が反社会的行動に及ぼす影響—社会化と日常活動による媒介モデル— 心理学研究, **80**, 33-41.

第 3 章

藤井聡・竹村和久（2001）．リスク態度と注意：状況依存焦点モデルによるフレーミング効果の計量分析 行動計量学, **28**, 9-17.

Bodenhausen, G., Kramer, G., & Süsser, K. (1994). Happiness and stereotypic thinking in social judgment. *Journal of Personality and Social Psychology*, **66**, 621-632.

Gigerenzer, G., & Horage, U. (1995). How to improve Bayesian reasoning without instruction: Frequency formats. *Psychological Review*, **102**, 684–704.

Kahneman, D., & Tversky, A. (1979). Prospect theory: An analysis of decision under risk. *Econometrica*, **47**, 263-291.

竹村和久（1994）．フレーミング効果の理論的説明—リスク下における意思決定の状況依存的焦点モデル 心理学評論, **37**, 270-291.

Tversky, A., & Kahneman, D. (1974). Judgment under uncertainty: Heuristics and biases. *Science*, **185**, 1124-1130.

Tversky, A., & Kahneman, D. (1981). The framing of decisions and the psychology of choice. *Science*, **211**, 453-458.

第 4 章

Anderson, N. H. (1965). Averaging versus adding as a stimulus-combination rule in impression formation. *Journal of Experimental Psychology*, **70**, 394-400.

Bieri, J. (1955). Cognitive complexity-simplicity and predictive and predictive behavior. *Journal of Abnormal and Social Psychology*, **51**, 263-268.

Bruner, J. S., & Tagiuri, R. (1954). The perception of people. In G. Lindzey (Ed.), *Handbook of social psychology*, Vol. 2. Addison-Wesley. pp. 634-654.

出口拓彦（2005）「グループにすること」と「グループになること」のメリット・デメリット 吉田俊和・廣岡秀一・斎藤和志（編著） 学校教育で育む「豊かな人間性と社会性」—心理学を活用した新しい授業例 Part2— 明治図書 pp. 77-109.

Fiedler, F. E., Warrington, W. G., & Blaisdell, F. J. (1952). A unconscious attitudes as correlates of sociometric choice in a social group. *Journal of Abnormal and Social Psychology*, **47**, 790-796.

上瀬由美子・松井豊（1996）．血液型ステレオタイプの変容の形—ステレオタイプ変容モデルの検証 社会心理学研究, **11**, 170-179.

Kelley, H. H. (1950). The warm-cold variables in first impressions of persons. *Journal of Personality*, **18**, 431-439.

工藤恵理子（2003）．対人認知過程における血液型ステレオタイプの影響—血液型信念に影響されるものは何か— 実験社会心理学研究, **43**, 1-21.

松井豊（1991）．血液型による性格の相違に関する統計的検討 東京都立川短期大学紀要, **24**, 51-54.

小川一美（2002）．人に対する印象 吉田俊和・廣岡秀一・斎藤和志（編著） 教室で学ぶ「社会の中の人間行動」—心理学を活用した新しい授業例— 明治図書 pp. 61-78.

山本眞理子（1988）．好意性を含んだ対人情報の処理 日本心理学会第52回大会発表論文集, 276.

第 5 章

Byrne, D., & Nelson, D. (1965). Attraction as a linear function of proportion of positive reinforcements. *Journal of Personality and Social Psychology*, **1**, 659-663.

Duck, S. (1982). A perspective on the repair of personal relationships: Repair of what, when? In S. W. Duck (Ed.),

Personal relationships 5: Repairing personal relationships. London: Academic Press. pp. 163-184.

加藤司（2003）．大学生の対人葛藤方略スタイルとパーソナリティ，精神的健康との関連性について　社会心理学研究, **18**, 78-88.

Levinger, G., & Snoek, J. D.（1972）. *Attraction in relationship: A new look at interpersonal attraction*. Morristown, NJ: General Learning Press.

中村雅彦（1984）．性格の類似性が対人魅力に及ぼす効果　実験社会心理学研究, **23**, 139-145.

奥田秀宇（1993）．態度の重要性と仮想類似性―対人魅力に及ぼす効果　実験社会心理学研究, **33**, 11-20.

Rahim, M. A., & Bonama, T. V.（1979）. Managing organization conflict: A model for diagnosis and intervention. *Psychological Reports*, **55**, 439-445.

Rusbult, C. E.（1987）. Responses to dissatisfaction in close relationships: The exit-voice-loyalty-neglect model. In D. Perlman, & S. Duck（Eds.）, *Intimate relationships: Development, dynamics, and deterioration*. London: Sage. pp. 209-237.

Winch, R. F., Ktsanes, T., & Ktsanes, V.（1954）. The theory of complementary needs in mate-selection: An analytic and descriptive study. *American Sociological Review*, **19**, 241-249.

第6章

阿部美帆・今野裕之（2007）．状態自尊感情尺度の開発　パーソナリティ研究, **16**, 36-46.

Baumeister, R. F., & Leary, M. R.（1995）. The need to belong: Desire for interpersonal attachments as a fundamental human motivation. *Psychological Bulletin*, **117**, 497-529.

Berkman, L. F., & Syme, S. L.（1979）. Social networks, host resistance, and mortality: A nine-year follow-up study of Alameda County residents. *American Journal of Epidemiology*, **109**, 186-204.

Carver, C. S.（1997）. You want to measure coping but your protocol's too long: Consider the Brief COPE. *International Journal of Behavioral Medicine*, **4**, 92-100.

Diener, E., Oishi, S., & Lucas, R. E.（2003）. Personality, culture, and subjective well-being: Emotional and cognitive evaluations of life. *Annual Review of Psychology*, **54**, 403-425.

Diener, E., & Seligman, M. E. P.（2002）. Very happy people. *Psychological Science*, **13**, 81-84.

橋本剛（2005）．ストレスと対人関係　ナカニシヤ出版

橋本剛（2008）．大学生のためのソーシャルスキル　サイエンス社

Kahneman, D., & Krueger, A. B.（2006）. Developments in the measurement of subjective well-being. *Journal of Economic Perspectives*, **20**, 3-24.

Kahneman, D., Krueger, A. B., Schkade, D., Schwarz, N., & Stone, A. A.（2006）. Would you be happier if you were richer? A focusing illusion. *Science*, **312**, 1908-1910.

小林知博・谷口淳一・木村昌紀・Leary, M. R.（2006）．所属欲求尺度（the Need to Belong Scale）邦訳版作成の試み　日本心理学会第70回大会発表論文集, 220.

Leary, M. R.（1999）. The social and psychological importance of self-esteem. In R. M. Kowalski, & M. R. Leary（Eds.）, *The social psychology of emotional and behavioral problems: Interfaces of social and clinical psychology*. Washington, DC: American Psychological Association. pp. 197-221.（小島弥生（訳）（2001）．自尊心のソシオメーター理論　安藤清志・丹野義彦（監訳）臨床社会心理学の進歩 ―実りあるインターフェイスをめざして―　北大路書房　pp. 222-248.）

Leary, M. R., & Baumeister, R. F.（2000）. The nature and function of self-esteem: Sociometer theory. In M. P. Zanna（Ed.）, *Advances in experimental social psychology*. Vol. 32. San Diego, CA: Academic Press. pp.1-62.

Leary, M. R., Kelly, K. M., Cottrell, C. A., & Schreindorfer, L. S.（2007）. *Individual differences in the need to belong: Mapping the nomological network*. Unpublished manuscript, Duke University.

Leary, M. R., Tambor, E. S., Terdal, S. K., & Downs, D. L.（1995）. Self-esteem as an interpersonal monitor: The sociometer hypothesis. *Journal of Personality and Social Psychology*, **68**, 518-530.

Oishi, S.（2002）. The experiencing and remembering of well-being: A cross-cultural analysis. *Personality and Social Psychology Bulletin*, **28**, 1398-1406.

Oishi, S., Diener, E., Choi, D. W., Kim-Prieto, C., & Choi, I.（2007）. The dynamics of daily events and well-being across cultures: When less is more. *Journal of Personality and Social Psychology*, **93**, 685-698.

Ryan, R. M., & Deci, E. L.（2001）. On happiness and human potentials: A review of research on hedonic and eudaimonic well-being. *Annual Review of Psychology*, **52**, 141-166.

Seligman, M. E. P., & Csikszentmihalyi, M.（2000）. Positive psychology: An introduction. *American Psychologist*, **55**, 5-14.

鈴木伸一・嶋田洋徳・三浦正江・片柳弘司・右馬埒力也・坂野雄二（1998）．新しい心理的ストレス反応尺度

(SRS-18) の開発と信頼性・妥当性の検討　行動医学研究, **4**, 22-29.
Twenge, J. M., Catanese, K. R., & Baumeister, R. F. (2002). Social exclusion causes self-defeating behavior. *Journal of Personality and Social Psychology*, **83**, 606-615.
Uchida, Y., Kitayama, S., Mesquita, B., Reyes, J. A. S., & Morling, B. (2008). Is perceived emotional support beneficial? Well-being and health in independent and interdependent cultures. *Personality and Social Psychology Bulletin*, **34**, 741-754.

第 7 章

Asch, S. E. (1951). Effects of group pressure upon the modification and distortion of judgments. In H. Guetzkow (Ed.), *Groups, leadership and men*. Pittsburgh, PA: Carnegie Press. 177-190.
Asch, S. E. (1955). Opinions and social pressure. *Scientific American*, **193**, 31-35.
小杉考司・藤沢隆史・水谷聡秀・石盛真徳　(2001)．ダイナミック社会的インパクト理論における意見の空間的収束を生み出す要因の検討　実験社会心理学研究, **41**, 16-25.
Latané, B. (1981). The psychology of social impact. *American Psychologist*, **36**, 343-356.
Latané, B., & Darley, J. M. (1970). *The unresponsive bystander: Why doesn't he help?* New York: Appleton-Century-Crofts.（竹村健一・杉崎和子（訳）(1997). 冷淡な傍観者：思いやりの社会心理学（新装版）　ブレーン出版）
Latané, B., & L'Herrou, T. (1996). Spatial clustering in the conformity game: Dynamic social impact in electronic group. *Journal of Personality and Social Psychology*, **70**, 1218-1230.
Latané, B., Nowak, A., & Liu, J. H. (1994). Measuring emergent social phenomena: Dynamism, polarization, and clustering as order parameters of social systems. *Behavioral Science*, **39**, 1-24.
Latané, B., Williams, K., & Harkins, S. (1979). Many hands make light the work: The causes and consequences of social loafing. *Journal of Personality and Social Psychology*, **37**, 822-832.
Marks, G., & Miller, N. (1987). Ten years of research on the false-consensus effect: An empirical and theoretical review. *Psychological Bulletin*, **102**, 72-90.
Milgram, S. (1974). *Obedience to authority: An experimental view*. Harper and Row.（岸田秀（訳）(1980). 服従の心理　アイヒマン実験　河出書房新社）
Moscovici, S., Lage, E., & Naffrenchoux, M. (1969). Influences of a consistent minority on the responses of a majority in a colour perception task. *Sociometry*, **32**, 365-380.
Mugny, G. (1982). *The power of minorities*. London: Academic Press.
Noelle-Neumann, E. (1993). *Spiral of silence: Public opinion —Our social skin*. 2nd ed. Chicago, IL: University of Chicago Press.（池田謙一・安野智子（訳）(1997). 沈黙の螺旋理論：世論形成の社会心理学（第 2 版）　ブレーン出版）
Ross, L., Greene, D., & House, P. (1977). The "false consensus effect": An egocentric bias in social perception and attribution processes. *Journal of Experimental Social Psychology*, **13**, 279-301.

第 8 章

Brewer, M. B. (1979). Ingroup bias in the minimal intergroup situation: A cognitive-motivational analysis. *Psychological Bulletin*, **96**, 307-324.
Ellemers, N., Doosje, B., & Spears, E. (2004). Sources of respect: The effects of being liked by ingroups and outgroups. *European Journal of Social Psychology*, **34**, 155-172.
Fischer, P., Greitemeyer, T., Pollozek, F., & Frey, D. (2006). The unresponsive bystander: Are bystanders more responsive in dangerous emergencies? *European Journal of Social Psychology*, **36**, 267–278.
Geartner, L., Iuzzini, J., Witt, M. G., & Oriña, M. M. (2006). Us without them: Evidence for an intragroup origin of positive in-group regard. *Journal of Personality and Social Psychology*, **90**, 426-439.
Haslam, S. A., Ryan, M. K., Postmes, T., Spears, R., Jetten, J., & Webley, P. (2006). Sticking to our guns: Social identity as a basis for the maintenance of commitment to faltering organizational project. *Journal of Organizational Behavior*, **27**, 607-628.
Hogg, M. A., & Abrams, D. (1988). *Social identifications: A social psychology of intergroup relations and group process*. New York: Routledge.
Latané, B., & Darley, J. M. (1970). *The unresponsive bystander: Why doesn't he help?* New York: Appleton-Century-Crofts.（竹村健一・杉崎和子（訳）(1997). 冷淡な傍観者：思いやりの社会心理学（新装版）　ブレーン出版）
尾関美喜・吉田俊和　(2007)．集団内における迷惑行為の生起及び認知—組織風土・集団アイデンティティによる

検討— 実験社会心理学研究, **47**, 26-38.
Tajfel, H. (1978). Social categorization, social identity and social comparison. In H. Tajfel (Ed.), *Differentiation between social groups.* London: Academic Press. pp.61-76.
Tajfel, H. (1981). *Human groups and social categories: Studies in social psychology.* Cambridge, UK: Cambridge University Press.

第9章

相川充 (2009). 新版 人づきあいの技術—ソーシャルスキルの心理学— サイエンス社
Birdwhistell, R. L. (1955). Background to kinesics. *ETC: A Review of General Semantics*, **13**, 10-18.
Buller, D. B., & Burgoon, J. K. (1986). The effects of vocalics and nonverbal sensitivity on compliance: A replication and extension. *Human Communication Research*, **13**, 126-144.
Burgoon, J. K. (1994). Nonverbal signals. In M. L. Knapp, & G. R. Miller (Eds.), *Handbook of interpersonal communication.* Thousand Oaks, CA: Sage. pp. 229-285.
大坊郁夫 (1998). しぐさのコミュニケーション—人は親しみをどう伝えあうか— サイエンス社
深田博己 (1998). インターパーソナル・コミュニケーション—対人コミュニケーションの心理学— 北大路書房
堀毛一也 (1994). 恋愛関係の発展・崩壊と社会的スキル 実験社会心理学研究, **34**, 116-128.
Mehrabian, A., & Wiener, M. (1967). Decoding of inconsistent communications. *Journal of Personality and Social Psychology,* **6**, 109-114.
岡部朗一 (1996). コミュニケーションの基礎概念 古田暁 (監修) 異文化コミュニケーション—新・国際人の条件— 有斐閣 pp.15-38.
Patterson, M. L. (1983). *Nonverbal behavior: A functional perspective.* New York: Springer-Verlag. (工藤力 (監訳) (1995). 非言語コミュニケーションの基礎理論 誠信書房)
Rosenthal, R., Hall, J. A., DiMatteo, M. R., Rogers, P. L., & Archer, D. (1979). *Sensitivity to nonverbal communication: The PONS test.* Baltimore, MD: The Johns Hopkins University Press.

第10章

Adams, J. S. (1965). Inequity in social exchange. In L. Berkowitz (Ed.), *Advances in experimental social psychology.* Vol. 2. New York: Academic Press. pp. 267-299.
相川充 (1988). 心理的負債に対する被援助利益の重みと援助コストの重みの比較 心理学研究, **58**, 366-372.
アリストテレス 高田三郎訳 (1971). ニコマコス倫理学 (上) 岩波書店
Deutsch, M. (1975). Equity, equality, and need: What determines which value will be used as the basis of distributive justice? *Journal of Social Issues*, **31**, 137-149.
Greenberg, J. (1988). Equity and workplace status: A field experiment. *Journal of Applied Psychology*, **73**, 606-613.
Greenberg, J. (1990). Employee theft as a reaction to underpayment inequity: The hidden cost of pay cuts. *Journal of Applied Psychology*, **75**, 561-568.
北折充隆 (2005). 大学への愛着を規定する要因に関する研究:組織市民性の観点から 金城学院大学論集 人文科学編, **2**, 1-9.
Leventhal, G. S. (1980). What should be done with equity theory? In K. J. Gergen, M. S. Greenberg, & R. H. Willis (Eds.), *Social exchange: Advances in theory and research.* New York: Plenum. pp. 27-55.
Malti, T., & Buchmann, M. (2010). Socialization and individual antecedents of adolescents' and young adults' moral motivation. *Journal of Youth Adolescence*, **39**, 138-149.
Moorman, R. H. (1991). The relationship between organizational justice and organizational citizenship behaviors: Do fairness perceptions influence employee citizenship? *Journal of Applied Psychology*, **76**, 845-855.
大渕憲一・福野光輝 (2003). 社会的公正と国に対する態度の絆仮説:多水準公正評価 社会心理学研究, **18**, 204-212.
Pritchard, R. D., Dunnette, M. D., & Jorgenson, D. O. (1972). Effects of perceptions of equity and inequity on worker performance and satisfaction. *Journal of Applied Psychology*, **56**, 75-94.
田中堅一郎 (2002). 日本版組織市民行動尺度の研究 産業・組織心理学研究, **15**, 77-88.
Thibaut, J., & Walker, L. (1975). *Procedural justice: A psychological analysis.* Hillsdale, NJ: Lawrence Erlbaum Associates.
Walster, E., Berscheid, E., & Walster, G. W. (1976). New directions in equity research. In L. Berkowitz (Ed.), *Advances in experimental social psychology*, Vol. 9. New York: Academic Press. pp. 1-42.

第 11 章

Bechara, A., Damasio, A. R., Damasio, H., & Anderson, S. W. (1994). Insensitivity to future consequences following damage to human prefrontal cortex. *Cognition*, **50**, 7-15.

Brehm, J. W. (1966). *A theory of psychological reactance*. New York: Academic Press.

Cialdini, R. B., & Trost, M. R. (1998). Social influence: Social norms, conformity, and compliance. In D. T. Gilbert, S. T. Fiske, & G. Lindzey (Eds.), *The handbook of social psychology*. Vol. 2. 4th ed. New York: McGraw-Hill. pp.151-192.

Damasio, H., Grabowski, T., Frank, R., Galaburda, A. M., & Damasio, A. R. (1994). The return of Phineas Gage: Clues about the brain from the skull of a famous patient. *Science*, **264**, 1102-1105.

Davis, M. H. (1994). *Empathy: A social psychological approach*. Boulder, CO: Westview Press.

Festinger, L. (1957). *A Theory of cognitive dissonance*. Evanston, IL: Row, Peterson. (末永俊郎（訳）(1965). 認知的不協和の理論　誠信書房)

Giancola, P. R. (1995). Evidence for dorsolateral and orbital prefrontal cortical involvement in the expression of aggressive behavior. *Aggressive Behavior*, **21**, 431-450.

Gottfredson, M. R., & Hirschi, T. (1990). *A general theory of crime*. Stanford, CA: Stanford University Press. (松本忠久（訳）(1996). 犯罪の基礎理論　文憲堂)

Koike, H. (2004). Relations to empathy and perception of interpersonal annoyance from an acquaintance or a friend. Poster presented at the 28th International Congress of Psychology, Beijing, China.

小池はるか (2005).「他者（ひと）」の立場で考える　吉田俊和・廣岡秀一・斎藤和志（編著）　学校教育で育む「豊かな人間関係と社会性」　明治図書　pp.20-46.

小池はるか・吉田俊和 (2005). 対人的迷惑行為実行頻度と共感性との関連―受け手との関係性についての検討―　東海心理学研究, **1**, 3-12.

河野荘子・岡本英生 (2001). 犯罪者の自己統制，犯罪進度及び家庭環境の関連についての検討　犯罪心理学研究, **39**(1), 1-14.

中川知宏・大渕憲一 (2007). 低自己統制と集団同一化が集団的不良行為に及ぼす影響―専門学校生を対象とした回想法による検討―　犯罪心理学研究, **45**(2), 37-46.

大渕憲一 (2006). 犯罪心理学―犯罪の原因をどこに求めるのか　培風館

Raine, A., Buchsbaum, M., & LaCasse, L. (1997). Brain abnormalities in murderers indicated by positron emission tomography. *Biological Psychiatry*, **42**, 495-508.

Wright, R. R. E., Caspi, A., Moffitt, T. E., & Silva, P. A. (2001). The effects of social ties on crime vary by criminal propensity: A life-course model of interdependence. *Criminology*, **39**, 321-348.

吉田俊和・安藤直樹・元吉忠寛・藤田達雄・廣岡秀一・斎藤和志・森久美子・石田康彦・北折充隆 (1999). 社会的迷惑に関する研究 (1)　名古屋大学教育学部紀要（心理学）, **46**, 53-73.

第 12 章

Burt, R. S. (1992). *Structural holes: The social structure of competition*. Cambridge, MA: Harvard University Press. (安田雪（訳）(2006). 競争の社会的構造：構造的空隙の理論　新曜社)

Byrne, D. (1971). *The attraction paradigm*. New York: Academic Press.

Dodds, P. S., Muhamad, R., & Watts, D. J. (2003). An experimental study of search in global social networks. *Science*, **301**, 827-829.

Epley, N., & Kruger, J. (2005). When what you type isn't what they read: The perseverance of stereotypes and expectancies over e-mail. *Journal of Experimental Social Psychology*, **41**, 414-422.

Granovetter, M. S. (1973). The strength of weak ties. *American Journal of Sociology*, **78**, 1360-1380.

Hogg, M. A. (1992). *The social psychology of group cohesiveness: From attraction to social identity*. New York: New York University Press. (廣田君美・藤澤等（監訳）(1994). 集団凝集性の社会心理学：魅力から社会的アイデンティティへ　北大路書房)

Igarashi, T., Motoyoshi, T., Takai, J., & Yoshida, T. (2008). No mobile, no life: Self-perception and text-message dependency among Japanese high school students. *Computers in Human Behavior*, **24**, 2311-2324.

Kruger, J., Epley, N., Parker, J., & Ng, Z.-W. (2005). Egocentrism over e-mail: Can we communicate as well as we think? *Journal of Personality and Social Psychology*, **89**, 925-936.

Marsden, P. V., & Campbell, K. E. (1984). Measuring tie strength. *Social Forces*, **63**, 482-501.

Milgram, S. (1967). The small world problem. *Psychology Today*, **1**, 60-67. (野沢慎司・大岡栄美（訳）(2006). 小さな世界問題　野沢慎司（編・監訳）　リーディングス・ネットワーク論：家族・コミュニティ・社会関係資本　勁草書房　pp.97-117.)

三隅譲二・木下冨雄（1992）．「世間は狭い」か？：日本社会の目に見えない人間関係ネットワークを推定する　社会心理学研究, **7**, 8-18.
宮田加久子（1993）．電子メディア社会：新しいコミュニケーション環境の社会心理　誠信書房
浦光博（1992）．支えあう人と人：ソーシャル・サポートの社会心理学　サイエンス社
渡辺深（1991）．転職：転職結果に及ぼすネットワークの効果　社会学評論, **42**, 2-15.
Watts, D. J. (2003). *Six degrees: The science of a connected age*. New York: W. W. Norton. (辻竜平・友和雅樹（訳）（2004）．スモールワールド・ネットワーク：世界を知るための新科学的思考法　阪急コミュニケーションズ）
吉田俊和・高井次郎・元吉忠寛・五十嵐祐（2005）．インターネット依存および携帯メール依存のメカニズムの検討：認知—行動モデルの観点から　電気通信普及財団研究調査報告書, **20**, 176-184. < http://www.taf.or.jp/publication/kjosei_20/pdf/p176.pdf>

第13章

Arnstein, S. R. (1969). A ladder of citizen participation. *Journal of the American Institute of Planners*, **35**, 216-224.

Brechner, K. C. (1977). An experimental analysis of social traps. *Journal of Experimental Social Psychology*, **13**, 552-564.

Cvetkovich, G., & Earle, T. C. (1994). The construction of justice: A case study of public participation in land management. *Journal of Social Issues*, **50**, 161-178.

Dawes, R. M. (1980). Social dilemmas. *Annual Review of Psychology*, **31**, 169-193.

Dawes, R. M., & Messick, D. M. (2000). Social dilemmas. *International Journal of Psychology*, **35**, 111-116.

Dawes, R. M., McTavish, J., & Shaklee, H. (1977). Behavior communication and assumptions about other people's behavior in a common dilemma situation. *Journal of Personality and Social Psychology*, **35**, 1-11.

Hardin, G. (1968). The tragedy of the commons. *Science*, **162**, 1243-1248.

広瀬幸雄（1994）．環境配慮的行動の規定因について　社会心理学研究, **10**, 44-55.

Hirose, Y. (2007). A normative and empirical research on procedural justice of citizen participation in environmental management planning: A case study of citizen participatory projects in Karlsruhe. In K. Ohbuchi (Eds.), *Social justice in Japan*. Melbourne: Trans Pacific Press. pp. 264-290.

広瀬幸雄（2008）．環境計画への市民参加はなぜ必要なのか　広瀬幸雄（編）　環境行動の社会心理学　北大路書房　pp. 104-113.

石田靖彦（2005）．ゲームで学ぶ協力行動　吉田俊和・廣岡秀一・斎藤和志（編）　学校教育で育む「豊かな人間関係と社会性」—心理学を活用した新しい授業例part2—　明治図書　pp.141-166.

Lind, E. A., & Tyler, T. R. (1988). *The social psychology of procedural justice*. New York: Plenum. (菅原郁夫・大渕憲一（訳）（1995）．フェアネスと手続きの社会心理学　ブレーン出版）

宮内泰介（2006）．レジティマシーの社会学へ　宮内泰介（編）　コモンズをささえるしくみ—レジティマシーの環境社会学　新曜社　pp.1-32.

Ostrom, E. (1990). *Governing the commons: The evolution of institutions for collective action*. Cambridge, MA: Cambridge University Press.

大友章司（2008）．環境配慮への態度と不一致はなぜ起きるのか　広瀬幸雄（編）　環境行動の社会心理学　北大路書房　pp. 40-49.

菅豊（2005）．コモンズと正当性—「公益」の発見—　環境社会学研究, **11**, 22-38.

Tyler, T. R., & Lind, E. A. (1992). A relational model of authority in groups. In M. P. Zanna (Eds.), *Advances in Experimental Social Psychology*, **25**. San Diego, CA: Academic Press. pp. 115-191.

Tyler, T. R., & Degoey, P. (1995). Collective restraint in social dilemmas: Procedural justice and identification effects on support for authorities. *Journal of Personality and Social Psychology*, **69**, 482-497.

Waddel, C. (1996). Saving the great lakes: Public participation in environmental policy. In C. G. Herndl, & S. C. Brown (Eds.), *Green culture: Environmental rhetoric in contemporary America*. Madison, WI: Wisconsin University Press. pp. 141-165.

第14章

Bandura, A. (2002). Selective moral disengagement in the exercise of moral agency. *Journal of Moral Education*, **31**, 101-119.

坂西友秀（1995）．いじめが被害者に及ぼす長期的な影響および被害者の自己認知と他の被害者認知の差　社会心理学研究, **11**, 105-115.

Berndt, T. J. (2004). Children's friendships: Shifts over a half-century in perspectives on their development and their effects. *Merrill-Palmer Quarterly*, **50**, 206-223.

Chemers, M. M. (1997). *An integrative theory of leadership.* Mahwah, NJ : Lawrence Erlbaum Associates.（白樫三四郎（訳）（1999）．リーダーシップの統合理論　北大路書房）

Hall, E. T. (1966). *The hidden dimension.* New York: Doubleday & Company.（日高敏隆・佐藤信行（訳）（1970）．かくれた次元　みすず書房）

池上貴美子・喜多由香理（2007）．対人距離に関する性・年齢・魅力・親密度の要因の検討　金沢大学教育学部紀要（教育科学編），**56**, 1-12.

石田靖彦（2002）．面接法を用いた集団構造の把握―ソシオメトリック・データとの比較による信頼性・妥当性の検討―　愛知教育大学研究報告（教育科学編），**51**, 93-100.

狩野素朗・田﨑敏昭（1990）．学級集団理解の社会心理学　ナカニシヤ出版

黒川雅幸・三島浩路・吉田俊和（2006）．仲間集団から内在化される集団境界の評定　名古屋大学大学院教育発達科学研究科紀要（心理発達科学），**53**, 21-28.

楠見幸子・狩野素朗（1985）．欲求ならびに現実次元における友人関係の安定性とスクールモラールとの関連について　九州大学教育学部紀要（教育心理学部門），**30**, 143-147.

三隅二不二（1964）．教育と産業におけるリーダーシップの構造―機能に関する研究　教育心理学年報，**4**, 83-107.

三隅二不二・矢守克也（1989）．中学校における学級担任教師のリーダーシップ行動測定尺度の作成とその妥当性に関する研究　教育心理学研究，**37**, 46-54.

三隅二不二・吉崎静夫・篠原しのぶ（1977）．教師のリーダーシップ行動測定尺度の作成とその妥当性の研究　教育心理学研究，**25**, 157-166.

文部科学省（2007）．平成18年度「児童生徒の問題行動等生徒指導上の諸問題に関する調査」<http://www.mext.go.jp/b_menu/houdou/19/11/07110710/001/002.pdf>

文部科学省（2008）．平成19年度「児童生徒の問題行動等生徒指導上の諸問題に関する調査」<http://www.mext.go.jp/b_menu/houdou/20/11/08111707/002.pdf>

Moreno, J. L. (1953). *Who shall survive?: Foundations of sociometry, group psychotherapy and sociodrama.* New York: Beacon House.

森田洋司（1985）．学級集団における「いじめ」の構造　ジュリスト，**836**, 35-39.

岡安孝弘・高山巌（2000）．中学校におけるいじめ被害者および加害者の心理的ストレス　教育心理学研究，**48**, 410-421.

大久保智生・加藤弘通（2005）．青年期における個人―環境の適合の良さ仮説の検証―学校環境における心理的欲求と適応感との関連―　教育心理学研究，**53**, 368-380.

大西彩子（2007）．中学校のいじめに対する学級規範が加害傾向に及ぼす効果　カウンセリング研究，**40**, 199-207.

Perry, K. E., & Weinstein, R. S. (1998). The social context of early schooling and children's school adjustment. *Educational Psychology*, **33**, 177-194.

Storch, E. A., & Masia-Warner, C. (2004). The relationship of peer victimization to social anxiety and loneliness in adolescent females. *Journal of Adolescence*, **27**, 351-362.

住沢佳子・福島脩美（2008）．人型シールによる対人関係表現に関する研究　目白大学心理学研究，**4**, 111-123.

立花正一（1990）．「いじめられ体験」を契機に発症した精神障害について　精神神経学雑誌，**92**, 321-342.

田中熊次郎（1957）．児童集団心理学　明治図書

田中熊次郎（1964）．ソシオメトリーの理論と方法―人間教育の心理学的基礎技術の研究―　明治図書

田﨑敏昭（1981）．教師のリーダーシップ行動類型と勢力の源泉　実験社会心理学研究，**20**, 137-145.

豊田賀子（2008）．内的作業モデルと対人距離の発達的検討　日本パーソナリティ心理学会大会発表論文集，**17**, 190-191.

参考文献

第1章

Baumeister, R. F., & Vohs, K. D.（2004）. *Handbook of self-regulation: Research, theory, and applications.* New York: Guilford Press.

Dale, K. L., & Baumeister, R. F.（1999）. Self-regulation and psychopathology. In R. M. Kowalski, & M. R. Leary（Eds.）, *The social psychology of emotional and behavioral problems: Interfaces of social and clinical psychology.* American Psychological Association. pp. 139-166.（渡辺浪二（訳）（2001）. 自己制御と精神病理　安藤清志・丹野義彦（監訳）　臨床社会心理学の進歩―実りあるインターフェイスをめざして―　北大路書房　pp. 157-190.）

第2章

河野義行（2001）.「疑惑」は晴れようとも　松本サリン事件の犯人とされた私　文藝春秋
小城英子（2004）.『劇場型犯罪』とマス・コミュニケーション　ナカニシヤ出版
Krahe, B.（2001）. *The social psychology of aggression.* New York: Psychology Press.（泰一士・湯川進太郎（編訳）（2004）. 攻撃の心理学　北大路書房）
大渕憲一（1993）. 人を傷つける心―攻撃性の社会心理学―　サイエンス社
大渕憲一（編）（2008）. シリーズ21世紀の社会心理学13　葛藤と紛争の社会心理学　北大路書房
塩見邦雄（編）（2000）. 社会性の心理学　ナカニシヤ出版

第3章

Fiske, S. T., & Taylor, S. E.（1991）. *Social cognition.* 2nd ed. New York: McGraw-Hill.
唐沢穣・唐沢かおり・池上知子・大平英樹（2001）. 社会的認知の心理学―社会を描く心のはたらき　ナカニシヤ出版
山本眞理子・外山みどり・池上知子・遠藤由美・北村英哉・宮元聡介（2001）. 社会的認知ハンドブック　北大路書房

第4章

上瀬由美子（2002）. ステレオタイプの社会心理学―偏見の解消に向けて―　サイエンス社
山本眞理子・原奈津子（共著）（2006）. 他者を知る―対人認知の心理学―　サイエンス社
吉田俊和・廣岡秀一・斎藤和志（編著）（2002）. 教室で学ぶ「社会の中の人間行動」―心理学を活用した新しい授業例―　明治図書
吉田俊和・廣岡秀一・斎藤和志（編著）（2005）. 学校教育で育む「豊かな人間性と社会性」―心理学を活用した新しい授業例　Part2―　明治図書

第5章

橋本剛（2008）. 大学生のためのソーシャルスキル　サイエンス社
松井豊（1993）. 恋ごころの科学　サイエンス社
日本ファシリテーション協会　http://www.faj.or.jp/
奥田秀宇（1997）. 人をひきつける心―対人魅力の社会心理学　サイエンス社
和田実（2005）. 男と女の対人心理学　北大路書房

第6章

金政祐司・大竹恵子（編著）（2009）. 健康と暮らしに役立つ心理学　北樹出版
Kawachi, I., & Kennedy, B. P.（2002）. *The health of nations: Why inequality is harmful to your health.* New Press.（西信雄・高尾総司・中山健夫（監訳）.（2004）. 不平等が健康を損なう　社会疫学研究所）

大石繁宏（2009）．幸せを科学する―心理学からわかったこと―　新曜社
島井哲志（編）（2006）．ポジティブ心理学―21世紀の心理学の可能性―　ナカニシヤ出版
浦光博（2009）．排斥と受容の行動科学 ―社会と心が作り出す孤立―　サイエンス社

第7章

Blass, T. (2004). *The man who shocked the world: The life and legacy of Stanley Milgram.* New York: Basic Books.（野島久雄・藍沢美紀（訳）（2008）．服従実験とは何だったのか　スタンレー・ミルグラムの生涯と遺産　誠信書房）
亀田達也・村田光二（2000）．複雑さに挑む社会心理学：適応エージェントとしての人間　有斐閣
Latané, B., & Darley, J. M. (1970). *The unresponsive bystander: Why doesn't he help?* New York: Appleton-Century-Crofts.（竹村健一・杉崎和子（訳）（1997）．冷淡な傍観者：思いやりの社会心理学（新装版）　ブレーン出版）
シドニー・ルメット監督　（1957）．十二人の怒れる男
安野智子（2006）．重層的な世論形成過程：メディア・ネットワーク・公共性　東京大学出版会

第8章

Latané, B., & Darley, J. M. (1970). *The unresponsive bystander: Why doesn't he help?* New York: Appleton-Century-Crofts.（竹村健一・杉崎和子（訳）（1977）．冷淡な傍観者　思いやりの社会心理学　ブレーン出版）

第9章

相川充（2009）．新版 人づきあいの技術―ソーシャルスキルの心理学―　サイエンス社
大坊郁夫（1998）．しぐさのコミュニケーション―人は親しみをどう伝えあうか―　サイエンス社
深田博己（1998）．インターパーソナル・コミュニケーション―対人コミュニケーションの心理学―　北大路書房

第10章

田中堅一郎（編）（1998）．社会的公正の心理学―心理学の視点から見た「フェア」と「アンフェア」　ナカニシヤ出版
田中堅一郎（2004）．従業員が自発的に働く職場をめざすために―組織市民行動と文脈的業績に関する心理学的研究―　ナカニシヤ出版
Tyler, T. R., Boeckmann, R. J., Smith, H. J., & Huo, Y. J. (1997). *Social justice in diverse society.* Boulder,CO: Westview Press.（人渕憲一・菅原郁大（監訳）（2000）．多元社会における正義と公正　ブレーン出版）

第11章

Blair, J., Mitchell, D., & Blair, K. (2005). *The psychopath: Emotion and the brain.* Oxford, England: Blackwell Publishing.（福井裕輝（訳）（2009）．サイコパス―冷淡な脳―　星和書店）
Gottfredson, M. R., & Hirschi, T. (1990). *A general theory of crime.* Stanford, CA: Stanford University Press.（松本忠久（訳）（1996）．犯罪の基礎理論　文憲堂）
大渕憲一（2006）．犯罪心理学―犯罪の原因をどこに求めるのか　培風館

第12章

Barabási, A. L. (2002). *Linked: The new science of networks.* Cambridge, MA: The Perseus Books Group.（青木薫（訳）（2002）．新ネットワーク思考：世界のしくみを読み解く　NHK出版）
Gilovich, T. (1991). *How we know what isn't so: The fallibility of human reason in everyday life.* New York: The Free Press.（守一雄・守秀子（訳）（1993）．人間この信じやすきもの：迷信・誤信はどうして生まれるか　新曜社）
Joinson, A. N. (2003). *Understanding the psychology of Internet behaviour: Virtual worlds, real lives.* Basingstoke, UK: Palgrave Macmillan.（三浦麻子・畦地真太郎・田中敦（訳）（2004）．インターネットにおける行動と心理　北大路書房）
金光淳（2003）．社会的ネットワーク分析の基礎：社会的関係資本論にむけて　勁草書房
増田直紀（2007）．私たちはどうつながっているのか：ネットワークの科学を応用する　中央公論社
三浦麻子・森尾博昭・川浦康至（編著）（2009）．インターネット心理学のフロンティア　誠信書房

安田雪（1997）．ネットワーク分析：何が行為を決定するか　新曜社

第13章

Gifford, R.（2002）. *Environmental Psychology: principles and practice*. 3rd ed. Optimal books.（羽生和紀・槙究・村松陸雄（監訳）（2005）環境心理学—原理と実践（下）　北大路書房）
広瀬幸雄（編）（2008）．環境行動の社会心理学　北大路書房
宮内泰介（編）（2006）．コモンズをささえるしくみ—レジティマシーの環境社会学　新曜社
Peterson, T. R., & Franks, R. R.（2006）. Environmental conflict communication. In J. G. Oetzel, & S. Ting-Toomey（Eds.）, *The Sage handbook of conflict communication*. Thousand Oaks, CA : Sage Publications.

第14章

日本道徳性心理学研究会（編著）（2002）．道徳性心理学　道徳教育のための心理学　北大路書房

事項索引

あ
アイオワ・ギャンブリング課題　140
アイスブレイク　62
相手との関係性　137
ANOVAモデル　21
アンカリング効果　38
暗黙のパーソナリティ理論　53
言い訳　9
威嚇　9
意思決定　41
異質性　147
いじめ　174
一貫性　21
逸脱行為　132
一致性　21
井の中の蛙仮説　3
意味のノイズ　118
印象形成　44
インフォーマル・グループ　167
インフォーマルな関係　170
インフォーマルな社会的ネットワーク　146
受け手　113
送り手　113

か
解釈レベル理論　13
外集団　104
解読スキル　114
快楽的幸福感　74
カウンターバランス　99
確証バイアス　150
数　92
仮説確証バイアス　49
課題遂行機能　178
環境配慮行動の要因連関モデル　157
感情ネットワークモデル　4
聴くスキル　114
記号化　113
記号化スキル　113
記述的規範　134
帰属過程　18
規範的攻撃信念　27
気分　39
逆ギレ　132
共感（性）　138
強度　92
恐怖　30
共変原理　21
緊急事態　97
近接性　59, 92
空間的収束　93
グループワーク　62
血液型ステレオタイプ　47
言語的コミュニケーション　116
合意性の過大視　150
合意的妥当化　57
好意の返報性　52
高次解釈　13
交渉様式　87
構造的すきま理論　147
行動様式　87
幸福感の文化差　76
衡平性　126
衡平理論　122
コーピング　66
コミュニティ　148, 150
コモンズのジレンマ　156
コモンズの悲劇　156
コロンバイン高校銃乱射事件　29

さ
裁判員制度　39
サブタイプ化　49
CMC　150
自我消耗　14
自己開示　61
自己概念　2
自己カテゴリ化　103
自己高揚的バイアス　23
自己成就的予言　49
自己ステレオタイプ化　103
自己制御　13
自己宣伝　9
自己中心性　151
自己調整過程　176
自己呈示　7
　主張的な――　9
　防衛的な――　9
　方略的な――　23
自己評価　3
自己評価維持モデル　4
自己防衛的バイアス　23
自己奉仕的バイアス　23
自己利益の最大化　126
事前情報効果　52
自尊感情　23
自尊心　3
　状態――　79
　特性――　79
実行認知機能　140
シミュレーション　93
市民参加　160
市民参加の梯子モデル　161
社会規範　132
社会的アイデンティティ　102
社会的インパクト理論　92
社会的カテゴリー　46, 103
社会的コンピテンス　167
社会的自己制御　13
社会的情報処理　26
社会的ジレンマ　157
社会的手抜き　97
社会的ネットワーク　146
社会的望ましさ　58
社会的排斥　72
社会的比較　3
社会的迷惑行為　136
謝罪　9
集団アイデンティティ　102
集団維持機能　178
集団価値モデル　162
集団規範　175
十二人の怒れる男　87
周辺的特性　44
主観的幸福感　74
少数者影響　87
情動的共感性　138
所属欲求　78
初頭効果　44

人災化　29
人生満足感　76
身体的魅力　59
親密化過程　60
心理的ノイズ　118
心理的リアクタンス　134
心理的離乳　166
推論の対応　20
スケープゴート　28
スケープゴートの変遷　29
ステレオタイプ　41, 46, 53, 59, 151
ストレス　66
ストレス反応　66
ストレッサー　66
スモールワールド現象　147
制御資源　14
正当性　132
責任の分散　96
セルフ・ハンディキャッピング　9
潜在的な敵意　30
相互作用的公正　127
相対的剥奪　122
想定された類似性　52
相補性　58
ソーシャル・サポート　70
ソシオ・グラム　172
ソシオ・マトリックス　172
ソシオメーター理論　79
ソシオメトリック・テスト　171
組織市民行動　128

た
対人葛藤　61
対人コミュニケーション　112
対人的迷惑行為　137
対人魅力　58
態度の類似性　57
ダイナミック社会的インパクト理論　92
代理攻撃　30

他者からの受容─拒絶　79
達成的幸福感　74
タブロイド・シンキング　30
多面的な自己　7
単純接触仮説　59
チャネル　113
中心的特性　44
紐帯　146
紐帯の強さ　147
沈黙の螺旋モデル　89
低次解釈　13
低自己統制　141
データベース　26
手がかりの解釈　26
手がかりの符号化　26
手続的公正　127
デブリーフィング　99
転換　87
動機づけ　166
同質性　147
同調　84
透明性　37
取り入れ　9

な
内集団　104
認知的共感性　138
認知的倹約家　47
認知的評価　66
認知的不協和　134
認知的複雑性　53
認知的歪曲　27
ネガティビティ・バイアス　44

は
恥　135
反応アクセスや反応構築　26
判断　41
PM理論　178
被害の大きさ　36
非言語的コミュニケーション　116
必要性　126
平等性　126
フォーマルな関係　170
フォーマルな社会的ネットワーク　146
フォールス・コンセンサス効果　88
服従　85
符号解読　114
物理的ノイズ　118
フラストレーション　30
ブルー／グリーン・パラダイム　87
フレーミング効果　34
プロスペクト理論　36
プロトタイプ　103
分配的公正　126
弁別性　20
返報性　135
傍観者効果　108
ポジティブ心理学　76

ま
松本サリン事件　31
命令的規範　134
メッセージ　113
目標分類　26

や
欲求不満・攻撃仮説　24
弱い紐帯の強さ　147

ら
ランダム・ショートカット　148
リーダー　178
リーダーシップ　178
力量モデル　14
類似性魅力仮説　147
レジティマシー　163
6次の隔たり　148

人名索引

A
Abrams, D.　　102, 104
阿部美帆　　80
Adams, J. S.　　122, 123
相川　充　　114, 128
Anderson, N. H.　　53
Aristotle　　122
Arnstein, S. R.　　160
Asch, S. E.　　84
Asher, S. R.　　25

B
Bandura, A.　　176
坂西友秀　　174
Baumeister, R. F.　　13-15, 78, 79
Bechara, A.　　140
Berkman, L. F.　　70
Berkowitz, L.　　24
Berndt, T. J.　　167
Bieri, J.　　53
Birdwhistell, R. L.　　118
Bodenhausen, G.　　39, 40
Bonama, T. V.　　61
Bower, G. H.　　4
Bradley, G. W.　　23
Brechner, K. C.　　157
Brehm, J. W.　　134
Brewer, M. B.　　3, 104
Bruner, J. S.　　53
Buchman, M.　　129
Buller, D. B.　　114
Burgoon, J. K.　　114, 118
Burt, R. S.　　147
Byrne, D.　　57, 147

C
Campbell, J.　　4
Campbell, J. D.　　7
Campbell, K. E.　　147
Carver, C. S.　　67, 68
Chemers, M. M.　　178
Chyi, H. I.　　29, 30
Cialdini, R. B.　　134
Clore, G. L.　　4
Crick, N. R.　　26

Csikszentmihalyi, M.　　76
Cvetkovich, G.　　160

D
大坊郁夫　　116
Damasio, H.　　141
Darley, J. M.　　97, 98, 106, 109
Davis, K. E.　　20, 21
Davis, M. H.　　139
Dawes, R. M.　　156, 157, 159
Deci, E. L.　　74
Degoey, P.　　162
出口拓彦　　47
Deutsch, M.　　126, 127
Diener, E.　　74
Dill, K. E.　　27
Dodds, P. S.　　148
Dodge, K. A.　　26, 27
Dollard, J.　　24
Duck, S.　　62

E
Earle, T. C.　　160
Ellemers, N.　　104
榎本博明　　3, 5
Epley, N.　　151

F
Festinger, L.　　3, 134
Fiedler, F. E.　　52
Fischer, P.　　109
Fitzgerald, P. D.　　25
Freitas, A. L.　　14
深田博己　　112, 118
福野光輝　　123
福島脩美　　169
Fujita, K.　　14
藤井　聡　　36

G
Gage, P. P.　　141
Gardner, W.　　3
Geartner, L.　　104
Geen, R. G.　　27
Genovese, C.　　106, 108, 109

Giancola, P. R.　　141
Gibbs, J. C.　　27
Gigerenzer, G.　　36
Gottefredson, M. R.　　142
Granovetter, M. S.　　147
Greenberg, J.　　123
Guerra, N. G.　　27

H
Hall, E. T.　　169
原田知佳　　13, 14
Hardin, G.　　156
Harvey, J. H.　　23
橋本　剛　　67, 71
Haslam, S. A.　　104
Heatherton, T. F.　　14
Heider, F.　　18
広瀬幸雄　　157, 158, 161, 162
Hirschi, T.　　142
Hogg, M. A.　　102, 104, 147
Hollingworth, L. S.　　166
Horage, U.　　36
堀毛一也　　114
Huesmann, L. R.　　27

I
Igarashi, T.　　153
池上喜美子　　169
石田靖彦　　159, 171
岩熊史朗　　3

J
Jones, E. E.　　20, 21

K
Kahneman, D.　　34, 37, 38, 74, 75
上瀬由美子　　49
狩野素朗　　170, 171
加藤弘通　　166
加藤　司　　61
Kelley, H. H.　　21, 52
喜多由香里　　169
木島恒一　　9
木下冨雄　　148
北折充隆　　128, 129

小林知博　78
小池はるか　136-139
今野裕之　80
小杉考司　93
河野荘子　142
河野義行　31
Kowalsky, R. M.　8
Krueger, A. B.　74, 75
Kruger, J.　151
工藤恵理子　47, 49
黒川雅幸　171
楠見幸子　171

L

Latané, B.　92, 93, 96-98, 106, 109
Leary, M. R.　8, 78-80
Lee, G. E.　29, 30
Leventhal, G. S.　127
Levinger, G.　60
L'Herrou, T.　93
Liberman, N.　13
Lind, E. A.　162
Lochman, J. E.　27
Luginbuhl, J. E. R.　23
Lumet, S.　87

M

Malti, T.　129
槇田　仁　3
Marks, G.　88
Marsden, P. V.　147
Marsh, H. W.　3, 5
Masia-Warner, C.　167
松井　豊　47, 49
松本芳之　9
McCombs, M.　29, 30
McCrea, S. M.　14
Mehrabian, A.　118
Messick, D. M.　157
Milgram, S.　85, 86, 147
Miller, D. T.　23
Miller, N.　88
三隅譲二　148
三隅二不二　178
宮田加久子　150
宮内泰介　163
Moorman, R. H.　128
Moreno, J. L.　171
森田洋司　175
Morrier, D.　8
Moscovici, S.　87

Mugny, G.　87
Muraven, M.　14, 15
無藤　隆　7

N

中川知宏　142, 143
中村雅彦　9, 59
Nelson, D.　57
Noelle-Neumann, E.　89
Norman, N.　9

O

大渕憲一　123, 141-143
小川一美　45
Oishi, S.　76
岡部朗一　112
岡本英生　142
岡安孝弘　174, 175
大久保智生　166
奥田秀宇　58
大西彩子　175
Ostrom, E.　161
大友章司　158
尾関美喜　105

P

Pack, S. J.　7
Patterson, M. L.　119
Perry, K. E.　166
Pontari, B. A.　9
Pritchard, R. D.　123

R

Rahim, M. A.　61
Raine, A.　141
Rosenthal, R.　114
Ross, L.　88
Rusbult, C. E.　61, 62
Ryan, R. M.　74

S

佐久間路子　7
Saroy, C.　8
Schlenker, B. R.　9
Schwarz, N.　4
Seligman, M. E. P.　74, 76
Sheldon, K. M.　7
篠原しのぶ　179
Snoek, J. D.　60
Snyder, M. L.　23
Storch, E. A.　167

菅　豊　163
住沢佳子　169
鈴木伸一　67
Syme, S. L.　70

T

立花正一　174
Tagiuri, R.　53
Tajifel, H.　102
高田三郎　122
高山　巖　174, 175
竹村和久　36
田中堅一郎　128
田中熊次郎　172, 173
田﨑敏昭　170, 178
Tedeschi, J. T.　9
Tesser, A.　4
Thibaut, J.　127
外山美樹　3
豊田賀子　169
Trope, Y.　13
Trost, M. R.　134
Tversky, A.　34, 37, 38
Twenge, J. M.　71
Tyler, T. R.　162

U, V

Uchida, Y.　78
浦　光博　9, 147
Veltfort, H. R.　29, 30

W

Waddel, C.　161
Walker, L.　127
Walster, G. W.　128
渡辺　深　147
Weinstein, R. S.　166
Wiener, M.　118
Winch, R. F.　58
Wright, R. R. E.　142

Y, Z

山本眞理子　52
矢守克也　178
吉田綾乃　9
吉田俊和　14, 27, 105, 136-138, 153
吉澤寛之　27
Zanna, M. P.　7

執筆者一覧（50音順・＊は編者）

浅野良輔（あさの・りょうすけ）
現職：久留米大学文学部准教授
担当：第6章第3，4節

五十嵐　祐（いがらし・たすく）
現職：名古屋大学大学院教育発達科学研究科准教授
担当：第12章

石田靖彦（いしだ・やすひこ）
現職：愛知教育大学教育学部教授
担当：第4章第1，2節

植村善太郎（うえむら・ぜんたろう）
現職：福岡教育大学教育学部教授
担当：第2章第4節，第7章第1節

大嶽さと子（おおたけ・さとこ）
現職：名古屋女子大学短期大学部保育学科准教授
担当：第4章第3節

大西彩子（おおにし・あやこ）
現職：甲南大学文学部教授
担当：第8章第2節，第14章第3節

小川一美（おがわ・かずみ）
現職：愛知淑徳大学心理学部教授
担当：第9章

尾関美喜（おぜき・みき）
現職：岡山大学大学院社会文化科学研究科准教授
担当：第8章第1節

北折充隆（きたおり・みつたか）
現職：金城学院大学人間科学部教授
担当：第11章第1節

黒川雅幸（くろかわ・まさゆき）
現職：愛知教育大学学校教育講座准教授
担当：第14章第2，4節

小池はるか（こいけ・はるか）
現職：東海大学児童教育学部准教授
担当：第11章第2節

坂本　剛（さかもと・ごう）
現職：中部大学人文学部教授
担当：第13章

多川則子（たがわ・のりこ）
現職：名古屋経済大学人間生活科学部教授
担当：第5章第1節

土屋耕治（つちや・こうじ）
現職：南山大学人文学部准教授
担当：第7章第2節

出口拓彦（でぐち・たくひこ）
現職：奈良教育大学教育学部教授
担当：第7章第3，4節

中島　誠（なかじま・まこと）
現職：名古屋学院大学現代社会学部准教授
担当：第10章

中山　真（なかやま・まこと）
現職：皇學館大学文学部准教授
担当：第5章第2節

野田理世（のだ・まさよ）
現職：金城学院大学人間科学部教授
担当：第3章第2節

朴　賢晶（ぱく・ひょんちょん）
現職：愛知文教女子短期大学教授
担当：第14章第1節

橋本　剛（はしもと・たけし）
現職：静岡大学人文社会科学部教授
担当：第6章第1，2節

原田知佳（はらだ・ちか）
現職：名城大学人間学部准教授
担当：第1章第3節

三島浩路（みしま・こうじ）
現職：中部大学現代教育学部教授
担当：第2章第1，2節

元吉忠寛（もとよし・ただひろ）＊
現職：関西大学社会安全学部教授
担当：第3章第1節

吉澤寛之（よしざわ・ひろゆき）
現職：岐阜大学大学院教育学研究科教授
担当：第2章第3節，第11章第3節

吉田琢哉（よしだ・たくや）
現職：岐阜聖徳学園大学教育学部准教授
担当：第1章第1，2節

吉田俊和（よしだ・としかず）＊
現職：名古屋大学名誉教授
担当：はじめに

体験で学ぶ社会心理学

| 2010 年 4 月 20 日 | 初版第 1 刷発行 | （定価はカヴァーに表示してあります） |
| 2023 年 3 月 30 日 | 初版第 10 刷発行 | |

編 者　吉田俊和
　　　　元吉忠寛
発行者　中西　良
発行所　株式会社ナカニシヤ出版
〒606-8161　京都市左京区一乗寺木ノ本町 15 番地
　　　　　Telephone　075-723-0111
　　　　　Facsimile　075-723-0095
　　Website　http://www.nakanishiya.co.jp/
　　E-mail　iihon-ippai@nakanishiya.co.jp
　　　　　郵便振替　01030-0-13128

装幀＝白沢　正／印刷・製本＝ファインワークス
イラスト＝戸塚こだま
Copyright © 2010 by T. Yoshida & T. Motoyoshi
Printed in Japan.
ISBN978-4-7795-0462-4

本書のコピー，スキャン，デジタル化等の無断複製は著作権法上での例外を除き禁じられています。本書を代行業者等の第三者に依頼してスキャンやデジタル化することはたとえ個人や家庭内の利用であっても著作権法上認められておりません。

社会心理学概論

古典的で典型的なトピックスから，進化や脳科学など第一線のトピックスまで。各章古典的知見から最新の研究まで網羅的に解説。社会心理学の全貌を学ぶ。人の心の社会性の深淵と広がりにふれ，日進月歩の研究の道標となる，オープンな決定版。

北村英哉・内田由紀子〔編〕　　　　　　　　B5 判・404 頁・3,500 円＋税

コミュニケーションの社会心理学
伝える・関わる・動かす

Covid-19 による対面機会の減少，ソーシャルメディアの発展——改めていま，コミュニケーションとは何か。言語・非言語・CMC の特徴や，噂や嘘，口コミ，不快な伝達，説得，SNS など，最先端の研究を幅広く解説する。

岡本真一郎〔編〕　　　　　　　　　　　　　A5 判・224 頁・3,200 円＋税

対人関係の社会心理学

夫婦関係や友人関係，インターネット，空気を読むということからクレーマーが生まれる背景まで，対人関係にまつわる幅広いトピックを社会心理学から解説。他者との関係を複眼的にみられる視点を身につけよう！

吉田俊和・橋本　剛・小川一美〔編〕　　　　A5 判・260 頁・2,500 円＋税

無意識と社会心理学
高次心理過程の自動性

人間の主観的経験，判断，選択や好み，さらには対人行動までもが無意識に導かれている！？
自覚や意図を伴わない無意識の不思議な働きの解明を試みる社会心理学の最先端！

ジョン・バージ〔編〕
及川昌典・木村晴・北村英哉〔編訳〕　　　　A5 判・248 頁・2,800 円＋税

社会的認知
現状と展望

社会を描く心の特性に関する緻密な理解と，その特性が社会の中での多様な相互作用，社会そのもののあり方とどう関わるのかを明らかにし，社会的認知領域の見取り図と今後の展開のための手掛かりの提示を試みる。

唐沢かおり〔編〕　　　　　　　　　　　　　A5 判・250 頁・3,000 円＋税

対人スキルズ・トレーニング
対人関係の技能促進修練ガイドブック

沈黙が苦しい，視線のやり場がわからない，雑談が苦手……。対人関係も学習しなければうまくいかないし，それを良好なものにするには，何度も練習するしかない。本書では，楽しく学べて役に立つ，数々の優れたゲームを解説する。

福井康之〔著〕　　　　　　　　　　　　　　B5 判・88 頁・1,800 円＋税

対人ストレスコーピングハンドブック

加藤 司［著］

ストレスがつきものの人間関係において，良好な関係も精神的健康も維持するためにもっとも有効なストレス解消方法（コーピング）とは何か？ 科学的な実証研究をもとに，ストレスの専門家でさえ知らないであろう現象をも取りあげながら，初学者にもわかりやすく解説。

A5判・226頁・2,000円＋税

離婚の心理学
パートナーを失う原因とその対処

加藤 司［著］

こんな人物は離婚をする――なるべくして離婚にいたる理由や，それでも離婚しないための対策，なにがあってもパートナーと良好な関係を維持する方法について，多くの実証研究から得られた答えをあますところなくやさしく解説。

A5判・272頁・2,600円＋税

新版 対人コミュニケーション入門

藤田依久子［著］

対人コミュニケーションにまつわる数多くの心理学実験や，「ジョハリの窓」「交流分析」などの基本理論を平明に説明した好評テキストの新版。適切なコミュニケーション・スキルを身につけたい大学生のための基礎から学べるベーシック・テキスト！

A5判・164頁・2,000円＋税

関係からはじまる
社会構成主義がひらく人間観

K. J. ガーゲン［著］
鮫島輝美・東村知子［訳］

社会構成主義の第一人者ガーゲンが，独自の関係論から世界を徹底的に記述しなおし，新たな知の地平を切り開く。存在を隔てる壁を無効にし，対立を乗り越える未来への招待状。PROSE Awards（心理学部門，2009年度）受賞作。

A5判・512頁・5,000円＋税

あなたへの社会構成主義

K. J. ガーゲン［著］
東村知子［訳］

「心」とは？ 「自己」とは？ 「事実」とは？ より豊かな未来につながる〈対話〉のために世界の「常識」を問い直すガーゲンが，一般読者のために平易な言葉で社会構成主義を語る実践的入門。

A5判・376頁・3,500円＋税

社会構成主義の理論と実践
関係性が現実をつくる

K. J. ガーゲン［著］
永田素彦・深尾 誠［訳］

社会構成主義の可能性を理論・応用の両側面から総合的に考察するガーゲンの主著。ポスト・モダニズムの思考の成果とナラティブ・セラピー等の具体的諸実践を独自の「関係」概念を軸に結びつける革命的試み。

A5判・460頁・5,800円＋税

ゲームと対話で学ぼう
Thiagi メソッド

世界的なゲームデザイナーティアギの教育ゲームを日本初紹介！ワークショップのような参加型の手法を初めて取り入れるにあたり最適なテキスト。主体的な学びは楽しくなくてはならない。なぜか。さっそく始めてみよう。

吉川肇子・Thiagi ［著］　　　　　　　　A5 判・176 頁・2,200 円 + 税

防災ゲームで学ぶリスク・コミュニケーション
クロスロードへの招待

阪神大震災の教訓をもとに，災害発生時の危機管理をシミュレーションしたカードゲーム「クロスロード」を用いた学習のためのテキスト。リスク管理を社会全体でおこなっていくための実践的危機マニュアル。ミニカード付き！

矢守克也・吉川肇子・網代　剛［著］　　　　A5 判・184 頁・2,000 円 + 税

クロスロード・ネクスト
続：ゲームで学ぶリスク・コミュニケーション

災害対応カードゲーム教材「クロスロード」のその後の展開。現場でどのように活用されているか，また新バージョン「市民編」「要援護者編」「感染症編」「食品安全編」，新ゲーム「ぼうさいダック」「大ナマジンすごろく」を紹介し，防災教育におけるゲームの活用の意義と課題についても論じる。

吉川肇子・矢守克也・杉浦淳吉［著］　　　　A5 判・224 頁・2,500 円 + 税

防災心理学入門
豪雨・地震・津波に備える

常に防災を意識し備えるためにはどうすればよいのだろうか。突然大地震が起こったその前日，私たちは穏やかに日常を暮らしていた。その日常を守るため，防災活動をわかったつもりで終わらせないための防災心理学入門エッセイ。

矢守克也［著］　　　　　　　　　　　　四六判・164 頁・1,900 円 + 税

リスクガヴァナンスの社会心理学

専門家や行政の信頼が失墜した福島第一原発事故以後，我々は自分たちでリスクを統治しなければならなくなった。公共計画の市民参加と合意形成をめざした市民によるリスクガヴァナンスを，社会心理学の観点から，国内外の事例を紹介しながら，解説する。

広瀬幸雄［編著］　　　　　　　　　　　A5 判・232 頁・2,500 円 + 税

暮らしの中の社会心理学

恋愛，ネット，買い物，就職，省エネ行動——暮らしの中で疑問に思うことはほぼすべて，社会心理学で説明できる！身近なトピックから基礎知識を解説し，「話し合ってみよう」やエクササイズで体験的に楽しく学ぶ。

安藤香織・杉浦淳吉［編］　　　　　　　B5 判・176 頁・2,200 円 + 税

経営・ビジネス心理学

企業組織の維持・運営の心の基盤を徹底解剖！ 組織行動・作業・人事・消費者行動という産業・組織心理学の部門に対応した構成で，各々の問題を網羅。基礎から近年の研究動向まで踏まえた決定版。

松田幸弘［編著］

A5判・272頁・2,500円＋税

産業・組織心理学エッセンシャルズ
【第4版】

理論を実践に応用できるわかりやすい解説というスタイルはたもったまま，経済状況や時代の変化に対応するために，重要な概念はおさえつつもリーダーシップ，キャリア，ストレス心理学などの新しい視点や研究動向を盛り込んだロングセラーテキストの第4版。

外島　裕［監修］
田中堅一郎［編］

A5判・336頁・2,900円＋税

経営組織心理学

効率と人間尊重の統合はいかにして達成できるのか。組織における人間行動を研究し，組織を効果的に運営するための知識を提供する「経営組織心理学」のエッセンスを個人・集団・経営システム・環境適応領域から詳しく解説。

若林　満［監修］
松原敏浩・渡辺直登・城戸康彰［編］

A5判・328頁・3,200円＋税

キャリア開発の産業・組織心理学ワークブック【第2版】

自立，動機づけ，リーダーシップ，ストレス，キャリアを軸に，産業・組織心理学の知見による，社会人として生きていくために必要な知識をワークを取り入れながら解説。第2版では変化し続ける社会や組織に適応して生きていくことを考えるワークと内容を追加。

石橋里美［著］

B5判・192頁・2,500円＋税

個人と集団のマルチレベル分析

個人と集団との関係などに潜んでいる階層性をそなえたネスト化されたデータから新たな洞察や発見を掘り起こすために必須な統計処理技法の紹介。自作された汎用性あるフリーソフトも駆使して新たな研究に着手しよう。

清水裕士［著］

B5判・200頁・2,800円＋税

社会調査のための計量テキスト分析
【第2版】
内容分析の継承と発展を目指して

さまざまなテキストの内容分析を質・量ともに実現する計量テキスト分析を徹底的に解説。よりよい分析のために研究事例のレビューを増補し，KH Coder3 にも対応した第2版。

樋口耕一［著］

B5判・264頁・2,800円＋税